連雅堂著

臺灣通史

中册

文獻可徵

庚申仲秋

白雲道人

臺灣通史中卷目錄

卷十三
軍備志……三三一
卷十四
外交志……四五一
卷十五
撫墾志……四七五
卷十六
城池志……五二七
卷十七
關征志……五四九
卷十八

榷賣志……五六五
卷十九
郵傳志……五八五
卷二十
糧運志……六一三
卷二十一
鄉治志……六三一
卷二十二
宗教志……六四五
卷二十三
風俗志……六七五
卷二十四
藝文志……六九三

表附

鄭氏武官表軍備志……三五三
鄭氏各將軍表軍備志……三五六
鄭氏陸軍各鎮表軍備志……三五七
鄭氏水師各鎮表軍備志……三六七
鄭氏臺灣及各島守將表軍備志……三六九
清代臺灣水陸營制表軍備志……三七〇
清代水陸汛防表軍備志……三八七
臺東勇營駐防表軍備志……四〇六
南北屯弁分給埔地表軍備志……四一三
南北屯丁分給埔地表軍備志……四一七
鳳山縣轄隘寮沿革表軍備志……四二七
淡水廳轄隘寮沿革表軍備志……四二七

噶瑪蘭廳轄隘寮沿革表軍備志……四二九
鄭氏澎湖礮臺表軍備志……四四六
清代臺灣礮臺表軍備志……四四七
鄭氏各鎮屯田表撫墾志……五一九
臺灣撫墾局管轄表撫墾志……五二三
臺灣撫墾局局制表撫墾志……五二四
鄭氏徵收雜稅表關征志……五五八
清代陸餉徵收表關征志……五五九
清代水餉徵收表關征志……五六〇
海關徵收稅鈔表關征志……五六一
海關徵收船鈔表關征志……五六二
臺灣阿片進口表榷賣志……五八二
臺灣徵收阿片釐金表榷賣志……五八三

前山道里表郵傳志……五九八
後山道里表郵傳志……五九九
前山至後山道里表一郵傳志……六〇〇
前山至後山道里表二郵傳志……六〇〇
前山至後山道里表三郵傳志……六〇一
前山至後山道里表四郵傳志……六〇一
中路道里表郵傳志……六〇一
鹿耳門應運兵眷米穀表糧運志……六二一
鹿港應運兵眷米穀表糧運志……六二二
八里坌應運兵眷米穀表糧運志……六二三
臺灣官倉表糧運志……六二五
臺灣社倉表糧運志……六二七
臺灣番社倉表糧運志……六二八

各地善堂表鄉治志……六四〇
各地義塚表鄉治志……六四二
各府廳縣寺院表宗敎志……六六一
藝文表一藝文志……六九五
藝文表二藝文志……六九六
藝文表三藝文志……六九九

圖附

石門外交志
法國水師提督孤拔之墓外交志
土番界碑撫墾志
野番之髑髏架撫墾志
赤嵌樓城池志
臺南東門城池志

臺灣道署城池志
臺北火車站郵傳志
大甲溪鐵橋郵傳志
內山鐵線橋郵傳志
竹筏及鵝鑾鼻燈臺郵傳志
臺南荷蘭禮拜堂宗敎志

石門 牡丹社番之險要也日軍破之

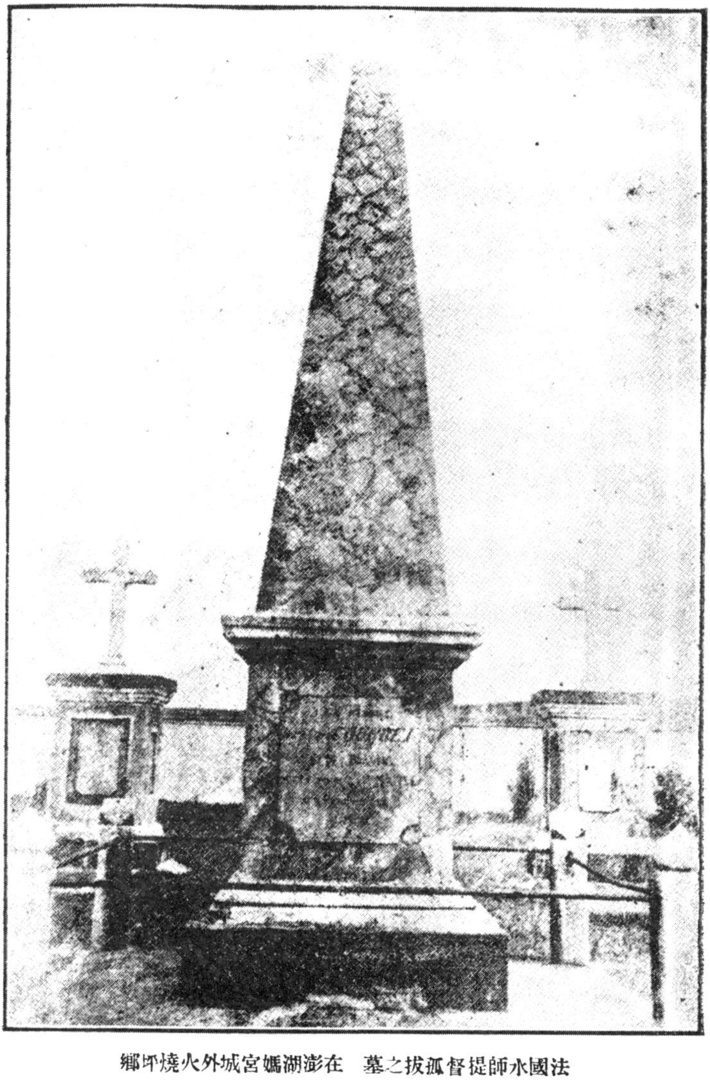

法國水師提督孤拔之墓 在澎湖媽宮城外火燒坪鄉

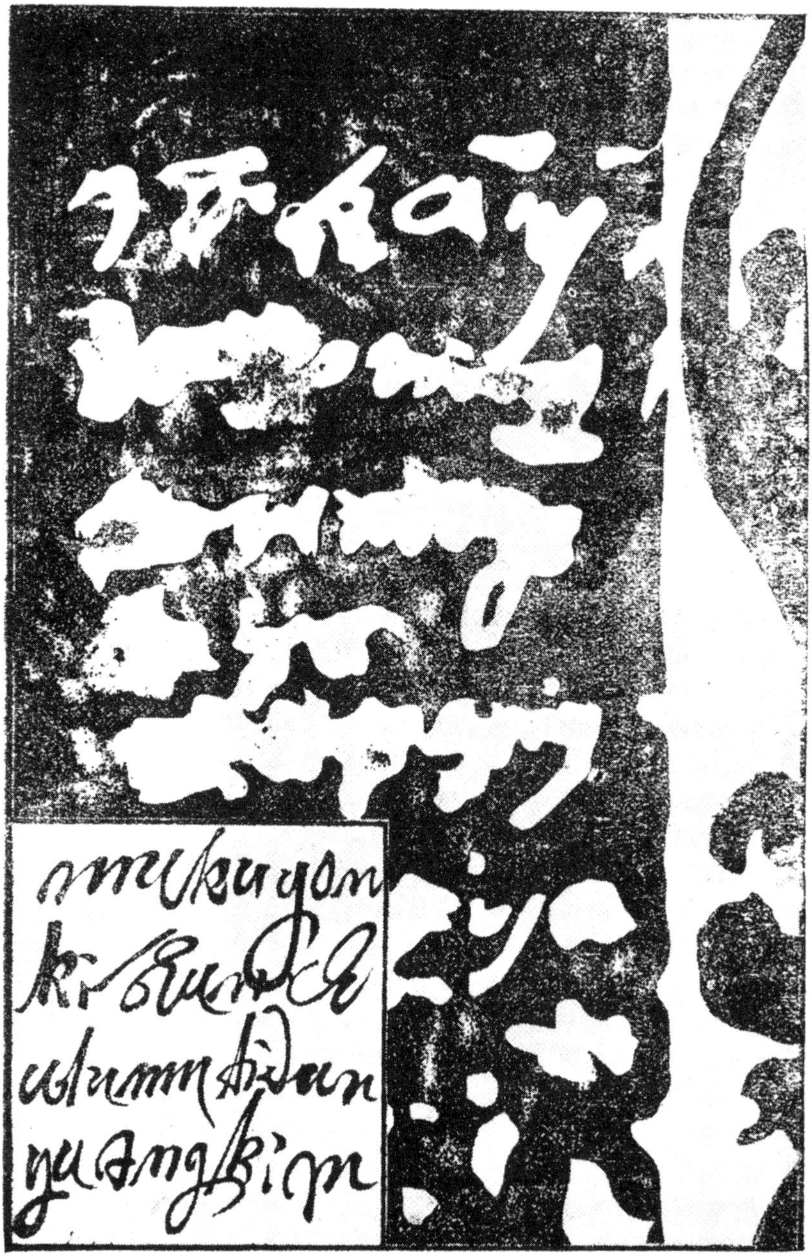

此碑在臺南淡北番仔田莊之中日為乾隆十七年九月麻豆社番所立之界碑係
以羅馬字綴成番語今已漫滅難讀唯其下所刊漢文年月約略可辨

鵞鑾鼻燈臺

野番之髑髏架

赤嵌樓　此樓爲荷人所建以作公署其後荒廢僅存基礎及同治十三年沈葆楨視師臺南乃命有司改建海神廟及文昌閣五子樓其旁則蓬壺書院也

東門大南臺

臺灣道署

臺北火車站　此爲光緒十七年所建在大稻埕河溝頭

大甲溪鐵橋　大甲為全臺最大之溪流遠而急光緒七年福建巡撫岑毓英曾建鐵橋嗣為洪水所毀十七年臺灣巡撫劉銘傳又命德國工師測量將興巨工未建而去此圖為日本後來所造者計長一千二百四十五英尺以行火車

鐵線橋　臺灣番界之溪每以藤片爲橋或用鐵線長數十丈兩旁繫於大樹人行其上如步虛空

竹筏

荷蘭之禮拜堂　此堂爲荷人所建在今臺南新港社其址尚存

臺灣通史卷十三

臺南　連雅堂　撰

軍備志

連横曰。古人有言。天生五材。民幷用之。廢一不可。誰能棄兵。是故軒轅有涿鹿之戰。顓頊有共工之陳。姒禹有三苗之伐。成湯有南巢之師。周武有牡野之誓。降及春秋。齊桓晉文。尊王攘夷。取威定霸。非兵莫屬。故使子孫無忘其功。秦漢以來。其旨昧矣。臺灣爲海上絕島。群雄必爭之地也。非兵莫守。非兵莫存。故可百年而不用。不可一日而不備。然而我族之不競久矣。當明之季。澎湖險遠。群盜出沒。萬歷二十年。東陲有事。議置游兵。二十五年冬。始設一游一總四哨。各鳥船二十艘。目兵八百有奇。翼年春。又慮孤島寡援。增守備一。游總哨舟師稱是。又於海壇南日浯嶼銅山南澳大寨游。各抽哨官一人。領堅船三艘。汎時遠哨至澎湖。以聯聲勢。後以兵餉難繼。裁去一游。而海壇南日南澳三處遠哨之船。漸各停發。僅一總二哨。

各島船二十艘。目兵八百五十有奇。其月糈則漳泉共餉之。顧祖禹曰。海中島嶼。東南錯列。以百十計。但其地有可哨而不可守者。有可寄泊而不可久泊者。若其險要而紆廻。則莫如澎湖。蓋其山周廻數百里。隘口不得方舟。內澳可容千艘。往時以居民恃險爲不軌。乃徙而虛其地。馴至島夷乘隙。巢穴其中。力圖之而後復爲內地。備不可不早也。又曰。海中舊有三山之目。澎湖其一。爾東則海壇。西則南澳。並爲險要。是故守海壇則桐山流江之備益固。可以增浙江之形勢。守南澳則銅山元鍾之防益堅。可以厚廣東之藩籬。此三山者。誠天設之險。或可棄而資敵歟。初萬歷三十七年。荷人突入澎湖。嗣爲總兵俞咨皋所逐。天啓二年。復至。戍兵已撤。遂踞而有之。更入臺灣。以兵分守南北。築壘自固。越三十八年。復爲我延平郡王所逐。蓄銳待時。謀復諸夏。故其奔走疏附者。皆赴忠蹈義之徒。枕戈執殳之士也。天厭明德。繼世而亡。而威稜所及。猶有存者。安平之壘。鐵砧之山。落日荒濤。尚堪憑弔。此則我族之武也。初延平開府思明。分陸軍爲七十二鎮。水師二十鎮。及經之時。頗有增設。陸警海伏軍聲大振。克臺之後。以周全斌總督承天南北軍務。休兵息民。以治農畝。僅留勇衞侍衞二旅。以守承天安平。餘鎮各屯田自給。故無養兵之患。古者兵農爲一。五國爲屬。屬有長。十國爲連。連有帥。三十國爲卒。卒有正。二百一十國爲州。州有牧。連帥比年簡車。卒正三年簡徒。群牧五載大簡車徒。是故春振旅以搜。夏拔舍以苗。秋治兵以獮。冬大閱以狩。皆於農隙以講事焉。故其兵爲國之兵。能執干戈以衞社稷。居則往來相樂。戰則患難相扶。而又糾之以政。行之以禮。閑之以義。奉之以仁。勵之以勇。秉之以忠。敎之以務。使之以和。嚴之以刑。奬之以祿。故民皆可使。而足勝於天下。十六年夏。經嗣位。以忠振伯洪旭。永安侯黃廷守思明。率師入臺。檄銅山南澳諸將。毋廢戰守。十八年。委政陳永華。又行屯田之制。臺灣以安。二十七年。平西王吳三桂。平南王尙可喜。靖南王耿精忠以次起兵。請會師。經至思明。進略閩粵。遂克有十府。以遵奉故朔。一時麾下幾十數萬人。軍復大振。已而淸人入閩。精忠稽顙。尙亦反噬。故無功而歸。然漳南之役。劉國軒吳淑諸將兵僅數千。以當十萬。飄驟馳突。略倣延平。淸軍萎䏆咋舌。莫敢支吾。則鄭師之善戰。亦足豪矣。淸人得臺。改設府縣。調兵分防。以總兵一員駐府治。水師副將一員駐安平。陸路參將二員分駐諸鳳。兵八千名。澎湖水師副將一員。兵二千名。皆調自福建各營。三年一換。謂之班兵。康熙六十年。朱一貴之役。全臺俱沒。及平。廷議以澎湖爲海疆重地。欲移總兵於此。而臺灣設副將。裁水陸兩中營。總兵藍廷珍以爲不可上書總督滿保曰。若果臺鎭移澎。則海疆危若纍卵。部臣不識海外情形。憑臆妄斷。視澎湖太重。不知臺之視澎。猶太倉一粟爾。澎湖不過水面一沙堆。山不能長樹木。地不能生米粟。人民不足資捍禦。形勢不足爲依據。若一二月舟楫不通。則不待戰自斃矣。臺灣沃野千里。山海形勢皆非尋常。其地亞於福建一省。論理尙當增兵。易總兵而設提督。五營方足彈壓。乃兵不增而反減。又欲調離其帥於二三百里之海中。而以副將處之乎。臺灣總兵果易以副將。則水陸相去咫尺。兩副將豈能相下。南北二路參將。止去副將一階。豈能俯聽調遣。各人自大。不相統屬。萬一有事。呼應不靈。移誤封疆。誰任其咎。澎湖至臺雖僅二百餘里。順風揚帆。一日可到。若天時不淸。颱颶連綿。浹旬累月。莫能飛渡。凡百事宜。鞭長莫及。以澎湖總兵控制臺灣。猶執牛尾一毛。欲制全牛。雖有孟賁之力。無所用之。何異棄臺灣乎。臺灣一去。漳泉先害。閩浙江廣。俱各寢食不寧。卽山左遼陽。皆有邊患。廷珍無識。以爲此土萬不可委去。若遵部議而行。必誤封疆。望恕狂瞽。且賜明示。滿保入告。提督姚堂亦以爲言。乃罷議。

雍正二年。詔曰。臺灣換班兵丁。戍守海外嚴疆。在臺支給糧餉。其家口若無力養贍。則戍守必致分心。每月着戶給米一斗。唯內地米少。可動支臺米。運至廈門。交與地方官按戶給發。

務使均霑寔惠是爲眷米之始五年詔曰臺灣防汎兵丁例由內地派往更換而該營將弁往往不將勤愼誠寔得力之人派往以是兵丁到臺不遵約束放肆生事歷來積弊殊甚患之嗣後臺灣班兵着該營官挑選派往如有不法或經發覺該營官一併議處六年總兵王郡奏言臺灣換班兵丁例由內地派撥而其中有字識柁工繚手斗手碇手等向來多係僱募本地之人冒頂姓名幷非寔有兵丁請照隨丁之例就地招募詔以海洋操練水師柁繚斗碇關係甚重若不換內地兵丁而常令彼地之人執司其事似有未便應於換班之內挑選學習着兵部妥議具奏初班兵來臺之後鄉里不同互分氣類故從前分散各處至是王郡奏請廢止以便訓練不許詔曰駐臺兵丁軍器悉係各營自製是以易於破壞然將內地精良軍器給與臺軍亦非善策着該督撫於存公項內動支製造務必堅利精良至臺之日又着巡視御史會同該鎭查驗點收倘有不堪使用者卽據寔奏參七年詔以臺灣兵丁每年賞銀四萬兩以爲養贍家口之用着總督等均勻分派按期給發以示朝廷恤兵之意初朱一貴之役漳浦藍鼎元從軍以半線以北地長八九百里山海奧區民番錯雜而委之北路一營之兵聚不足以及遠散不足以樹威議於半線劃設縣治而設參將於竹塹以固北

鄙。十一年。詔陞臺灣鎭總兵爲掛印總兵。給方印。添設城守營左右兩軍。改北路營爲三營。以副將駐彰化。副以中營都司。而左營守備駐諸羅。右營守備駐竹塹。各有增設。於是臺灣之兵計有一萬二千六百七十名。然積弊漸深。軍律廢弛。兵驕將惰。爲害閭閻。一旦有事。潰敗四出。而禍不可收拾矣。乾隆五十一年。彰化林爽文起事。鳳山莊大田應之。攻陷城邑。兵不能戰。詔命大將軍福康安領侍衛巴圖魯以楚蜀粵黔之兵九千至。歷戰數月始平。則臺灣班兵之不可用也明矣。當是時。粵人化番效命軍前。頗收臂助。事後奏設屯丁。旌表義民。添用馬兵。稍爲整飭。時陽湖趙翼從軍在廈。以鹿港處彰化之口。勢控南北。議移縣治於此。駐紮總兵。居中調度。總督李侍堯韙之。未及入奏。五十三年。始以安平水師左營游擊移駐鹿港。自是以來。北鄙日拓。遠逮噶瑪蘭。且及臺東。嘉慶十五年。改淡水都司爲水師游擊。兼管陸路。南至新莊。北及蘭界。而水師則逮蘇澳。以爲臺北之干城。道光四年。又陞水師游擊爲參將。其時淡水東北。悉已開墾。移民麕至。而噶瑪蘭又爲山海險阻。生番出沒。海寇窺伺。遠距淡水可六七日程。統御莫及。總督趙愼畛議移北路副將於竹塹。以右營守備爲中營。中軍都司爲左營。駐彰化。中軍守備爲右營。駐艋舺。福建水師提督不可。乃留副將於彰化。

而艋舺置參將。當是時臺灣班兵積弊已甚。嘉義陳震曜上書大府。請裁綠營。募鄉勇。臺灣道亦主其議。同知姚瑩以爲不可。議之曰。比聞大府檄下。議改臺灣班兵。召募土著。愚竊以爲過矣。臺灣一鎭水陸十六營。額兵一萬四千六百五十有六。自督撫兩院。水陸二提。漳州汀州建寗福寗海壇金門六鎭。福州興化延平閩安邵武五協。五十八營抽撥更戍。多者七八百人。少者百數十人。其到臺也。分布散處。每內一營分臺營者十數。極多不過百人而已。匪特三年之中。分起輪班。出營收營。紛紛點調之煩。配坐哨船或商船。重洋風濤。歲有漂溺之患。而且戍臺之兵。既有兵糈。又有眷米。歲費正供數十萬石。何所取而必爲之哉。蓋嘗推源其故。竊見列聖謨猷深遠。與前人立法之善。而不可易也。夫兵凶戰危。以防外侮。先慮內訌。自古邊塞之兵。皆由遠戍。不用邊人。何也。欲得其死力。不可累以家室也。邊塞戰爭之地。得失無常。居人各顧家室。心懷首鼠。苟有失守。則相率以逃。暮楚朝秦。是其常態。若用爲兵。雖頗收不能與守。故不惜遠勞數千里之兵。更迭往戍。期以三年。贍其家室。使之盡力疆埸。然後亡軀效命。臺灣海外孤懸。緩急勢難策應。民情浮動。易爲反側。然自朱一貴林爽文陳周全蔡牽諸逆寇亂屢萌。卒無兵變者。其父母妻子皆在內地。懼干顯戮。不敢有異心也。前人猶慮其難制。分布散處。錯雜相維。用意至爲深密。今若罷止班兵。改爲召募。則以臺人守臺。是以臺與臺人也。設有不虞。彼先勾結。將帥無所把握。吾恐所憂甚大。不忍言矣。其不可一也。兵者貔貅之用。必使常勞。勿任宴逸。自古名將教習士卒。勞苦爲先。手執戈矛。身披重鎧。雖遇寒冬雨雪。盛夏炎蒸。而大敵當前。亦將整旅而進。苟平居習爲安逸。何能驅策爭先。故練技藝。習奔走。日行荆棘之叢。夜宿氷霜之地。寒能赤體。暑可重衣。然後其兵可用。今營制訓練各有常期。將弁操演視同故事。惟班兵出營。約束煩難。且以數十處不相習之人。萃爲一營。彼此生疎。操演勢難畫一。將裨懼罰。卽欲不時勤操演有所不能。是於更換之中。卽寓習勞之意。蓋以賢能將帥講習訓練。斯成勁旅。若改爲召募。則日久安閒。有兵與無兵等。其不可二也。兵者猛士。以勇敢爲上。勝敗在於呼吸。膽氣練於平時。百戰之兵。所向無前者。膽氣壯。故視敵輕也。古者名將教士。或臥於崩崖之下。或置諸虎狼之窟。所以練其膽氣。使習蹈危機而不懼。然後大勇可成。臺洋之涉。亦可謂危機矣。駭浪驚濤。茫無畔岸。巨風陡起。舵折桅欹。舟師散髮而呼神。隣船漂流而破碎。大魚高於邱岳。性命輕於鴻毛。若此者班兵往來頻數。習而狎之。膽氣自倍。一旦衝鋒鏑。冒矢石。庶不致畏葸而却步。且平日海洋旣熟卽遇變故亦往來易通兵法云置之死地而後生此之謂也今若改爲召募免其涉險則恇怯性成遇難望風先走膽氣旣無鮮不潰敗愛之適足以死之甚非國家所以養兵之意其不可三也以必不可易之制而欲變更是以臺地視同內地毋乃於列聖謨猷前人美意有未之深思者乎然大府之所以議改者亦自有說請釋其疑可以無惑一曰節糜費閩省兵糈僅能支給自林陳蔡三逆軍興各府縣運穀赴省積貯空其大半頻年買補尚缺額者十數萬石而臺灣每歲運穀不能時至各動倉穀墊放兵米舊貯未滿又有新借各縣藉口不免虧空且臺灣新設艋舺一營兵米不敷支給是閩省倉儲頗形支絀若改班兵爲召募則內地眷米一項歲可省穀數萬數年之後不惟補足且有贏餘並可減運以給艋舺兵米此節糜費之說也殊不知內地儲倉並不虧於軍需而虧於官吏軍需旣缺歷年採買不難報竣所慮者有採買之名無買穀之實及至交代輾轉流抵虛報存倉至臺穀不過運期稍遲雖則借墊運到卽還何至虧空若艋舺不敷兵米臺地尙有別欵可籌何必貪節省之虛名而誤百年之大計二曰處游民臺地口禁雖嚴而港汊紛岐自鹿耳門鹿港八里坌三正口外南路則打鼓港東港大港喜樹仔北路則笨港五條港大甲吞霄後壠中港大安烏石港

其他私僻港口不可勝紀。無業之民。偷渡日多。非遊聚市廛。則肆爲盜賊。捕治不勝其衆。若募爲兵。若輩有可資生。亦所以區處之道。此處游民之說也。不知召募之額有常。而游民之額無限。不爲兵者。又將何以處之。且若輩惰遊無根。小不遂意。及或犯法。則逃去無所顧忌。若操之稍急。又鼓噪爲變。一旦姦民蠢動。此輩皆其逆黨矣。況臺地漳泉粵三籍素分氣類。動輒械鬬。將弁帶兵彈壓。非彼之仇。卽彼之黨。不更助之亂乎。其患無窮。不待智者而決矣。三曰免煩擾。臺灣班兵三年抽換。往來絡繹。則有造册移報之煩。缺額事故。則有補革案牘之煩。臺灣鹿港蚶江廈防四廳配船候渡者無虛日。內五十八營。外十六營。收營出營者屬於途。且班滿出營之後。多不遵約束。紛紛滋事。帶兵員弁既畏如虎狼。地方廳縣更難於治問。若改爲召募。則諸弊皆清。此免煩擾之說也。不知文移案牘。不過書識之勞。廳營紛紜。各有舊章可守。倘其出營滋事。一能吏足以安之。若慮煩擾。務求安便。此事簡民醇之區所宜講求。而非所以施於繁要。況海外重兵之事乎。然則由前三者。其害甚大。由後三者。並無所利。吾不知議者何取而輕改舊章也。夫老將言兵。計出萬全。忠臣謀國。期於久遠。事必權其利害。而利之所在。弊卽在焉。亦視其大小何如耳。班兵之制。於今一百餘年。推其弊不過如此。其利則保障全海。而改爲召募。則其害不可勝言。並無所利。可以決所從違矣。又曰。班兵之不可易。知此。則大府欲易之也。其誤明矣。吾聞大府入覲。嘗面言事宜。已得俞旨。必有言之甚切者。此可揣而知也。以爲班兵不得力耳。朱一貴之亂也。全臺陷矣。林爽文之亂也。南北俱陷。不破者郡城耳。陳全周之亂也。始陷鹿港。既陷彰化。蔡牽之亂也。始入艋舺。新莊既陷。鳳山。據州仔尾。郡城受攻者三月。班兵不能滅賊。皆賴義民之力。繼以大兵。而後殄滅。是爲班兵不得力之明驗。噫。此文武諸臣之罪也。班兵何與乎。臺灣地沃而民富。糖麻油米之利。北至天津山海關。南至寧波上海。而內濟福州漳泉數郡。民商之力。既饒。守土者不免噬肥之意。太平日久。文恬武嬉。惟聲色宴樂是娛。不講訓練之方。不問民間疾苦。上下隔絕。百姓怨嗟。故使姦人伺隙生心。得以緣結爲亂。倉卒起事。文武官弁猶在夢中。一貴致亂之由。言之使人痛恨。後來者不知烱戒。久而漸忘。又有爽文之事。陳周全本陳光愛餘孽。誅之不盡。及彰化米貴。匪民肆搶。臺守馳往。僅擒治二十餘人。粉飾了事。又置周全不問。以致縱成大患。甫旋郡而難作。蔡牽大幫騷擾海上十餘年。以重利啗結岸上匪類。受僞旗者萬餘人。一旦揚帆直入。匪民內應。故得直薄郡城。此皆諸臣經略不足。於班兵何尤。藉使不設班兵。

當時已皆召募。能保無事耶。然吾聞朱一貴亂作。文員先載妻子走避澎湖。是以人心無主。總兵歐陽凱力戰死難。若林爽文初據嘉義。總兵柴大紀一出而殲賊復城。陳周全別股賊首王快攻斗六門。千總龍昇騰以兵百人敗賊千數。蔡逆攻臺。澎湖副將王得祿以水師兵六百人破賊數萬於洲仔尾。不三年卒殲蔡逆。臺人至今猶能言之。則是班兵非不得力。顧用之何如耳。而欲改變舊制。豈理也哉。抑臺營今日有宜講者五事。一曰無事收藏器械以肅營規。二曰演驗軍裝鎗礮以求可用。三曰選取教師學習技藝以備臨敵。四曰增設噶瑪蘭營兵以資防守。五曰移駐北路副將以重形勢。臺灣班兵器械。除礮位鉛藥外。皆由內地各兵配帶。因雜派各營。恐有遺失。向皆自行收管。不交弁備。然分類之習未除。每口角細故。彼此出械相鬭。將裨不及彈壓。已致傷人。雖屢加嚴懲。此風不免。良由器械在手。易於逞凶故也。今宜定制。自入營點名之後。所有器械編號書名。交本營守備收入庫局。惟操演教習差派出營。逐捕盜賊。按名散給。無事則皆繳收。不許執持。各汛距營稍遠。亦交千把總收管。如此則手無挾持。平時可免械鬭。而營規整肅矣。武備之用。利器為先。藤牌鳥鎗長矛半斬腰刀。在在必須堅利。大小礮位。一發擊賊數十人。尤為取勝要具。臺營軍裝。惟火藥硝磺由內地運給。自行煎熬。其餘皆由省局製造。委參遊諸大員解運赴臺。舊壞者收回繳省。嘗見刀刃脆薄。不堪砍斫。每斬決囚犯。僅一再用而缺。藤牌甚小。圍圓不過三尺。牌尤輕薄。此僅利操演時騰舞輕便耳。若以臨敵。不足遮蔽矢口。鳥鎗尤短。不能及肩。安能中遠。至於礮位鐵多未經熟練。又攙雜鉛砂。擲地稍重。兩耳即斷。火門又或欹斜。往往炸裂傷人。至於不敢演。武備若此。雖有健銳。亦難勝敵。向者出局交營。皆顧瞻情面。草率收受。貽誤軍情。莫此爲甚。今宜嚴定制度。務以厚大堅利爲主。鎗礮必經委員當面演放。並由鎮道會驗。然後收營。否則駁回另造。且治工匠以應得之罪。如此則省局不敢偷減工料。委員不敢狥情解運。臺營不敢草率點收。而軍裝可期堅利矣。營制操演弓箭鳥鎗藤牌刀矛各有用法。進退跳蕩。騰走擊刺。各有規矩。平時督撫提鎮較閱之時。皆按一定陣圖演習。此不過死法陳規。練其步伐耳。及至旣遇敵衝鋒。則臨機應變。惟以勇敢便捷整齊爲上。必使手與器調。器與心調。心與伍調。伍與弁調。弁與將調。然後千人一氣。衆志成城。無不克敵之理。每見市中無賴。皆有膂力相尙。一營之中。豈無嫻長技藝之人。苟能留心拔取。使爲衆兵教師。朝夕訓練。將裨親自董率。日省月試。考其優劣。能教十人以上者賞。百人以上者拔用。如此則人爭以技藝見長勁旅。可成臨敵。必能制勝矣。噶瑪蘭新開。額設守備一員。千總一員。把總二員。戰兵二百六十名。守兵一百四十名。歸艋舺水師遊擊管轄。所撥班兵。皆用上游四府。惟蘭境北至三貂。南至蘇澳。邊界橫亘百餘里。三面負山。口隘二十處。皆生番出沒之所。東臨大海。其內港則烏石加禮宛二口。自三月至八月。港道通暢。民人販載米石。小船絡繹。外洋則蘇澳龜山雞籠洋面。南風司令。每有匪船遊弋。防堵尤要。蘭地僻遠。在臺灣極北山後。距郡十三日程。距淡水六日程。中隔三貂大山。徑窄溪深。極爲險阻。設有不虞。百人可以梗塞。今額兵僅四百名。分守汛防。未免單薄。須添設戰兵一百二十名。守兵八十名。設都司大員統之。駐五圍城內。守備移駐頭圍。千總移駐三貂。更設在城千總一員。外委二員。始足以資彈壓。惟設兵卽須籌餉。竊見蘭地兵米餉銀。皆就蘭廳正供餘租支放。每歲銀穀皆有盈餘。穀約五千石。餘租番銀二千。今若抽撥戰守兵二百名。添防則歲增兵米七百二十石。不過用穀一千四百四十石。歲尙有餘穀矣。增設兵餉。戰兵一百二十名。每名月餉銀一兩四錢。守兵八十名。每名月餉銀一兩。歲約用銀二千九百七十六兩。都司全年俸薪馬乾養廉銀四百四十九兩。千總俸薪馬乾養廉銀一百九十二兩。外委養廉銀三十六兩。增設各兵加餉銀九百五十二兩耳。凡共需銀四千六百餘兩。蘭廳餘租一項。頗有盈餘。官弁養廉。戍兵加餉。足敷支給。至此項額兵。若再從內地抽撥。似覺紛繁。閱軍冊內。臺郡城中駐城守參將一員。兵一千一百七十九名。北路左營都司駐嘉義。兵一千二百八十二名。額兵頗多。今若於城守及嘉義二營中酌量抽撥。卽可足額。且無庸另籌餉銀眷米。如此則蘭營兵力無單弱之虞。而防守更爲周密矣。臺灣府治東南路至瑯璚四百五十里。北路至蘇澳一千二百餘里。以形勢而論。南短北長。蘭境未開。初設北路副將一員。中營都司一員。額兵一千二百三十八名。駐彰化城內。轄嘉義都司爲北路左營。竹塹守備額兵七百二十六名。爲北路右營。艋舺新莊以上空虛。故嘉慶九年。蔡逆從滬尾登岸。徑至新莊。後乃添設滬尾水師一營。駐遊擊一員。以艋舺營守備陸路兵八百七名。及蘭營陸路守備。皆歸管轄。所以兩營陸路皆轄於水師遊擊者。北路副將駐彰化。鞭長莫及。故爲一時權宜之計耳。滬尾游擊所轄洋面。上自蘇澳。下至大甲。八百餘里。中隔雞籠。須候南風。由雞籠至滬尾及於大甲。須候北風。此一路淺澳最多。向爲匪船出沒之所。哨捕稽查。殊爲不易。今更統以陸路。寔有顧此失彼之虞。一旦淡蘭有事。仍不得力。愚意不若以北路副將移駐竹塹。改右營爲中營。抽撥彰化營額兵二百名。艋舺營額兵一百名歸竹塹守備。加都司銜。隨同副將駐紮。改彰化都司爲北路左營。改艋舺守備爲北路右營。同蘭營守備共四營兵統歸副將管轄。其嘉義所轄駐左營都司。改歸郡中城守營參將管轄。如此則北路副將中權淡水。南可以應彰化。北可以應艋舺噶瑪蘭。形勢始爲扼要。郡城可無北顧之憂。而艋舺水師游擊惟盡心洋面。以專責成。水陸兩路皆可得力矣。以上五條。寔爲目前臺灣之急務。見諸施行。必有寔効。然自古治法莫如治人。苟守土之官。平時廉正公明。勤於政事。不貪安逸。吾知臺人必愛之如父母。畏之如神明。雖有姦宄。不敢萌心。卽萬一不虞。而吾以有備之兵禦之。再以子弟之民助之。有不旦夕撲滅者。未之有也。又何致上厪宸衷。遠煩數萬大兵。耗費無限之糧餉也哉。初瑩以此議上總兵。亟以爲然。已而愼軫督閩。見之。乃罷復採其言。增改臺北營制。先是總兵達洪阿以臺灣班兵廢弛。頗有意整剔。選六百人練爲精兵。歲犒錢二萬五千餘緡。巡道周凱贊之。飭府縣捐助一半。及姚瑩至。飭屬酌議。鳳山知縣曹謹以爲不可。略謂臺灣孤懸海外。中徵內地五十二營之兵。三年一班。更番撥戍。人旣雜。則材力不一。時旣暫。則考校多疏。將與將不相習。兵與兵不相知。從前僨事。職此之由。則訓練誠亟亟也。顧練之云者。詎惟是有兵六百。遂可侍無虞哉朝廷愼重海疆額設水陸步戰守兵一萬二千六百七十名無一非鎭帥之兵卽無一非鎭帥當練之兵凡各營操演之時參游以上皆有犒賞戍兵所得較之內地倍多本是以固其心而作其氣其所以不練不精者乃弁兵之辜恩非朝廷之吝賞今議者不務遵守舊章申明紀律而動議變增計所練之兵僅全臺二十分之一而所賞較本兵糧餉倍之試思朝廷設兵原無彼此此而當練孰不當練此而可精孰不可精如必厚賞而後精則非厚賞遂不必精必厚賞而後練則非厚賞併不能練是必歲捐數十萬金以爲全臺練兵之用而後可如其不然是予各兵以藉口之端而開各營推諉之漸也且臺地綿亘一千餘里精兵六百以之自衞則有餘以之衞人則不足一旦南北交警此六百人者顧此則失彼顧彼則失此勢不能不驅未練未精之人相與從事況費之所出非官則民查一縣捐攤每歲數幾盈萬已未能按款批解今又加以千餘名曰捐廉寔則挪移公項此派之官者之不可行也若取之於民則臺民數經兵燹十室九空加以亢旱頻年則素封之家所入不敷所出此取之民者之不可行也惟是練兵之擧將及三年既議停止必籌安置計惟就現練精兵之中擇其年力精强技藝嫻熟者分挿各營使之轉相教習除本營官照例於三六九操演

外。鎮軍南北巡時。再按名操演。賞罰之政。備在中樞。寔力奉行。何施不可。是鎮兵雖有自練之名。而通臺皆宿重兵。人人可成勁旅。官民之間。胥受其福。鎮道從之。及英人之役。營募鄉勇六百名。增給餉糈而訓練之。漸次以及各營。然營制之壞。衆口同聲、戍守之兵。借住民家。包娼聚賭。挾械以嬉。而復各分氣類。私設公廳。犄角爭鬬。營乃移鎮。折毀勒令歸營。其無營者。籌款以建。而議多未行。二十八年。巡道徐宗幹乃繼成之。宗幹之議。一曰都守以上不用閩人。都守以下不用漳泉人。二曰裁減精兵一半。以其經費修理營房。分營居住。三曰非屬操演有事之時。軍裝器械一概繳庫。四曰城內酌留精兵若干。餘則撥添各汛。隨時調遣。五曰換班之年。不准逗留。六曰調戍之期。漳泉分歲。七曰減調提標之兵到臺。分撥外汛。八曰道府廳縣多養屯丁鄉勇。隨時練習。以補兵力。書上大府。從之。而班兵稍受約束。然綠營暮氣。濡染已深。各省皆然。雖有名將。不能驅策。洪軍之役。望風而靡。湘淮諸傑。乃出而練勇。營立功致果。而彰化林文察亦率鄉勇數百名。轉戰閩浙。攻城克邑。所向告捷。於是臺勇之名聞。隊曲以其尚武習勞。堅毅矯捷。而足與生死也。同治八年。奏准裁汰額兵。增給餉糈。於是全臺設總兵一。副將三。參將四。游擊四。都司九。守備十。千總十七。把總四十一。外委五十六。

馬兵七十。戰兵三千一百四十六。守兵四千四百八十八。而勇營漸用矣。牡丹之役既平。欽差大臣沈葆楨奏請開山撫番。以淮軍任之。並議大改營制。疏曰。查臺灣營伍廢弛。曾經屢次奏陳。上年府城挑練兩營。毫無起色。並將營官林茂英等參革在案。府城如此。外縣可知。是其積弊之深。尤所罕見。汛弁干與詞訟。勒索陋規。兵丁巧避差操。雇名頂替。而班兵來自內地。各分氣類。偶有睚眦之怨。立即聚衆鬬毆。且營將利弁兵之規費。弁兵恃營將爲護符。遇有兵民涉訟。文員移提。曲爲庇匿。間有文員移營會辦之案。亦必多方刁難需索。而匪徒早聞風遠颺矣。種種積習相沿已久。皆由遠隔海外。文員事權較輕。將弁不復顧忌。非大加整頓不可。臣等體察情形。計無逾於裁汛併練者。蓋分汛裁撤。則驕詐擅擾不禁自除。併營操練。則汰弱補強。漸歸有用。臺地除澎湖兩營外。尚有十五營。擬仿淮楚軍營制。歸併以五百人爲一營。將臺南鳳山嘉義三營。調至府城。合府城三營安平三營爲一支。專顧臺鳳嘉三縣。其北路協副將所轄中右兩營。合鹿港一營爲一支。專顧彰化一帶。艋舺滬尾噶瑪蘭二營爲一支。專顧淡蘭一帶。均各認眞訓練。扼要駐紮。遇地方有事。接准劄調移撥。立時拔隊。不准延宕。其兵丁換班。因多疲弱。而就地招募。亦利弊參半。尚須詳加察看。願立法惟在得人。而事權尤宜歸一。現既巡撫來臺。似應歸之統轄。千總以下。即由巡撫考拔。守備以上。仍會同總督提督揀選題補。臺灣鎮總兵應請撤去掛印字樣。幷歸巡撫節制。如蒙俞允。伏懇飭部另行頒換該總兵官關防。以昭信守。臺地延袤一千餘里。處處濱海。皆可登岸。陸防之重。尤甚於水。而臺城以安平為屏蔽。安平向設臺協水師副將一員。所轄三營。中右兩營都司駐安平。左營游擊駐鹿港。現擬改為陸路。府城既有巡撫董率。又有道員隨同辦事。總兵擬請移紮安平。即將安平協副將裁撤。以鎮標中營游擊隨總兵駐安平。其臺協水師中右兩營都司改為鎮標陸路左右兩營都司。原設鎮標左營游擊隨巡撫駐臺。其撫標原設兩營。仍行駐省。改左營為中營。即以中軍參將領之。原設臺協水師左營游擊改為臺灣左營游擊。歸北路協副將管轄。守備以下弁兵缺額。均仍照舊。至巡洋艇船。萬不及輪船之便利。應將閩廠現造輪船。分撥濟用。臺澎各營現僅存拖船八號。俟下屆修時。應請裁撤歸廠變價。以節虛糜。疏上。廷議以臺灣巡撫尚未定設。未可變易營制。乃於鎮標僅置練勇。而綠營如故也。於時新設恒春縣。以鎮標左營駐防。而右營隸巡道。光緒十年。法軍之役。劉銘傳督師臺灣。自率淮軍十營。以當防守。且檄文察之子朝棟募臺勇。赴前敵。及平。銘傳任巡撫。

奏請辦防練兵淸賦撫番。次第舉行。議裁班兵。又不許。乃汰其老弱者。以汛兵改爲隘勇郵丁。而將水師配置澎湖。陞副將爲總兵。蓋以此時之臺灣。非如昔日。列強束顧。虎視狠貪。事勢。之來。一息千里。自非整軍經武。據險恃危。未足以圖存也。十一年六月。閩浙總督楊昌濬奏言。福建島嶼林立。海道險惡。籌防之難。甲於他省。而臺灣孤立重洋。物產豐腴。久爲各國所窺伺。此次法禍之起。獨趨福建。先毀馬尾舟師。以斷應援之路。繼則肉薄基隆。分陷澎湖。無非爲吞全臺之計。仰仗天威。越南大捷。法人悔禍。請和。臺灣危而復安。使孤拔不死。固未嘗一日忘也。從前丁日昌在臺創議各事。寔爲至要之圖。惜未及成而去。今防務已鬆。善後萬不可緩。而省城兼顧不及。應否請派重臣駐臺督辦。中國海面遼濶。在在須防。請劃水師爲三路。北洋設於津沽。兼顧奉東各口。中洋設於吳淞。兼顧浙江定鎭。南洋設於臺澎。兼顧廣東。瓊。廉。分布要害。聲息相通。外侮之來。庶幾克濟。部議以南北兩洋既設海軍。若臺澎新置水師。需費巨大。應須他日。故銘傳亦有志未逮也。初臺灣分巡道未有兵權。但率練勇以理鹽政。及道光四年十月。始加營務處。頒給督辦軍務關防。得以調度戎機。奏行賞罰。然大權仍在總兵。十二年。銘傳設營務總處於臺北。隸巡撫。以道員盧本揚任之。中南各路設營務處。節制軍事。又設支應局。隸布政使司。理糧餉。其時分駐各營。北路爲定海四營。基隆爲銘字四營。中路爲棟字三營。南路爲練勇四營。後山爲鎭海八營。澎湖爲宏字四營。各具洋式軍械。而綠營漸廢矣。十三年十月。銘傳奏言。臺灣綠營額設水師七營。陸師十一營。共兵一萬四千餘名。自同治八年。前督臣左宗棠奏准裁兵加餉。存兵七千七百餘名。迨光緒三年。前撫臣丁日昌復奏請汰弱留強。暫停募補。至光緒八年。經臺灣鎭總兵吳光亮核明以故續裁。寔存兵數四千五百餘名。年支餉銀十七萬餘兩。此後如有革故。隨時募補。是爲水陸現存兵額。是月二十日。戶部咨開。閩省現在裁減水陸額兵一成。以節餉需。臺灣綠營兵額。能否照裁。應由臺灣巡撫酌度情形。迅速議覆。銘傳奏言。臺灣地方遼濶。額設兵丁。歷次裁減。僅存四千五百餘名。現在改爲行省。分治開山。拓地日廣。設汛益多。不足分布。以今觀之。寔不能再行裁減。從之。法軍之役。設轉運局於上海。以輸餉械。而臺灣孤懸海上。一旦封港。航運莫至。則坐而待斃。淡水素產硝磺。可製火藥。是年設軍械機器局於臺北。以記名提督劉朝幹爲總辦。聘德人彼得蘭爲工師。自製槍彈。供軍用。又設火藥局於大隆同。水雷營於基隆滬尾。南北各口。增築礮臺。訓練礮兵。計費二百一十餘萬兩。夫銘傳之治臺。不獨辦防練兵已也。造鐵路以通之。行郵船以輔之。振殖產以裕之。闢財源以養之。改內政以新之。設教育以明之。使民能知義。國無患貧。而兵乃可用。夫兵者所以禁暴保大定功安民和衆豐財者也。故以戰則克。以守則固。以攻則破。節制之師也。臺灣之兵雖未及此。而銘傳能整飭之。以防禦外侮。亦可用也。

鄭氏武官表

正總督永歷三十二年設以左武衛劉國軒任之表賜尚方劍專征伐

副總督永歷三十二年設以後提督吳淑任之

勇衛

侍衛

左武衛

右武衛

左虎衛

右虎衛

正提督
副提督
中提督
前提督
後提督
左提督
右提督
五軍都督
中軍都督
督理戎政
五軍戎政
旗鼓中軍
總練使

行軍司馬
諮議參軍
參軍
監紀推官
材官
正總兵
副總兵
參將
游擊
都司
守備
千總
把總

鄭氏各將軍表

左龍驤將軍永歷三十五年以鄭明任之

右龍驤將軍永歷三十五年以鄭智任之

征北將軍永歷三十二年以劉國軒任之

平北將軍永歷三十七年以曾瑞任之

定北將軍永歷三十七年以王順任之

平西將軍永歷二十九年以吳淑任之

寧南將軍永歷三十一年以劉進忠任之

安東將軍永歷二十九年以劉炎任之

盪虜將軍永歷二十八年以張學堯任之

殄虜將軍永歷二十八年以馬應龍任之

破虜將軍永歷二十八年以武弘謨任之

平虜將軍永歷二十八年以吳淑任之

征虜將軍永曆三十年以張國勛任之
滅虜將軍永曆三十年以苗之秀任之

鄭氏陸軍各鎮表

勇衞前鎮每鎮分中前後左右五協又有總理驍翊領旗領兵四協由鎮帥主之
勇衞後鎮
勇衞中鎮
侍衞前鎮與勇衞同
侍衞後鎮
侍衞中鎮
左武衞前鎮與勇衞同
左武衞後鎮
左武衞中鎮
右武衞前鎮與勇衞同

右武衛後鎮

右武衛中鎮

左虎衛前鎮與勇衛同

左虎衛後鎮

左虎衛中鎮

右虎衛前鎮與勇衛同

右虎衛後鎮

右虎衛中鎮

中提督前鎮與勇衛同

中提督後鎮

中提督中鎮

前提督前鎮與勇衛同

前提督後鎮

前提督中鎮
後提督前鎮與勇衞同
後提督後鎮
後提督中鎮
左提督前鎮與勇衞同
左提督後鎮
左提督中鎮
右提督前鎮與勇衞同
右提督後鎮
右提督中鎮
左先鋒鎮每鎮分中前後左右五協各以副將主之協或稱營以下仿此
右先鋒鎮
衝鋒前鎮

衝鋒後鎭
衝鋒中鎭
衝鋒左鎭
衝鋒右鎭
援剿前鎭
援剿後鎭
援剿中鎭
援剿左鎭
援剿右鎭
果毅前鎭
果毅後鎭
果毅中鎭
果毅左鎭

果毅右鎮
宣毅前鎮
宣毅後鎮
宣毅中鎮
宣毅左鎮
宣毅右鎮
揚威前鎮
揚威後鎮
揚威中鎮
揚威左鎮
揚威右鎮
建威前鎮
建威後鎮

建威中鎭
建威左鎭
建威右鎭
龍驤前鎭
龍驤後鎭
龍驤中鎭
龍驤左鎭
龍驤右鎭
折衝前鎭
折衝後鎭
折衝中鎭
折衝左鎭
折衝右鎭

護衛前鎭
護衛後鎭
護衛中鎭
護衛左鎭
護衛右鎭
振義鎭
奮義鎭
昭義鎭
彰義鎭
正兵鎭
奇兵鎭
進兵鎭
殿兵鎭

游兵鎮
親兵鎮
耀兵鎮
英兵鎮
前鋒鎮
中權鎮
後勁鎮
大武鎮
仁武鎮
義武鎮
禮武鎮
智武鎮
信武鎮

金武鎮
木武鎮
水武鎮
火武鎮
土武鎮
虛宿鎮
危宿鎮
室宿鎮
壁宿鎮
奎宿鎮
婁宿鎮
胃宿鎮
昴宿鎮

畢宿鎮
觜宿鎮
參宿鎮
井宿鎮
鬼宿鎮
柳宿鎮
星宿鎮
張宿鎮
翼宿鎮
軫宿鎮
角宿鎮
亢宿鎮
氐宿鎮

房宿鎮
心宿鎮
尾宿鎮
箕宿鎮
斗宿鎮
牛宿鎮
女宿鎮
戎旗一鎮
戎旗二鎮
戎旗三鎮
戎旗四鎮
戎旗五鎮

鄭氏水師各鎮表

樓船前鎮
樓船後鎮
樓船中鎮
樓船左鎮
樓船右鎮
水師前鎮
水師後鎮
水師中鎮
水師左鎮
水師右鎮
水師一鎮
水師二鎮
水師三鎮

水師四鎭
水師五鎭
水師六鎭
水師七鎭
水師八鎭
水師九鎭
水師十鎭

鄭氏臺灣及各島守將表

總督承天南北兩路軍務永歷十五年設以周全斌任之
北路總督永歷三十五年設以左武衞何祐任之智武鎭李茂爲副駐雞籠
承天府守將
安平鎭守將
鹿耳門守將

澎湖守將
淡水守將
思明州守將
南澳守將
銅山守將
達濠守將
南日守將
舟山守將

清代臺灣水陸營制表

臺灣鎮標中營康熙二十三年設駐府治
鎮守臺灣總兵官一員康熙二十三年設雍正十一年議照山陝沿邊之例爲掛印總兵給方印
游擊一員
守備一員

千總二員同治八年裁一員
把總四員裁一名
外委五名裁一名
額外三名裁一名
馬兵二十四名裁十二名
戰兵三百八十二名裁一百三十五名
守兵四百三十名裁一百三十五名
計兵四百六十名除抽裁革故停募未補者四十四名又抽配左翼練兵一百三十九
名寔存在營一百八十三名
鎭標左營康熙二十三年設駐防府治北路光緒五年改爲恒春營
鎭標右營康熙二十三年設駐防府治南路同治八年改爲道標營
臺灣城守營雍正十一年設分爲左右兩軍
參將一員

左軍守備一員
千總一員
把總二員
外委四名同治八年裁一名
額外一名
馬兵七名
戰兵二百零五名裁七十五名
守兵二百八十三名裁一百名
右軍守備一員
千總一員同治八年裁
把總二員
外委六名裁二名
額外一名裁

馬兵七名裁

戰兵二百五十名裁九十六名

守兵三百四十五名裁一百二十名

左右計兵三百九十二名除抽裁革故停募未補者二百四十四名又抽配左翼練兵

二百三十三名分派八城及礮兵一百六十七名定存在營汎防者一百十五名

恒春營光緒五年設駐防恒春

游擊一員

守備一員

千總二員同治八年裁一員

把總二員

外委四名裁一名

額外三名裁一名

馬兵十四名裁十一名

戰兵三百三十一名裁一百五十五名

守兵四百名裁一百四十五名

計兵四百三十五名除抽練兵一百八十六名又派各汛一百八十五名寔存在營六十四名

道標營康熙二十三年設撥鎭標右營守備一員左營千總一員左右營把總各一員三營兵各一百名六十年裁歸同治八年再設陞游擊爲都司駐防府治

都司一員同治八年設

游擊一員同治八年裁

守備一員裁

千總二員裁一員

把總三員

外委五名裁二名

額外二名

馬兵十四名裁十一名
戰兵二百七十九名裁九十三名
守兵三百五十三名裁八十一名
計兵四百六十一名除挑裁革故停募未補者一百三十名寔在存營三百三十一名
南路營康熙二十三年設駐防鳳山
參將一員
守備一員
千總三員同治八年裁二員
把總三員裁一員
外委六名裁三名
額外四名裁一名
馬兵十名裁
戰兵四百二十九名裁二百五十三名

守兵五百八十名裁三百三十六名

計兵四百二十名除挑裁革故停募未補者二百五十三名寔在存營及汎防者一百

六十七名

下淡水營雍正十一年設駐防下淡水

都司一員

千總一員

把總三員同治八年裁一員

外委三名

額外二名裁一名

馬兵六名裁

戰兵三百四十八名裁二百十四名

守兵二百三十五名裁三十九名

計兵三百三十名除挑裁革故未補者二百零三名寔在存營及汎防者一百二十七

名

北路協中營康熙二十三年設參將駐諸羅縣治雍正十一年移彰化設副將增爲中左右三營

副將一員雍正十一年設光緒十四年移駐埔裡社

都司一員

千總二員同治八年裁一員

把總四員裁一員

外委九名裁三名

額外五名裁三名

馬兵十四名裁

戰兵五百四十七名裁二百三十九名

守兵六百六十三名裁二百十七名

計兵七百五十四名除挑裁革故未補者四百六十八名又調防埔裡社一百七十二

名寔在存營及汛防者一百十四名

北路協左營雍正十一年設駐防諸羅後稱嘉義營

參將一員

都司一員

守備一員

千總三員同治八年裁二員

把總四員

外委十名裁五名

額外四名裁一名

馬兵十四名裁

戰兵五百十二名裁一百九十七名

守兵六百十二名裁三百三十四名

計兵六百九十四名除挑裁革故未補者三百八十八名又抽練兵七十二名寔在存

營及汛防者二百三十四名

北路協右營雍正十一年設駐防竹塹後稱竹塹營

游擊一員

守備一員

千總三員同治八年裁二員

把總六員裁四員

外委九名裁三名

額外三名裁一名

馬兵十五名裁

戰兵四百七十九名裁二百六十名

守兵五百二十二名裁二百零六名

計兵五百三十五名除挑裁革故未補者三百二十八名寔在存營及汛防者二百零七名

艋舺營康熙四十九年設淡水營駐守備隸北路營雍正十一年改駐都司嘉慶十三年改都司爲水師游擊兼管陸

路移駐艋舺道光四年改參將而滬尾水師營仍隸之

參將一員

守備一員

千總一員

把總二員

外委五名同治八年裁二名

額外二名

馬兵八名裁七名

戰兵二百六十五名裁九十名

守兵四百二十七名裁一百七十一名

計兵四百三十二名除挑裁革故未補者二百二十五名寔在存營及汛防者二百零

四名

滬尾水師營歸艋舺參將管轄

守備一員
千總一員同治八年裁
把總二員裁一員
外委四名裁二名
額外二名裁一名
戰兵一百十五名裁三十二名
守兵二百三十七名裁六十名
計兵二百六十名
噶瑪蘭營嘉慶十八年設守備駐五圍隸艋舺營游擊道光五年改設都司而移守備於頭圍
都司一員
守備一員同治八年裁
千總二員裁一員
把總二員添設一員

外委四名裁二名
額外三名裁二名
戰兵四百五十五名裁三百零三名
守兵二百四十名裁十二名
計兵三百八十名除挑裁革故未補者一百七十名寔在存營及汛防者二百十名

安平水師協標中營康熙二十三年設副將駐防安平等處領中左右三營光緒十四年改中營爲臺東陸路中營

安平水師協標左營
游擊一員
守備一員
千總二員同治八年裁一員
把總四員裁三員
外委六名裁五名

額外二名裁一名
戰兵三百二十六名
守兵三百八十二名
計兵三百三十名除挑裁革故未補者一百六十三名又原配烏龍江水兵一名寔在
存營及汎防者一百六十六名
安平水師協標右營光緒十四年改爲臺東陸路右營
臺東陸路中營原係安平水師中營光緒十四年改設
副將一員
都司一員同治八年設
游擊一員同治八年裁
守備一員裁
千總二員裁一員
把總四員裁三員

外委五名裁三名

額外三名裁二名

戰兵三百五十一名裁二百零七名

守兵四百零七名裁一百九十一名

計兵三百六十名除挑裁革故未補者一百九十五名又抽配練兵六十八名原配烏

龍江水兵一名寔在存營及汎防者九十六名

臺東陸路右營原係安平水師右營光緒十四年改設

都司一員同治八年設

游擊一員同治八年裁

守備一員裁

千總二員裁一員

把總三員裁一員

外委五名裁三名

額外三名裁二名
戰兵三百五十一名裁二百十九名
守兵四百零七名裁二百零九名
計兵三百三十名除挑裁革故未補者一百八十三名又抽配練兵六十名原配烏龍江水兵一名寔在存營及汛防者八十六名
澎湖水師鎮標營康熙二十三年設副將統轄兩營游守各一員千總各兩員把總各四員外委各七名額外各三名每營戰守兵各一千名乾隆四十七年　汰一百四十二名道光六年各裁外委一名至同治八年裁兵加餉之後兩營改設都司一千總一左營把總四右營把總二外委各二額外各一兵則左營四百零二名右營三百六十名戰兵每名月餉二兩五錢五分守兵二兩四錢光緒十二年陞副將爲總兵左營設游擊守備右營設都司添兵二十名
鎭守澎湖水師總兵一員光緒十二年奉旨以澎湖副將與海壇鎮總兵對調
左營游擊一員
守備一員
千總一員

把總四員
外委二名
額外一名
戰兵一百六十名
守兵二百六十二名
右營都司一員
千總一員
把總二員
外委二名
額外一名
戰兵一百四十四名
守兵二百十六名
兩營計兵七百八十二名

清代臺灣水陸汛防表

設弁駐兵謂之汛。撥兵分守謂之塘。汛防之設所以保地方。而塘兵竝以傳軍書。是爲綠營之制。顧自咸同以來。漸用練勇。新建之地。分駐營哨。而綠營僅有其名。迨同治八年。裁兵加餉之後。汛防多所裁廢。至今更無用矣。玆將所存者具如左。

城守營左軍

府城汛舊設把總一兵八十五裁存五十八今設十八名
南礮臺塘舊歸府汛分防設兵五今裁
塗墼埕塘舊歸府汛分防設兵五今裁
崗山汛舊設守備一把總一兵一百五十五裁存一百零八今設十八名
大湖塘舊歸崗山汛分防設兵十三裁存五今設一名
半路竹塘舊歸崗山汛分防設兵六今裁
羅漢門汛舊設千總一外委一兵七十七裁存六十一今設二名
木岡汛舊設外委一兵二十八裁存十八今設二名

猴洞口汛舊設外委一額外一兵八十一裁存三十二今設二名
鹽水埔汛舊設外委一兵十九裁存十四今設二名
埤仔頭塘舊歸府汛分防設兵十改屬鹽水埔汛設兵五今設一名
港崗塘舊歸鹽水埔汛分防設兵六裁存五今設一名
角帶圍塘舊歸鹽水埔汛分防設兵五今裁

城守營右軍

府城汛舊設把總一額外一兵一百五十三裁存八十八今設四十名
加溜灣汛舊設把總一兵三十五裁存二十五今設四名
北礮臺塘舊歸加溜灣汛分防設兵五今裁
柴頭港塘舊歸加溜灣汛分防設兵五今裁
蔦松塘舊歸加溜灣汛分防設兵七裁存五今設一名
木柵塘舊歸加溜灣汛分防設兵五今設一名
溪邊塘舊歸加溜灣汛分防設兵五今設一名

麻豆汎舊設外委一兵二十裁存二十八今設四名
茅港尾塘舊爲汎設外委一兵二十五今改塘歸麻豆汎分防設兵三名
水堀頭塘舊歸茅港尾汎分防設兵五今裁
下加冬汎舊設守備一把總一外委一兵一百三十六裁存八十五今設十二名
鐵線橋塘舊歸下加冬汎分防設兵五今設一名
急水溪塘舊歸下加冬汎分防設兵三今設一名
北勢埔塘舊歸下加冬汎分防設兵十今裁
八槳溪塘舊歸下加冬汎分防設兵五今設一名
大穆降汎舊設外委一兵四十六裁存四十今設九名
舊社塘舊爲汎設外委一兵四十今歸大穆降汎分防設兵二名
大武壠汎舊設千總一兵五十三裁存二十五今設五名
蕭壠汎舊設外委一兵二十裁存十八今設四名
西港仔塘舊歸蕭壠汎分防設兵七今裁

南路營

鳳山城汛舊設守備一把總一外委二額外四兵五百二十裁存二百六十五今設一百四十一名

埤仔頭塘歸鳳山城汛分防

苦苓門塘歸鳳山城汛分防

打鹿潭塘歸鳳山城汛分防

舊城汛舊設千總一兵一百十六裁存三十五今設八名

觀音山汛舊設把總一兵七十五裁存三十五今設四名

小店塘歸觀音山汛分防

阿公店汛舊設外委一兵五十改設把總一兵四十今設五名

二濫塘舊歸阿公店汛分防改屬崗山汛

攀桂橋汛舊設把總一兵五十一裁存二十今設四名

土地公崎塘歸攀桂橋汛分防

枋藔汛舊設外委一兵五十裁存三十今設四名

石井塘舊爲汎設千總一兵一百十五改歸阿公店汎分防設兵一名
水底寮塘舊爲汎設千總一兵一百改歸枋寮汎分防
蕃薯寮塘舊爲汎設外委一兵四十二改歸羅漢門汎分防

下淡水營

山猪毛口汎舊設都司一外委一額外一兵二百裁存一百六十今設九十六名
萬丹汎舊設把總一兵五十裁存四十今設八名
阿猴汎舊設把總一兵十九裁存三十今設六名
阿里港汎舊設把總一兵八十裁存三十今設五名
潮州莊汎舊設外委一兵四十裁存二十今設四名
東港汎舊設外委一兵三十裁存二十今設四名
新園塘舊爲汎設千總一兵二百改歸萬丹汎分防設額外一兵十五今設二名
九塊厝塘舊爲汎設額外一兵二十改歸阿里港汎分防存兵五今設二名

北路協中營

彰化城汛舊設都司一千總一外委一額外二兵六百零五裁存三百七十三今設六十名

八卦山汛舊設外委一兵四十裁存二十今設三名

大墩汛舊設外委一兵四十裁存三十今設五名

大里杙塘舊爲汛設外委一兵五十改歸大墩汛分防存兵二十五今裁

葫蘆墩汛舊設千總一兵八十改設把總一兵六十今設五名

四張犁塘舊爲汛設外委一兵三十改歸葫蘆墩汛分防存兵十四今裁

外攸汛舊設把總一兵三十改設外委一兵二十五今設二名

沙轆塘歸外攸汛分防設兵五今裁

大肚塘舊爲汛設外委一兵十五改歸外攸汛分防存兵十今設四名

許厝埔汛舊設把總一兵六十裁存三十今設三名

南北投汛舊設把總一兵八十五裁存六十今設七名

崁頂塘舊爲汛設外委一兵四十改歸南北投汛分防存兵二十二今裁

內木栅塘舊爲汛設額外一兵二十改歸南北投汛分防存兵十五今裁

燕霧汛舊設把總一兵三十裁存二十二今設十一名
赤塗崎塘歸燕霧汛分防設兵五今裁
東螺塘舊爲汛設外委一兵二十改歸燕霧汛分防存兵十今設四名
沙仔崙汛舊設外委一兵二十裁存十四今設四名
觸口塘歸沙仔崙汛分防設額外一兵二十今裁
二林汛舊設額外一兵二十裁存十今設三名
集集汛舊歸嘉義營分防設外委一兵十光緒十四年改歸北路中營設兵三名
北路協左營卽嘉義營
嘉義城汛舊設守備一把總一額外四兵四百裁存三百四十今設一百十二名
城外汛舊設把總一兵三十二裁存二十九今設九名
山底塘歸城外汛分防設兵五今設二名
八掌溪塘歸城外汛分防設兵五今裁
水堀頭塘歸城外汛分防設兵五今裁

牛稠溪塘歸城外汛分防設兵五今裁

店仔口塘舊爲汛設外委一兵四十改歸城外汛分防存兵十今設四名

笨港汛舊設千總一兵七十四改設把總一兵三十今設十名

樸仔脚塘舊爲汛設外委一兵十五改歸笨港汛分防存兵十今設四名

鹽水港汛舊設把總一兵九十裁存三十今設八名

斗六門汛舊設都司一千總一外委一兵一百六十裁存九十今設十名

虎尾溪塘舊爲汛設外委一名兵二十四改歸斗六門汛分防存兵十今設四名

中路頭塘歸斗六門汛分防設兵五今裁

西螺汛舊設把總一外委一兵七十四裁存三十今設八名

三條圳塘歸西螺汛分防今裁

林圯埔汛舊設外委一兵三十改設把總一兵三十今設十二名

水沙連汛舊設千總一兵五十同治八年裁光緒十四年復設外委一兵五十名

他里霧汛舊設外委一兵四十裁存三十今設十二名

塗庫塘舊爲汎設外委一兵三十九改歸他里霧汎分防存兵十今設四名

大崙脚塘歸塗庫汎分防設兵五今裁

大莆林汎舊設外委一兵三十裁存二十五今設八名

打猫塘歸大莆林汛分防設兵五今設二名

北路協右營卽竹塹營

竹塹城汎舊設游擊一千總一外委一兵二百八十八裁存一百五十三今設一百四十四名

大甲汎舊設守備一千總一把總一外委一兵二百裁存一百零六今設十六名

後壠汎舊設千總一額外一兵五十三裁存二十八今設七名

楊梅壢汎舊設把總一兵六十七裁存三十六今設三名

大安汎舊設把總一兵七十四改設外委一兵三十九今設三名

銅鑼灣汎舊設把總一兵六十改設外委一兵三十一光緒十四年移駐苗栗縣城設兵五名

中港汎舊設把總一外委一兵五十八裁存外委一兵二十九今設三名

桃仔園汎舊設把總一兵二十五改設外委一兵十二今設三名

吞霄汛舊設外委一兵三十裁存十六今設三名
斗換坪塘舊爲汛設外委一兵四十改歸中港汛分防存兵二十一今設一名
海口塘歸楊梅壢汛分防設額外一兵十二裁存六今設三名
香山塘歸楊梅壢汛分防設額外一兵十裁存五今設三名
嘉志閣塘歸後壠汛分防設額外一兵三十八裁存二十今設九名
猫盂塘歸大安汛分防設兵五裁存三今裁
大甲溪塘歸大安汛分防設外委一兵十裁存五今裁
南崁塘歸桃仔園汛分防設外委一兵三十六裁存二十今裁
老雞籠汛新設駐兵一名
磺油山汛新設駐兵六名

艋舺營

艋舺汛舊設守備一外委一兵四百二十二裁存二百六十二今設一百八十二名
海山口汛舊設外委一兵五十八裁存三十五今設三名其外委於光緒十五年移駐板曲橋汛

龜崙嶺塘歸海山口汎分防設兵十裁存六今設一名
水返脚汎舊設外委一兵二十五裁存十五今設二名
大基隆汎舊設把總一兵九十裁存三十五今設七名
三爪仔汎舊設外委一兵十裁存六今設一名
暖暖塘歸三爪仔汎分防設兵十裁存六今設一名
三貂港汎舊設把總一兵三十裁存十七今設一名
燦光寮塘歸三貂港汎分防設兵十裁存六今設一名
馬鍊汎舊設額外一兵二十五裁存十八今設一名
北投汎舊設外委一兵十裁存六今設一名
板曲橋汎新設外委一兵六名
滬尾水師營
礮臺汎舊設千總一兵五百七十裁存一百七十五今設七十一名
八里坌汎歸礮臺汎分防設外委一兵三十裁存十五今設十名

北港塘歸礮臺汛分防設兵十裁存五今設一名
金包里汛舊設把總一兵五十裁存二十五今設十名
石門汛歸金包里汛分防設外委一兵三十裁存十五今設六名
小雞籠塘歸石門汛分防設兵十裁存五今裁

噶瑪蘭營

五圍城汛舊設都司一千總一外委二額外一兵三百六十裁存一百五十九今設一百六十六名
頭圍汛舊設守備一外委一兵一百改設千總一兵五十一今設十名
三圍塘歸頭圍汛分防設兵十裁存六今設一名
礮臺塘歸頭圍汛分防設兵十五裁存八今設一名
三貂汛舊設千總一兵五十改設外委一今設兵三名
溪州汛舊設把總一兵四十裁存十八今設八名
北關汛舊設外委一兵四十裁存十九今設六名
加禮宛汛舊設額外一兵三十裁存二十四今設五名

蘇澳汛舊設把總一兵五十裁存二十二今設七名

南風澳汛歸蘇澳汛分防設兵三十今設一名

龜山嶼汛舊設把總一兵三十今設二名

安平水師中營改爲臺東陸路中營

安平汛舊設游擊一守備一千總一把總二外委五額外三兵五百十三改設都司一外委一額外一兵二百二十今設六十二名

大港汛舊設把總一兵七十裁存三十五今設十二名

鯤身塘歸大港汛分防設兵五裁存三今設一名

鯤身頭汛歸大港汛分防設兵五裁存三今設一名

喜樹仔汛歸大港汛分防設兵五裁存三今設一名

茄萣仔汛歸大港汛分防設兵五裁存三今設一名

蟯仔港汛歸大港汛分防設兵五裁存三今設一名

鹿耳門汛舊由中營守備右營千總輪年駐防設兵五十裁存四十今設四名

蚊港汎舊設把總一兵八十改設外委一兵三十八今設八名

青鯤身汎歸蚊港汎分防設兵五裁存三今設一名

馬沙溝汎歸蚊港汎分防設兵五裁存三今設一名

北門嶼汎歸蚊港汎分防設兵五裁存三今設一名

南鯤身汎歸蚊港汎分防設兵五裁存三今設一名

安平水師左營

鹿港汎舊設游擊一千總一把總二外委二額外一兵三百四十三裁去把總外委存兵一百四十今設一百十六名

水裡港汎舊設外委一兵二十改歸鹿港汎分防存兵二十今設三名

王宮港汎舊設把總一兵四十五改歸鹿港汎分防設外委一兵四十今設四名

三林汎歸鹿港汎分防設兵十五今設二名

番挖汎歸鹿港汎分防設兵十今設二名

笨港汎舊設守備一千總一把總一外委二額外一兵二百三十裁去千總外委存兵七十今設三十一

海豐汎舊設外委一兵二十改歸笨港汎分防存兵二十今設二名

繾仔港汎歸笨港汎分防設兵九裁存七今設二名

猴樹汎歸笨港汎分防設兵八裁存七今設二名

新店汎歸笨港汎分防設兵八裁存六今設二名

安平水師右營改爲臺東陸路右營

安平汎舊設都司一守備一千總一把總二外委五額外三兵六百四十三裁存守備一把總一外委四額外二兵二百今設二十一名

旗後汎舊設兵十改設外委一兵五十二今設十名

打鼓汎舊設把總一兵三十改歸旗後汎分防存兵四今設一名

蟯港汎歸旗後汎分防設兵五裁存四今設一名

赤崁汎歸旗後汎分防設兵五裁存四今設一名

萬丹汎歸旗後汎分防設兵五裁存四今設一名

大莆林汎歸旗後汎分防設兵五裁存四今設一名

西溪汎歸旗後汎分防設兵五裁存四今設一名
下淡水汎歸旗後汎分防設兵十裁存四今設一名
東港汎舊設千總一兵三十改設把總一兵二十八今設十五名
茄萣汎歸東港汎分防設兵五裁存四今設一名
放繚汎歸東港汎分防設兵五裁存四今設一名
大崑麓汎歸東港汎分防設兵五裁存四今設一名
小琉球汎光緒三年新設駐兵三十名

澎湖水師左營

媽宮澳東汎舊係專汎官管轄礮臺一座汎兵二十八名戰船一隻配兵五十名改設把總一員兵二十一名
新城汎歸東汎分防設兵六名
嵵裡汎礮臺一座汎兵十五名按季輪派千把總一員戰船一隻配兵六十名駐防改設外委一名兵十四名
文良港汎按季派外委一名戰船一隻配兵五十名協防改歸嵵裡汎分防設兵十一名
風櫃尾汎改歸嵵裡汎分防設兵四名

將軍澳汛礮臺一座汛兵二十八名按季輪派千把總一員戰船一隻配兵五十名協防改設把總一員兵十六名

挽門汛礮臺一座汛兵二十八名按季派外委一名戰船一隻配兵五十名協防改歸將軍澳汛分防設兵八名

水垵汛礮臺一座汛兵二十八名改歸將軍澳汛分防設兵八名

澎湖水師右營

媽宮澳西汛舊係專汛官管轄礮臺一座汛兵二十八名戰船一隻配兵五十名改設外委一名兵十七名

新城汛歸西汛分防設兵六名

內塹汛礮臺一座汛兵二十八名按季輪派千把總一員戰船二隻配兵一百名駐防改設把總一員兵二十二名

外塹汛礮臺一座外委一名汛兵十五名改歸內塹汛分防設兵十六名

小門汛礮臺一座汛兵三十名改歸內塹汛分防設兵十六名

北山汛按季輪派千把總一員戰船二隻配兵一百名駐防改設外委一名兵十名

吉貝汛按季派外委一名戰船一隻配兵五十名協防改歸北山汛分防設兵十五名

臺東勇營駐防表

鎭海後軍中營統領兼管帶一員光緒十年冬以中前左三哨駐知本右哨駐水尾後哨以四隊駐成廣澳四隊駐

大陂鹿寮

鎭海後軍左營原名飛虎軍後營光緒九年改分駐花蓮港一帶嗣以中左後三哨駐花蓮港右哨四隊分防加禮宛四隊吳全城前哨五六七八等隊分防象鼻嘴三四兩隊六甲一隊大巴壠

鎭海後軍前營光緒十四年冬增設以中前左三哨駐新開園右哨駐成廣澳後哨四五六七等隊駐璞石閣一二

三等駐鹿寮

卑南屯兵一哨光緒十四年原設三哨十五年夏裁兩哨分防大庥里知本社蚶子崙巴塱衞等處

南路屯兵二哨光緒八年原設三營九年裁十年復募二哨分防歸化門大樹林出水坡溪底等處

海防屯兵二哨光緒十五年六月設原駐拔子莊十八年秋以後哨調防巴塱衞十九年秋前哨調防大庥里等處

與南路屯兵換防

屯丁

乾隆五十一年。林爽文之役。大將軍福康安率師入臺。歸附各番奔走軍前。克奏膚功。及平。奏請倣照四川屯練之例。設置屯丁。既又釐定章程六欵。旨下軍機大臣會同兵部尙書等議奏。奏曰。乾隆五十三年六月初七日。內閣欽奉上諭。據福康安等奏稱。臺灣熟番向化日久。當逆匪滋事之時。各番奮勇隨同官軍。打仗殺賊。頗能出力。欽奉諭旨令將熟番補充額名。臣等因戍兵仍請遵照舊例換防。別將熟番挑募屯丁。酌撥近山未墾之地。以資養贍。先經附摺具奏在案。茲將應行釐定章程。仿照屯練之例。通融酌議。逐一臚陳。恭請聖訓等因。着軍機大臣會同該部議奏。欽此。臣等查臺灣地方。民番雜處。當逆匪滋事之時。該熟番均能奮勇出力。現在事竣。自應酌量挑補兵弁。分給田畝。以示撫綏。而資捍禦。今據福康安等倣照屯練之例。通融釐定各條。悉心酌議。恭呈御覽。一屯丁人數。應按各社。酌挑。令其就近防守一款。據稱全部熟番通共九十三社。臺灣縣屬番社較少。淡水彰化近山地方番社最多。鳳山嘉義次之。每社番自數百至數十不等。約可挑選壯健番丁四千名。分爲十二屯。大屯四處。每處四百人。小屯八處。每處三百人。作爲額缺。毋庸別設屯所。卽令在本社防守地方。稽查盜賊。其戶口較少之社。或數社並作一屯。或附入近處大社。庶番民等不致遠違鄉井。而較驗調派。亦易於齊集。至各屯相距之地。道里難以適均。臺灣縣所屬番社不過數處。不能多設屯丁。然臺灣縣地界本狹。郡城設有重兵。足資彈壓。惟南北兩路險要甚多。淡水一所尤爲遼濶。原撥熟番在隘口搭寮防守。名爲隘丁。零星散處。酌量地勢情形。按照番社多寡。分別設屯。與各處營汛官兵。聲勢聯絡。則稽核查察巡防。自可倍加嚴密等語。查臺灣熟番九十三社。挑選壯健番丁。可得四千名。自應定額挑補。以資巡防。應如所請。准其於該處熟番內挑選四千名。作爲屯丁。分爲十二屯。大屯四處。每屯四百人。小屯八處。每屯三百人。定爲額缺。按各處廳縣地勢情形。分別安設。卽令在本社駐守。其戶口較少之社。或數社併作一屯。附入近處大社。均毋庸別設屯所。仍將各屯名目及屯丁花名。造册報部查核。

一各屯番丁。宜設立屯弁。以資管轄一款。據稱四川屯練兵。於額設屯守備千總把總外委等官一百餘員。今臺灣屯兵弁目。無需似此之多。祇應仿照其例。量爲設立。查各社原有民人充當通事。管理一社之事。代爲交納社餉。但此通事積年充役。地方官僉派。本非番人同類。未便用爲弁目。應於番社頭目內。擇其曾經打仗出力。及番社素所信服者。如岸裡社潘明慈之類。揀選拔補。於南北兩路額設屯千總二員。統領屯兵。把總四員。分管各屯。大小各屯每處設屯外委十二員。花名圖册。交理番同知稽核。仍將各屯事務。交北路協副將。南路營參將就近管理。該番等素嫻技藝。非招募新兵可比。應照四川省屯練之例。毋庸歸營操演。

點驗屯丁。拔補屯弁等事。統歸臺灣鎮總兵臺灣道管轄。詳報督撫。給與劄付。報部存案。經管六年後。如果董率有方。曾著勞績。由鎮道詳報督撫。加一等。賞給職銜。以示鼓勵。倘所管內有生事廢業之人。及苦累番衆情弊。即行咨革究處。遇有事故出缺。仍揀選番社悅服之人。詳報拔補等語。查四川屯練之兵丁。向設屯土守備千總把總外委等管轄。今臺灣番社旣經挑補番丁四千名。亦應設屯弁以資經理。如所請南北兩路。額設屯千總二員。把總四員。其大小各屯。每處各設屯外委一員。統率分管。該弁等本係番社。毋庸歸營操演。責令北路協副將南路營參將各就近約束。並將花名圖冊造報理番同知稽核。其一切點驗兵丁拔補屯弁等事。統歸臺灣鎮總兵臺灣道理辦。該弁六年。如果董率有方。著有勞績。即由鎮道詳報督撫。加賞職銜。以示鼓勵。倘有生事廢業。及苦累番衆之事。即行咨革究處。毋庸稍事姑寬。所有該弁等應給劄付。由鎮道詳報督撫給與。仍隨時報部存案。一屯丁番丁。毋庸籌給月餉。應酌撥近山埔地。以資養贍一款。據稱臺灣東界內山。本多曠土。禁民越墾。准令熟番打牲耕種。以資生計。無如游民聚處日多。越界佃耕。新成熟業。以致爭奪之事。控案甚多。前經勒渾奏明。轉委鎮道確切勘丈。尚未勘明詳報。即逢逆匪滋事。現經臣等提奏核查。

共計丈出墾埔地一萬一千二百甲。每一甲合內地民田十一畝三分一釐。均應查明民墾番墾。分明陞科辦理。此外尚有未墾荒埔五千四百四十一甲。又四十八五十一等年漳泉械鬪及互控結會案內。抄沒翁雲寬楊光勳等入官埔地三千三百八十餘甲。均屬界外之地。逼近內山。應請將新設屯丁四千名。每名撥埔地二甲。千總每員十甲。把總每員五甲。外委每員三甲。令其自行耕種。責令地方官勘明界址。造册繪圖。載明四至段落。通報立案。以備稽查。屯丁出缺。卽挑其子弟充補。承受田畝。如有私行典賣者。按律治罪。追賠契價充公。其地仍歸番社。所有撥給埔地。應照番田之例。免其納賦。以示體恤。卽毋庸別行籌給月餉等語。查臺灣各社熟番。旣經作爲屯丁。令其巡防。自應酌給地畝。以資養贍。今將軍公福等請於界外未墾荒埔。並械鬪結會案內抄沒入官埔地八千八百餘甲。每一甲合內地民田十一畝三分一釐。令新設屯丁四千名。每名撥給埔地二甲。千總每員撥給十甲。把總每員撥給五甲。外委每員撥給三甲。令其自行耕種。照番田之例。免其納賦。毋庸別行籌給月餉等。因臣等核其撥給埔地。係按屯丁屯弁約定數目。應如所奏。行令該省督撫。卽將籌給該丁弁等埔地。飭令地方官。於設屯處所。就近照數撥給。仍令勘定界址。造册繪圖。載明四至段落。通報立案。以備稽查。其屯丁內遇有事故出缺。卽挑其子弟充補。將分給田畝頂給承種。以資養贍。如有私行典賣者。按律治罪。追賠契價充公。將該地畝移給別挑屯丁承受。一請查已墾埔地。以定界址一款。據稱臺灣東面依山地勢寬廣。從前因淡水彰化二處墾闢日增。別行畫定界限。設立土牛。禁止奸民越界佔墾。免滋事端。乃生聚日繁。民人私向生熟番黎。佃地耕種。價値稍輕者。謂之租贌。價値稍重者。謂之典賣。熟番等歸化日久。漸諳耕作。所以業經典賣與民。無由取贖。是以各處番地。不特嘉義以南多有侵越。卽淡水等處立定土牛之界。亦成虛設。此時若不將埔地徹底淸釐。過境遷移。址界必仍滋淆混。除未墾荒埔五千四百四十餘甲。撥給新募屯丁外。其已墾之一萬一千餘甲。自應分別辦理。查民人租贌之地無多。原係民爲佃戶。番爲業主。自應同番社田畝一體免科。其業經賣斷與民者。既非番業。卽應令民戶一體報陞。第民買番地之後。所費工本原多。佃人有每年抽給。科則按甲計畝征銀。免其納粟。仍出示曉諭番社。使知租額無虧。俾得永資生計。民人疇籍有納賦明文。世守其業。亦可永杜爭端。其集集埔虎仔坑三貂瑯璚等處。接壤生番。私墾田畝甚多。此等偸越民人。本應重加懲治。惟念開墾以來。與生番日久相安。並無事故。一經驅逐。沃土既須拋荒。而遊民又無歸宿。應請照耕定買番地之例。一概陞科。免其查究。應令該處民番將租贌典賣地畝。先行呈報。一俟割穫登場。臣徐嗣曾專委大員前往細查。竝將此外有無續墾地畝。一併查明。分別辦理。咨部存案。自此次清查之後。卽以所墾地方爲界。俾人一望而知。仍交巡視臺灣之將軍督撫提督及地方官等。不時週歷巡查。如有越界私墾。卽行將重治罪。失察之地方文武各官。一併嚴參究治等語。查臺灣地方民田薄徵租賦。番地免其陞科。乃皇上優恤海外民番。格外加恩之至意。今將軍公福等奏稱。將佃墾生熟番埔地一萬一千餘甲內。民人租贌之地。同番社田畝。免其陞科。其業經賣斷與民者。照同安縣下沙科則。按甲計畝征銀。免其納粟之處。係屬推廣皇仁。俾得番民得業起見。亦應如所奏辦理。令該省督撫出示曉諭民番各知遵守。竝將業經賣斷與民地畝。查照同安縣下沙科則。造具每畝征銀若干。淸册送部查核。至所稱集集等處民人田畝。旣據聲明自開墾以來。與生番日久相安。竝無事故。一經驅逐。沃土卽須拋荒。而遊民又無歸宿。應如所請。准其照現定民買番地之例。一體陞科。仍令該督撫轉飭民番將租贌典賣地畝數目。卽查明呈報。一俟割穫登場。卽專委大員前往細查。如此外復有續墾地畝。一併查明。造册報部。自此次淸查之後。卽將所墾地方立石爲界。仍交巡視臺灣將軍督撫提督及該處地方官等不時巡查。如再有越界私墾。卽行將重究治。失察地方文武各官。一併嚴參究處。一屯丁習用器械應令自行製備。報官點驗一款。據稱番民打牲捕鹿。所用鏢鎗鳥銃竹箭器械。不一均屬犀利。卽如岸裡社番善用鳥銃。隨同官兵打仗殺賊。最爲賊匪所畏。一切器械。均可毋庸製給。但現在嚴禁民間私藏軍器。屯兵所用鎗箭。亦應官爲點驗。以備稽查。所有新設屯丁四千名。不必照綠營之例。拘定鳥鎗兵若干名。弓箭兵若干名。祇以該番習用器械爲准。呈報總兵逐加印烙編號備查。每年令總兵巡查之便。照點一次。如無火烙印記。卽照民人私藏軍械之例。一體治罪等語。應准所奏。屯丁所用器械。毋庸拘定鎗箭。令該總兵逐加印烙編號。每年巡查之便。點驗一次。如無印烙。卽照私藏軍器之例。一體治罪。一屯丁徭役。酌與優免以恤勉力一款。據稱臺灣各社熟番。質樸淳良。最堪憐憫。從前文武員弁出差巡察。無不調撥番兵。背運行李。其餘如地方興築遞送公文。亦皆社番應役。其勞苦急公之處。較之臺灣民人不啻數倍。今旣挑補屯丁。分處防守。遇有搜捕盜賊等事。又須聽候征調。所有一切徭役。免其承應。其未補屯丁之番民。亦祇遞送公文。不得以私事役使。倘地方文武及理番同知不加體恤。有苛派擾累之事。令該鎮道寔力訪查。嚴加參究等語。查臺灣熟番既經挑補屯丁。卽有防守之責。自應加優恤。以免擾累。今將軍公福等奏請新設屯丁之番民。亦祇遞送公文。不得以私事役使之處。應如所奏。行令該督撫轉飭遵照。倘地方文武及理番同知不加體恤。復有苛派擾累之事。令該處鎮道寔力訪查。嚴行參究。臣等酌議緣由。是否有當。伏候聖諭遵行。詔曰可。命閩浙總督覺羅伍拉遵旨詳查應辦事宜。五十五年十月二十有三日。覺羅伍拉奏陳十二款。一曰分設屯所。應酌量地方。以資捍禦。二曰請嚴屯弁責成。以資約束。三曰屯丁受地。宜酌配撥。四曰清出侵佔界外田園。定等徵租。以昭平允。五曰已墾田園。應設法分別陞免。六曰現丈戈聲圖册。應發廳縣存擋。仍按各戶另給四至丈單。以便轉撥。七曰清丈徵租。以垂永久。八曰徵收租銀。應酌定勻給存留。以補丁食。以資經費。九曰支撥屯餉。宜定章程。以杜弊竇。十曰應用器械。分別編驗。以從番便。十一曰照舊安設隘丁。以重邊防。十二曰重立界石。以杜爭越。旨下軍機大臣會同兵部尙書議覆。具奏。十一月十有一日。詔可。以五十六年春正月舉辦。覺羅伍拉命臺灣鎮道通飭所屬遵行。幷發告示曉諭民番。於是南路設大屯一。小屯二。置屯千總一員。把總一。外委三。隸南路營參將。轄十二社。

北路設大屯三。小屯九。置屯千總一員。把總三。外委十二。隸北路協副將。轄八十三社。凡大屯屯丁四百。小屯三百。計四千名。分給荒地。俾之耕稼。以資贍養。其詳如表。又以屯務初設。應需經費。奏定屯千總年給俸銀一百圓。把總八十圓。外委六十圓。屯丁餉銀八圓。歲共需銀三萬三千二百四十圓。委員勘丈番社田園。責成廳縣按甲徵租。而由撫民理番同知理之。嘉義十五年。噶瑪蘭設廳。二十年春二月。通判翟淦議以東勢馬賽西勢等處荒埔。或已私墾。或尙未開。請准隘丁熟番。就近耕稼。計甲徵租。年可得銀一千三百圓。倣設屯丁。可得一百五六十名。以備緩急。而鎭道以該處究屬流番。未便設屯。着將田園照例陞科。其議遂寢。道光中。水沙連六社歸隸之時。巡道徐宗幹稟請督撫。以六社番衆男女一千餘人。可選壯番四百名。設一大屯。補用外委一名。仍屬北路屯千總統轄。召佃墾荒。以給屯餉。許之。自是以來。屯務漸廢。而屯租亦愈空乏。至於不足支給。光緒十二年。巡撫劉銘傳奏辦清賦。幷議整屯務。巡道陳鳴志飭中路撫民理番同知蔡嘉穀議查。遂上整頓之策。略曰。查乾隆五十三年。將軍公福奏准九十三社之化番。挑選壯丁四千。以爲屯丁。則設大屯四。小屯八。星羅棋布。聯絡各營。有事之際。隨時調集。農隙之時。爲之訓練。計丁給地。除徵租地界之外。未墾荒埔五千六百九十一甲餘。均分撥屯丁。其近屯之地。每丁一甲或至一甲一分。距屯稍遠者。一甲三四分。命其自耕。以爲贍養。卽照番田之例。減免租賦。立石爲界。官爲巡視。至於屯田。以查出界外私墾田園三千七百三十餘甲。按等陞科。以充其用。每年計徵租穀四萬一千二百六十一石四斗六升六合四勺三撮。每石折銀一圓。可得四萬一千二百六十一圓四角六分六釐四毫三瓣。又有九芎林口租穀折銀八十圓。除給隘丁佃首餉費二千一百三十圓。及屯弁屯丁俸餉等項三萬三千二百四十圓。此外尚剩五千九百七十一圓四角六分六釐四毫三瓣。收存各縣。調撥口糧。俾充振恤。專爲屯務之用。伏查屯丁設置以來。百有餘年。父以傳子。子以傳孫。數代相承。得免饑餓。寔賴此屯。然此養贍之地。輾轉佃耕。百弊叢生。或私自賣買。或竟被侵佔。埔地日削。幾無聊生。謹陳整頓之策五條。伏祈憲鑒。一曰。清屯餉。查屯田徵餉每年四萬一千餘圓。例由本廳移牒各縣。造册送呈憲鑒。而近來各縣或稱水衝沙壓。或言旱魃爲災。以是徵額每多缺損。玆請先令各縣清丈本項屯田。查勘地方段落四至。造成魚鱗清册。分別報告。如有被害丈溢之業。妥爲處置。以充屯餉之需。二曰。選精壯。屯丁久沐皇恩。一旦裁撤。四千之衆。失其衣食。弱者轉於溝壑。強者聚嘯生事。今請妥爲揀選。棄弱留强。以其子弟補缺。幷造名簿。由本廳給發腰牌。俾之携帶。以定壯丁之額。免糜餉項。三曰分調。遣揀選番丁成屯之後。分調二千名以六營爲巡防。大屯仍舊四百名爲一營。小屯三百名爲一營。或分爲四營。以一二年交代。均其勞逸。以資操防。四曰備工作。全臺建省之時。需工甚多。故月給工食。或開山墾地。或修路造城。仍給器械。以慣其用。勤以兵法。假如一旬之中。七日作工。三日操演。認眞訓練。自成勁旅。五曰分餉需。屯餉舊田若能清丈。溢出必多。然以現在每月支餉甚鉅。欲望驟增。寔有至難。伏思臺灣土勇數營。曾立戰功。故未遣散。顧兩三年來。病故逃亡甚多。十不存一。請減每營爲二百。或改營爲旂。每旂二百四十名。如以改減爲難。遇有病故逃亡之時。暫不塡募。任其漸次減少。以節餉需。即以剩餘之款。改充屯餉。屯丁工作既畢。俟其訓練又精。再將駐屯之處。分給荒埔。開墾徵租。繼餉以充餉需。似足大減國帑。鳴志嘉之。代詳巡撫。請採用。唯分餉一條。以營勇增減本有定數。而屯租徵收亦有常額。斷不得以勇餉而分給屯餉。進止如何。乞爲裁奪。十二月。銘傳通飭廳縣查勘屯田甲數。幷檄總兵朱名登。通判金提。會同各廳縣點閱屯丁。驗其優劣。以備取舍。而屯租遂改爲官租矣。

南北屯弁分給埔地表

屯名	屯弁數	分給埔地	每人甲數	總數（終位毫）
南路	屯千總一	鳳山南坪頂	一〇、〇〇〇	一〇、〇〇〇
放綀大屯	屯百總一	同	五、〇〇〇	五、〇〇〇
同	屯外委一	同	三、〇〇〇	三、〇〇〇
搭樓小屯	屯外委一	同	三、〇〇〇	三、〇〇〇
新港小屯	屯外委一	鳳山大北坪	三、〇〇〇	三、〇〇〇
北路	屯千總一	彰化罩蘭	一〇、〇〇〇	一〇、〇〇〇
竹塹大屯	屯把總一	淡水武陵埔	五、〇〇〇	五、〇〇〇
同	屯外委一	同	三、〇〇〇	三、〇〇〇
武勝灣小屯	屯外委一	淡水三角湧	三、〇〇〇	三、〇〇〇
蕭壠小屯	屯外委一	彰化永平坑	三、〇〇〇	三、〇〇〇
柴裡小屯	屯外委一	彰化內木柵	三、〇〇〇	三、〇〇〇
東螺大屯	屯把總一	彰化沙轆	五、〇〇〇	五、〇〇〇

同	屯外委一	同	三、〇〇〇	三、〇〇〇
北投小屯	屯外委一	彰化內木柵	三、〇〇〇	三、〇〇〇
阿里史小屯	屯外委一	彰化水底寮	三、〇〇〇	三、〇〇〇
蔴薯大屯	屯把總一	彰化罩蘭	五、〇〇〇	五、〇〇〇
同	屯外委一	同	三、〇〇〇	三、〇〇〇
日北小屯	屯外委一	淡水馬陵埔	三、〇〇〇	三、〇〇〇

南北屯丁分給埔地表

屯名	屯丁數	分給埔地	每人甲數	總數（終位毫）
放縤	三九	鳳山埔羌林	一、八七五	七四、五〇〇
茄藤	一二一	同	一、一八〇	一四三、〇〇〇
力力	六九	同	一、二二〇	八三、〇〇〇
下淡水	一一一	鳳山南坪項	一、二〇〇	一三三、二〇〇
上淡水	六〇	同	一、一八〇	七一、〇〇〇

搭樓	一五五	同	一、二六〇	一九五、九九〇
武洛	五〇	同	一、二二〇	六一、〇〇〇
阿猴	七一	鳳山南崁林	一、八一〇	八三、八〇〇
上淡水	二七	鳳山南坪頂	一、五〇〇	三六、一六〇
新港	二〇一	鳳山大北坪	一、六八〇	三三四、七一〇
卓猴	六八	鳳山南坪頂	一、六三〇	一一一、四五〇
大傑顚	三一	鳳山南崁林	一、六七〇	五二、〇〇〇
蕭壠	四一	彰化永平坑	一、五〇〇	六一、五〇〇
蔴荳	五〇	同	一、五〇〇	七五、三〇〇
蕭里	二〇	同	一、五〇〇	三〇、〇〇〇
灣裡	四〇	彰化八娘坑	一、七七〇	六九、五〇〇
大武壠	三六	彰化大姑婆	一、四一〇	五〇、六六〇
茄拔	二五	同	一、四一〇	三五、二五〇
芒仔芒	三〇	同	一、四一〇	四二、三〇〇

嘉義	二〇	彰化沙轆	一、五〇〇	三〇、〇〇〇
哆囉嘓	二〇	同	一、五〇〇	三〇、〇〇〇
內攸	一〇	嘉義十張犁	一、一〇〇	一一、〇〇〇
阿里山	七	嘉義後大埔	一、一一〇	七、七七〇
柴裡	三八	彰化內木柵	一、四〇〇	五三、四〇〇
阿里山	四〇	嘉義芊蓁崙	一、六六〇	四六、六〇〇
水沙連	九〇	彰化八娘坑	一、〇〇〇	九〇、〇〇〇
打猫	一五	彰化沙轆	一、四〇〇	二一、〇〇〇
他里霧	二〇	同	一、四〇〇	二八、〇〇〇
西螺	五六	彰化水底寮	一、三六〇	七三、四六〇
猫兒干	二九	同	一、三六〇	三九、四四〇
南社	一二	同	一、三六〇	一六、三二〇
東螺	一五二	同	一、〇〇〇	一五二、〇〇〇
馬芝遴	二三	同	一、〇〇〇	七三、〇〇〇

二林	二八	同	一、〇〇〇	二八、〇〇〇
眉裡	五〇	彰化校栗林	一、〇一〇	五〇、五〇〇
大武郡	二八	彰化萬斗六	一、〇三〇	二八、八四〇
半線	一三	同	一、〇三〇	一三、三九〇
大突	七六	彰化水底寮	一、〇〇〇	七六、〇〇〇
阿東	三〇	同	一、〇〇〇	三〇、〇〇〇
北投	一二八	彰化內木柵	一、〇〇〇	一二八、〇〇〇
南投	二三	彰化虎仔坑	一、〇二〇	二三、五〇〇
貓羅	四五	彰化萬斗六	一、〇〇〇	四五、〇〇〇
柴仔坑	三三	彰化水底寮	一、〇〇〇	三三、〇〇〇
大肚北	二一	同	一、〇〇〇	二一、〇〇〇
大肚南	二一	同	一、〇〇〇	二一、〇〇〇
貓霧捒	二九	同	一、〇〇〇	二九、〇〇〇
阿里史	一一九	同	一、〇〇〇	一一九、〇〇〇

水裡	二六	同	一、〇〇〇	二六、〇〇〇
牛罵南	三五	同	一、〇〇〇	三五、〇〇〇
牛罵北	一四	同	一、〇〇〇	一四、〇〇〇
烏牛蘭	三二	同	一、〇〇〇	三二、〇〇〇
沙轆	二七	同	一、〇〇〇	二七、〇〇〇
大肚中	四七	彰化大姑婆	一、〇〇〇	四七、〇〇〇
蔴薯舊	三八	彰化雞油埔	一、〇一〇	三八、三八〇
岸裡	一一一	同	一、〇一〇	一一二、一一〇
翁仔	二五	同	一、〇一〇	二五、三〇〇
葫蘆墩	二五	同	一、〇一〇	二五、三〇〇
崎仔脚	二一	同	一、〇一〇	二一、二一〇
西勢尾	二三	同	一、〇一〇	二三、二三〇
樸仔籬	一四四	同	一、〇一〇	一四五、四四〇
猫裡蘭	一三	同	一、〇一〇	一三、一三〇

日北	七〇	淡水馬陵埔	一、六八〇	一一八、〇〇〇
日南	七四	同	一、六九〇	一二五、〇〇〇
大甲東	四〇	淡水黃泥塘	一、六七〇	六六、〇〇〇
大甲西	四〇	同	一、六七〇	六六、〇〇〇
大甲中	三二	淡水四方林	一、九〇〇	六一、〇〇〇
雙寮	四四	淡水淮仔埔	一、六七〇	七三、五〇〇
竹塹	九五	淡水武陵埔	一、五八〇	一五四、一〇〇
房裡	四四	同	一、六八〇	七三、九二〇
苑裡	一二	同	一、六八〇	二、〇一六
吞霄	二五	同	一、六八〇	四二、〇〇〇
貓盂	八	同	一、六八〇	一三、四四〇
後壠	三九	淡水芎蕉灣	一、一五〇	四五、〇〇〇
新港	五二	淡水內灣	一、一四〇	五九、三九〇
貓閣	三〇	淡水鹽水港	一、一一〇	三三、三〇〇

中港	三〇	同	一、一一〇	三三、三〇〇
雙寮	四〇	淡水武陵埔	一、六八〇	六七、二〇〇
霄裡	二〇	同	一、六八〇	三三、六〇〇
武勝灣	三二	淡水山坑仔	一、一九〇	三八、〇八〇
擺接	一三	同	一、一九〇	一五、四七〇
里族	一四	同	一、一九〇	一六、六六〇
雷裡	二二	淡水淮仔埔	一、一九〇	二六、一八〇
錫口	一四	同	一、一九〇	一六、六六〇
搭搭攸	一六	同	一、一九〇	一八、〇四〇
圭泵	一五	淡水尖山脚	一、一九〇	一七、八五〇
八里坌	五	同	一、一九〇	五、九五〇
圭北屯	一一	同	一、一九〇	一三、〇九〇
毛沙翁	四	淡水八連港	一、〇三〇	四、一二〇
大雞籠	一二	同	一、〇三〇	一二、三六〇

金包裡	二八	淡水七堵埔	一、〇三〇	二八、八四〇
北投	二三	同	一、〇三〇	二三、六六〇
三貂	二一	同	一、〇三〇	二一、六三〇
小雞籠	六	淡水田寮港	一、〇三〇	六、一八〇
龜崙	二三	淡水七堵埔	一、〇三〇	二三、六九〇
南嵌	一四	淡水三角湧	一、〇八〇	一五、一二〇
坑仔	一六	同	一、〇八〇	一七、二八〇

隘勇

臺灣設隘。仿於鄭氏。永歷十九年。諮議參軍陳永華請申屯田之制。以開拓番地。而人民之私墾者亦日進。每遭番害。乃築土牛以界之。禁出入。土牛者造土如牛。置要害。戍兵防守。至今尚留其跡。或曰紅線。則以土築短垣。上砌紅磚。以爲識。耕者不得越。歸清以後。仍沿其制。而墾田愈廣。漸入內山。官不能護。乃爲自衞之計。設隘寮。募隘丁。以資捍禦。其經費則由隘內田園徵之。謂之隘租。鋤耰併進。弓矢前驅。南至瑯璚。北窮淡水。皆有漢人足跡。而政令且不及也。康熙六十年。朱一貴之變。全臺俱動。及平。總督滿保以沿山一帶爲盜番出沒之所。議逐人民於內。塞各隘。築長垣。以絕出入。總兵藍廷珍力陳不可。六十一年。福建巡撫楊景素奏請立石番界。派兵巡防。是爲官隘之始。雍正六年冬。山猪毛番亂。討之。十一年。以南路營兵三百戍其地。自是番不敢出。然猶未有隘名也。十三年。彰化眉加臘番亂。討之。乃設隘於柳樹湳。在烏溪之北。爲今臺灣府治附近。其時臺中皆番地也。乾隆五十三年。大將軍福康安奏設屯番之制。以近山之地。照舊設立隘丁。或分地受耕。或支給口糧。均係民番自行捐辦。今其地歸屯。應以官收租穀內支給。仍責成各隘首督率隘丁。寔力巡查。以與營汛相表裡。於是鳳山嘉義彰化淡水各設隘於邊。每處隘首一名。隘丁十數名。或二三十名。每名年給口糧三十石。折銀三十圓。隘首倍之。惟九芎林隘。官徵屯租全給。餘則官給四成。民給六成。是爲官設之隘。然官隘之力有限。而人民之墾者日多。嘉慶七年。吳沙募三籍之氓入闢蛤仔難。築堡以居。沿山各隘。俱戍鄉勇。曰民壯寮。故居者無害。各有田園數千甲。爲經費設廳之後。雖陞科。而近隘之地。仍留爲隘丁耕稼。自收自給。奉旨准行。是爲私設之隘。蛤仔難處臺之北。東負山面海。皆番地。自三貂嶺越山行。爲遠望坑。有民壯寮焉。始用以通道。繼用以捍行。過此而西為大里簡。亦設民壯寮。又西為梗枋。為烏石港。遠望坑之南為金面山。為白石。為湯圍。為柴圍。迤西為三圍。又南為四圍一結。為四圍二結。為四圍三結。為旱溪。為大湖。為叭哩沙喃。為鹿埔。為清水溝。為崩山。為員山莊。為馬賽。凡二十處。各設隘。袪害。前時行人出入。隘丁護之。每人酬錢四十文。迨設官後。由官費之。十七年。漳人林朝宗等請墾蘇澳之地。增設施八坑隘。施八坑在東勢山尾。林深草茂。土番據之。而口甚狹。西連叭哩沙喃。出坑而東為蘇澳。通海之處也。土廣而腴。衆每請墾。而有司以距城遼遠。慮藏奸宄。不許。及道光元年。耕者已三百餘人。署通判姚瑩乃籍其田以為隘。未竣而去。六年夏。閩粵械鬬。粵人黃斗乃居淡水之斗換坪。乘勢煽生番作亂。及平。設隘南莊。置屯把總一。屯兵六十。以戍。十四年冬。淡水同知李嗣業以南莊既墾。而東南山地未闢。乃命姜秀鑾周邦正集閩粵之人。凡二十四股。合設金廣福隘。以從事墾荒。自樹杞林而入北埔。設隘寮十五處。所轄之地。袤三十餘里。廣一二十里。徵收田租。以供隘費。是為公設之隘。同治十三年。欽差大臣沈葆楨奏請開山撫番。而隘制久廢。以兵代之。光緒十二年。巡撫劉銘傳奏頒隘勇之制。收防費。廢隘租。以期整剔。十四年。阿罩霧人林朝棟林文欽合設公司。曰林合。給墾臺灣縣轄沿山數千甲。竝營腦業。慮遭番害。請設隘勇兩營。凡五百名。自給餉械。以林榮泰劉以專率之。自抽藤坑至集集。分設隘寮。謂之銃櫃。隘勇擊柝巡守。有警則鳴銃傳示。衆悉出伏險擊。故番害稍戢。番之出草。每乘隙弋人。或昏夜突襲。故防之綦嚴。而任其事者。多憨不畏死。以殺番相雄長者也。

鳳山縣轄隘寮沿革表

隘寮社隘官設在山猪毛口原設隘丁三十名今裁

漏陂社隘官設在南太武山南原設隘丁十五名今裁

茄藤社隘官設在大崑麓原設隘丁二十名今裁

力力社隘官設在佳佐山麓原設隘丁二十名今裁

放䋞社隘官設在三條崙嶺原設隘丁二十名今裁

淡水廳轄隘寮沿革表

火焰山隘民設在大甲堡西南卽大甲溪原設隘丁八名今裁

日北山脚隘民設原在日北山脚後移入鯉魚潭高崗屬苑裡堡原設隘丁六名今設八名現隸苗栗縣

三叉河隘民設在苑裡堡內山高崗處日北山隘之北今移番仔城原設隘丁十五名現隸苗栗縣

內外草湖隘民設原爲高埔隘後移苑裡堡東首內山而南勢湖隘亦歸併在三叉河隘之北二隘原設隘丁十七名今設二十名現隸苗栗縣

銅鑼灣隘官設在後壠堡銅鑼灣內山要處爲草湖隘之北原設隘丁二十五名現隸苗栗縣

芎中七隘官設在後壠堡芎蕉中心埔七十分三莊之內故名爲銅鑼灣之北原設隘丁三十名現隸苗栗縣

大坑口隘官設原爲中隘後移後壠堡內山橫岡爲芎中七隘之北大坑口隘原設隘丁三十名中隘十名今設四十名現隸苗栗縣

蛤仔市隘官設在後壠堡蛤仔山內之橫岡爲大坑口隘之北今設隘丁二十名現隸苗栗縣

嘉志閣隘民設在嘉志閣莊後改汎防移入內山爲蛤仔市隘之北原設隘丁二十名今三十名現隸苗栗縣

南港隘民設在中港南港之內山爲嘉志閣隘之北原設隘丁十五名今三十名現隸苗栗縣

三灣隘民設在中港堡三灣內山爲南港隘之北道光六年奏請派撥屯把總一員屯丁六十名通事一名以防中港三灣大北埔等隘今改設隘丁四十二名屯把總一名現隸苗栗縣

金廣福隘民設原在淡水廳東之鹽水港南隘茄苳湖石碎崙雙坑大崎金山面圓山仔大北埔小銅鑼圈等十處

其小銅鑼圈卽舊之中港尖山隘嗣因土地日闢已越舊址乃裁撤爲一移於五指山之右沿山十餘里均設隘以防其石碎崙原設隘丁四十名由官撥充租稅以補不敷而大北埔中港尖山二隘亦官奏設由民給費其鹽水港南隘茄苳湖小銅鑼圈四處原設丁各二十名雙坑十四名大崎金山面各十八名圓山仔六名均民給費今合設一百二十名就地取糧每年由官撥租四百餘石發串着令自收現隸新竹縣

砛仔隘民設在三灣隘之北距廳東三十里原設隘丁十五名今仍之現隸新竹縣

猴洞隘民設在砛仔隘之北距廳東三十四里原設隘丁十五名今仍之現隸新竹縣

樹杞林隘民設在猴洞隘之北距廳東二十五里原設隘丁十五名今二十名現隸新竹縣

九芎林隘民設卽南河隘距廳東四十里原設隘丁十名由官撥給屯租今歸民辦現隸新竹縣

咸菜硼隘民設在九芎林隘之北距廳東五十里原設隘丁二十名今仍之現隸新竹縣

大嵙崁隘民設在桃澗堡內山原設隘丁三十名今仍之現隸南雅廳

三角湧隘民設在海山堡內山大科崁隘之北今設隘丁十名現隸南雅廳

大銅鑼圈隘民設原在四方林後移桃澗堡內山舊設隘首一名丁無定額今設十名現隸淡水縣

三坑隘民設在桃澗堡內山爲大銅鑼圈隘之北今設隘丁二十名現隸淡水縣

大坪隘民設在桃澗堡內山爲銅鑼圈隘之北今設隘丁二十名現隸淡水縣
溪洲隘民設在桃澗堡內山爲大坪隘之北今設隘丁十名現隸淡水縣
橫溪隘民設在擺接堡內山今設隘丁五名現隸淡水縣
暗坑隘民設在擺接堡內山今設隘丁十名現隸淡水縣
萬順寮隘民設在擺接堡內山爲暗坑隘之北原設隘丁十二名今十五名現隸淡水縣
十份寮隘民設在石碇堡內山原設隘丁十名今裁
三貂嶺隘民設在三貂嶺民番交界之處原設隘丁十名後改汛防

噶瑪蘭廳轄隘寮沿革表

遠望坑隘民設在廳治北鄙與淡水交界前設民壯寮今裁
大里簡隘民設在廳治之北前設民壯寮後改汛防
梗枋隘民設在廳治之北前設隘丁後改汛防
烏石港隘民設在廳治之北前設隘丁後改汛防
金山面隘民設在廳治之北二十五里原設隘丁八名

白石山隘民設在廳治之北二十里原設隘丁十名

湯圍隘民設在廳治之北十七里原設隘丁八名

柴圍隘民設在廳治之北十二里原設隘丁五名今裁

三圍隘民設在廳治之北十二里原設隘丁五名今裁

四圍隘民設在廳治之北八里原設隘丁六名

旱溪隘民設或作礁溪在廳治之北九里原設隘丁八名今移於摸壁潭

泉大湖隘民設在廳治西南二十五里現設隘丁十三名

葫蘆隘民設在廳治西南十六里現設隘丁六名

施八坑隘民設在廳治之南四十里現設隘丁十二名

馬賽隘民設在廳治之南三十里原設隘丁十二名今裁

員山隘民設在廳治之南二十五里原設隘丁十名

鹿埔嶺隘民設在廳治之南二十五里現設隘丁十二名

清水溝隘民設在廳治之南十五里原設隘丁八名今裁

崩山隘民設在廳治之南十二里原設隘丁八名今移於擺燕山
大埤隘民設在廳治西北十里現設隘丁八名
三關仔隘民設在廳治西北五里現設隘丁八名
叭哩沙喃隘民設在廳治之西三十里現設隘丁十二名
內湖隘民設在廳治之西十五里現設隘丁六名
大湖隘民設在廳治之西四十二里原設隘丁十二名
頴廣莊隘民設在廳治之西七里現設隘丁五名
枕頭山隘民設在廳治之西六里現設隘丁十名

鄉勇

康熙六十一年。朱一貴既平之後。地方未靖。臺灣鎮總兵藍廷珍上書總督滿保。請行保甲。許之。既復請辦團練。以爲郡治今雖有協防之兵二千人。足供調遣。然計南路下淡水岡山分去四百有奇。北路下加冬半線又分去四百。所存防兵不過千人。經制各營又多分守汛地。府治關係重大。未可遽云兵力有餘也。當今之時。宜急訓練鄉壯。聯絡村社。以補兵防之所有不周。無事皆農。有事皆兵。使盜賊無容身之地。所謂急則治其標。不可須臾緩者也。其後遂以爲例。每有兵事。則舉辦之。林爽文之役。南北俱陷。粵莊多出義軍助戰守。而鹿港郊商亦募勇自衞。故無害。一貴。漳人也。漳泉方息鬭。又與粵莊仇。故多拒之。事平。下旨嘉許。立功者給以功牌。死者祀之。春秋豆俎。以旌義烈。故民多奮勇。禁烟之役。英艦輒窺伺沿海。總兵達洪阿巡道姚瑩治軍有律。策勵民兵。以資戰守。故無外害。淡水同知曹謹請停防洋經費。專募鄉勇。瑩不可。當是時。班兵積弊。幾不可用。瑩乃選拔精兵六百名。增給月餉。而訓練之。欲以漸及各營。未成而去。道光二十八年。徐宗幹任巡道。與總兵議。漸整營制。又以澎湖一營遠隔海洋。上書督撫。請改募兵。略曰。澎人皆捕海爲生。極爲勤苦。且熟諳水性。履波濤如平地。壯健丁勇。挑選入伍。以備不虞。較諸水師寔爲得力。不但可以省戍兵換班之費。且可以收海島無業之民。沙線既熟。守望亦專。是一舉而數善備也。不從。洪楊之役。湘淮諸將多練鄉勇。戡平大難。於是漸汰綠營。及戴潮春之變。攻陷彰化。南北俱動。官兵不戰而潰。巡道孔昭慈死之。乃再設團練。以淡水紳士林占梅爲團練大臣。駐大甲。阻其北竄。而各莊亦多起義軍。以相搏戰。建功尤偉。然而猾紳土豪。夤緣爲利。怙其勢力。互相雄長。武斷鄉曲。莫敢誰何。巨奸積匪藏之宇下。一言不合。趣起興戎。浸成游俠之風。而官莫敢問也。光緒七年。改爲培元總局。法人之役。沿海戒嚴。巡道劉璈集士紳。再辦團練。手訂章程十七條以布之。大則於府縣城內設一總局。東西南北中各舉團總一人。歸總局經理。城外各鄉遠近不一。約以周三四十里爲分局。任以團總。副以團佐。閩粵人之聚居者。可設族團。族長主之。凡團內之壯丁。皆註於籍。分爲義勇練勇。團勇義勇常駐局中。逐日操練。月給糧銀四圓八角。練勇按旬一操。每次給銀二角。其費皆由鋪戶捐之。練勇八名抵義勇一名。不歸捐者爲團勇。自備口糧。每月赴操一次。由局豫選明幹義勇爲百長。以帶練勇。又由練勇選什長。以帶團勇。衣裝旗幟。捐戶備製。各分其色。以俾辨別。其有膽略過人。願赴前敵者。准其自告。別編一册。由縣會營申明號令。隨軍出戰。不與前鋒。慮亂行也。信賞必罰。昭示鼓勵。從前犯法之人。如能改過自新。以功抵罪。辦團紳士。別爲請奬。夫團練之設。所以自衞也。在城守城。在鄕守鄕。足供行軍之不逮。唯在理者之得宜爾。八月朔。又刋漁團章程二十條。通飭紳民暨沿海漁戶遵行。略曰。漁團辦法。與陸團不同。沿海漁戶貧苦居多。既難如陸團捐勇出資。又難如陸團派紳設局。情形既異。頭緒尤繁。玆議就漁團以選水勇。藉水勇以聯漁團。相輔而行。較爲妥便。除照原詳水勇名數。由各路挑選泅水精壯漁民。先後招募成軍。以固要防。並將漁團辦法。釐定章程。以淸內亂。而禦外侮。其辦法則於海口陸團派委團紳一名。會同水營管帶。編造漁戶淸冊。每船每筏給以白布小方旗一面。上書某路某口幾甲幾牌幾號之船。凡近海十里以內。或二百名三百名四百名。聯爲一團。派管帶幫帶各一員。以統率之。每哨置正副哨長。又於水勇之中。每船派充什長一名。每筏伍長一名。每哨配船四隻筏八隻。無筏者卽用小划。其船逐月租價七兩。筏一兩四錢。衣旗軍器由官給發。每旬逢五操練一次。無事之時。仍准出漁。有事則分哨守戰。以與陸團策應。如有勾通外寇。洩露軍情。潛爲引港者。殺無赦。當是時巡撫劉銘傳駐臺北。亦辦團練。奏簡林維源爲團練大臣。各府廳縣設總局。以名望紳士理之。下設分局。各鄉置團。劃爲一段。以衞鄉里。嚴守望。詰盜賊。其制甚善。乙未之役。臺灣自主。以進士邱逢甲爲團練使。統率義軍。並辦漁團。一時蒼頭特起。執戈制梃。效命軍前。悍然而不顧。死者比比也。然而蒼葛雖呼。魯陽莫返。則亦無可如何而已。古者兵民爲一。存亡與共。其民皆國之兵也。故能有勇知方。自募兵起。而兵民分矣。兵民分。而其兵爲朝廷之兵。藩鎭之兵。悍將之兵。養其爪牙。以肆禽獮。而國之威稜乃不振。夫欲振威稜。當用民。兵。遠。師。三。代。近。法。歐。洲。而。後。可。以。爭。雄。於。天。下。

師船

臺。灣。海。國。也。戰。守。之。策。不。在。於。陸。而。在。於。水。故。治。臺。者。多。重。海。防。昔。者。荷。蘭以夾板之威。跋浪滄溟稱雄東瀨。鄭氏繼之。亦設水師之鎮。駕乘風之船。狎侮波濤。若履平地。使清人不敢南顧者。則以重洋之險。未可投鞭斷流也。芝龍素習海。開府安平。舳艫直通臥內。凡海船出洋者。不得鄭氏令旗。不能往來。每船例入二千金。以此富敵國。延平入臺之後。亦時造巨艦。販運東南洋。而攬其利。使鄭氏不亡。整軍經武。則已為海軍之强國矣。而至於亡者天也。清人得臺。分汎水陸。安平水師副將統兵三營。有戰船五十四隻。澎湖水師副將統兵二營。有戰船三十三隻。其後添設淡水營水師都司。統兵五百。有戰船二隻。所以防備沿海也。臺澎各營之船。例由通省廳員分派修造。康熙三十四年。改歸內地州縣。其尚可修整而不堪駕駛者。州縣派員辦運工料。赴臺興修。迨按糧議派。臺屬三縣。始亦分修數隻。此非厚庇臺屬也。蓋以內地各廠員多力分。工料俱便。不煩運載。可以尅期報竣也。先是康熙十三年。部定各省戰船。三年小修。五年大修。二十九年。奏准沿海戰船新造之後。三年小修。又後三年大修。又後三年尚堪駛用者。仍令大修。否則奏明折造。改爲內河之船。旣又奏准各省戰船至應改修之年。以文到之日爲始。限一月領船。又一月估價報部。覆准之後。應以部文到日爲始。大修限三月。小修兩月。如逾限者照例議處。後又奏准福建戰船勻派通省道府監修。臺澎九十二隻。應由臺灣道府各十八隻。餘仍歸派內地。於是道府始設船廠。採伐內山樟木。以爲材料。未幾仍歸內地。四十四年。復歸臺屬。而府修倍道。飭與福州府分修。議於部價津貼運費外。每船捐貼百五十圓。繳交鹽糧廳代辦其半。道鎭協營廳縣共襄厥事。嗣又專歸府辦。而道廠廢矣。雍正三年。兩江總督查弼納奏請設立總廠於通達江湖之處。飭派道員監督領銀修造。復派副將或參將一員公同監視。務節浮費。部價不敷。銀兩歷來州縣協貼。仍應照舊。詔可。福建總督亦奏言。臺澎戰船請於臺灣設廠。委令道協督造。於是各船盡歸臺廠。而道協之責任獨重矣。七年秋九月。總督高其倬奏改福建分設福漳臺三廠攤造戰船。而福廠由鹽驛與泉二道承修海壇等營一百三十三隻。漳廠由汀漳道承修水師提標等營一百零一隻。臺廠由臺灣道承修臺協等營九十八隻。其後增設泉廠。由興泉道辦之。而福廠僅命鹽驛道。乾隆元年。總督郝玉麟奏言。福建戰船。福廠承修七十六隻。泉廠五十三隻。漳廠九十九隻。臺廠九十六隻。而臺廠遠阻重洋。難以勻派。顧臺灣自設廠以來。開辦料館。沿山樟樹概歸官有。南之琅璚。北之淡水。均委匠首。而匠首以伐木之外。私攬熬腦而贏其利。然臺廠自數十年來。津貼較少。工料日騰。修造戰船。屆期難竣。或至脆弱不堪駕駛。歷任擱置。賠累爲難。是有修船之名。而無用船之寔。及徐宗幹任巡道。稟請變通船政。其書曰。昔劉晏曰。成大計者不惜小費。置船場執事者。當先使之私用無窘。則官物堅完矣。誠古今之通論也。曩者臺地船工。道府有餘項。價寬則易完。舟師有口糧物。固則不腐。是以一船得一船之實用也。查船廠所需料物。有購自內地者。若松杉若鐵若油若棕之類。皆由廈口商船配帶交廠。例不許民間私售。廠用有餘。則發商匠領賣。而交價浮於原値。舊船椗柁等料。亦有廠戶承領繳價。以津貼工料。例價之不敷。如有延欠。同存料並於交案作抵。此官私之皆有利益也。乃日久而利之所在。弊卽生焉。今移交冊內。孔劉鄧平四任。流抵一萬餘兩。周劉沈等任。流抵三萬六千餘兩。姚熊兩任。列抵廠料及匠欠九千餘兩。熊任又抵存廈料四千餘兩。其匠欠作抵。是以現存之項。爲辦公之餘囊。而以待追之項。爲懸抵之空賬也。又各屬有料差。有匠首。承辦料物。由各澎船運廠。向來於差役中點派。有應交公費。亦爲廠中工需津貼。如恐其厲民而裁革之。則採伐料物。無所責成。或土棍影射滋擾。爲害更甚。然官有餘資。民少困窮。亦利弊參半。而久則有弊無利矣。今者道府之存款。有減無增。舟師之出巡。有名無實。應修應造之船。例應由營駕廠。因港道不能疏通。修船者得以卸責。而弁兵亦樂於折價。虛報領收。便可搪塞。或購買以補額。卽補額亦爲兵丁販運耳。已修已造之船。例應由營領駕。因港口不能安泊。駕船者得以藉口。而工匠亦樂於草率。埔岸高擱。何須堅固。或粉飾以備驗收。卽驗收亦爲兵丁需費耳。由是而料物之餘存者益多。則以發匠領賣爲利。由是而鋪匠之積欠者益多。則以移居折抵爲便。領售多而完繳愈少。所追者半窮丐子孫。流抵多而存款愈少。所墊者皆寄存要款。完繳愈少而比追無著。則不能不問及保人。追保人不能不累及鋪民。鋪民視爲畏途。而接充者無人矣。是欲發料物以爲津貼。不可得也。存款愈少。而工需急促。不能不取及料差。造料差不能不累及匠首。匠首皆苦無嬴餘。而願充者無人矣。是欲藉料差以爲津貼。又不可得也。是誠不如不開港不駕廠之爲便也。今一旦力矯其弊而正告之曰。有船必造。有船必修。則應之曰。造必如何而後可用也。修必如何而後可用。如其式而造之修之。則又曰。用不可也。卽用之矣。而終置之無用之地。曰非不用也。造不如式也。修不如式也。是誠不如不修船而給以修之之費。不造船而給以造之之費之爲便也。然而又不應也。曰料物不能私取也。工匠不能聽其使令也。則仍歸廠修造。而令水師營員監視之。其奉委者不過千把等官。或曰此舊料不必用也。作價與我可也。或曰此新料不必用也。作價與我可也。不得已而與將官親督之。則工皆實用矣。然而已造之船。桅柁皆完。駕未久而棄置者有之。已修之船。帆索悉備。領未久而折賣者有之。卽不准其棄置。不許以折賣。而無兵丁以守之。無礮械以實之。有兵丁矣。有礮械矣。無官弁以統之。無口糧以養之。欲其不變價而不能也。欲其不販賣而不能也。私用窘則官物焉能全也。將官則知之而無如何也。數年而屆小修如是。數年而屆大修如是。又數年而屆折造亦復如是。其間或偶遇風暴。則曰不堪修葺。甚且以爲片板無存。修無可修。而造難遽造。久之而文册中有船。海洋中無船矣。嗟乎。洋面無兵船。則洋面皆盜船。洋面皆盜船。則洋面無商船。商船絕而臺民危矣。今盜船漸以臺洋爲逋逃藪。因循再久。患不遠也。勢不能不亟起而改圖之。全臺原設及裁改。應共存戰船九十六隻。內臺協中營十九隻。內省造四隻。本年新折造二隻。本年及來年已屆大修四隻。小修三隻。應造補三隻。又應歸府廠造補三隻。臺協左營十四隻。

內省造六隻。新折造一隻。應造補一隻。屆大修一隻。小修二隻。又應歸府廠造補二隻。小修一隻。臺協右營十四隻。省造四隻。應造補二隻。屆大修四隻。小修二隻。應歸府廠造補二隻。小修二隻。澎協左營十七隻。省造六隻。應造補二隻。屆大修五隻。撥府折造二隻。大修二隻。澎協右營十六隻。省造一隻。屆大修十三隻。撥府造補一隻。小修一隻。艋舺營十四隻。省造四隻。應造補六隻。屆小修一隻。大修一隻。撥府大修一隻。折造一隻。除省造二十五隻新造補三隻外。未修未補者尚有六十八隻。大同安梭船新造實銷銀一千零五十兩零。內支臺耗二百兩零。實領司庫八百四十七兩零。折造實銷銀六百二十八兩零。支臺耗一百四十二兩零。實領司庫四百八十六兩零。大修實銷銀四百七十三兩零。支臺耗九十二兩零。實領司庫三百八十兩零。小修實銷銀三百三十七兩零。支臺耗六十三兩零。實領司庫二百七十四兩。中小同安梭以次遞減。大號白底船新造實銷銀二千一百十二兩零。折造銀一千一百五十八兩零。大修八百七十二兩。小修六百二十一兩零。小號白底船又以次減。例銷之價實苦不敷。如前所謂料價等無可津貼。則賠墊益多。或曰請將道府兩廠應折造造補之二十三隻。歸道府趕緊辦理。其餘屆限大小修之各船。竟請歸臺灣鎮督飭水師將備。

各歸各營領價承修。勒限報驗。其料物仍由道廠支給。照例價於領項內扣收。臺協各營卽在道廠興辦。由營員經理。澎湖艋舺各營由該營將官督修。責成該廳據實查報。或由鎭委員驗收。旣免駕廠之遲逾。又無領駕之周折。如屆折造則以舊船折料運廠。或應造補。卽由廠興工。舊料無用再運。則事以簡而易集。工以分而易完矣。或曰屆限大小修之船。大半皆不堪修葺。由修造以後。多擱於海墘。風日暴烈。雨水浸淋。責營承修。亦仍有名無實。不如一概全行由道府折造。以大修兩船小修三船之費。各按大小號折料添補。改爲新造一隻。庶幾工歸實在。於原設額數不符。另行籌議造補。其實照原額實備一半。卽已得用。餘卽補足。亦無兵無械。徒虛設耳。或曰。折造造補之船。請全歸省廠興辦。例價不敷。由道府將折料變價。再另行籌捐。劃解省局。配渡到臺。後大小修仍歸營承辦。料物多需於內地。盜船不絕。商船日稀。料物不能源源配渡。不如就省製造之便。所需於臺地者惟樟木耳。回班哨船可帶運也。如此則所謂發料僉差諸弊之有累於地方者。不過大小修之用。舊例卽不能革除。而亦可稍爲輕減矣。如循舊由臺廠修辦。所有廈口料物。亦須商哨竝運。方無誤工需也。擇於斯三者而變通行之。全臺幸甚。明戚繼光言。軍工當任武臣。不當任文臣。航海者漁人。而造舟者梓人。彼何與於利害。而勞苦以經營之。加倍以賠補之。不過苟且塞責而已。無補國家。佟中丞云。工料本貴。給價不敷。雖造成器具。總屬無用之物。所謂惜小誤大。其害不可勝言。由此觀之。臺地之船工。責成舟師大員之賢者。而厚給其値。其爲上策。不然積習相沿。徒糜帑項。而海洋之防僅有虛名。商民之受害其小焉者也。此可爲長太息也。又以廠道淤塞。不便出入。擇地於小西門外迤南之處。建築船塢。中開港道。至三鯤身入海。計費二千四百餘圓。然自海通以來。輪船鐵艦縱橫海上。而舊式之船不足一顧。法軍之役。巡道劉璈駐南以臺澎四面皆海。戰既不能。守又不可。禀請南北洋大臣分派戰船援助。弗從。事平。劉銘傳整理海防。乃購置輪船以賫郵傳。而尙不能籌艦隊。則以財力限之也。然自是而海戰形勢爲之一變。

礮臺

有明之季。海疆多事。始戍澎湖。澎湖爲臺灣外府。群島錯立。風濤洶湃。舟觸輙破。故守臺灣者重澎湖。而媽宮爲之紐。萬歷二十五年。增游兵。四十五年。復增衝鋒游兵。左右各置小城。列銃以守。曰銃城。天啓二年。荷將高文律乘戍兵單薄。以十餘舟入澎湖。據焉。因山爲城。環海爲池。破浪長驅。肆毒漳泉。總兵俞咨皐逐之。乃復澎湖。築城暗澳。高丈有七。厚丈有八。東西南各闢一門。北設礮臺。內蓋衙宇。建營房。鑿井駐兵。以控制媽宮。媽宮之左爲風櫃山。高七八尺。荷人鑿其中。壘土若雉堞。毀之。分軍以戍。與案山西嶼相犄角。東爲嵵上澳。猪母落水。當南之衝。舊有舟師戍之。亦築銃城以防横突。西爲西嶼。北爲北山墩。又北爲太武。稍卑爲赤嵌。循港而進。爲鎭海港。壘城其中。以扼海道。其防守也如此。荷人既入臺灣。築城一鯤身。卽礮臺也。曰熱蘭遮。臺人謂之王城。基方二百七十六丈有六尺。高三丈有奇。爲兩層。用大磚。調油灰。共搗而成。雉堞釘以鐵。故甚固。城上瞭亭相望。上層縮入丈許。設門三。東畔嵌空數處。爲曲洞。爲幽宮。四隅箕張。置礮二十。南北規井。下入於海。上出於城。水極清冽。可於城上引汲。以防火攻。置礮十。皆重千斤者。而北隅繞垣爲外城。狀極雄偉。駐兵守之。倚城一樓。榱棟堅巨。有機車可挽重而上。亦置礮數尊。內城之北下闢水門。傴僂而入。磴道曲折。下有地室。高廣各丈餘。長數丈。曲轉旁出。近海之處。又一洞。內藏鉛子。其險固也如此。荷人建政署其中。以鎭撫民番。濱城之外。爲巨海。水道紆廻。鹿耳門拱之。輔以師船。而內與赤嵌樓相犄角。樓在鎭北坊。爲今之海神廟。亦礮臺也。建於永歷四年。荷人謂之普羅比。熱蘭遮猶言攝理也。壘磚爲垣。堅埒於石。周二十五丈有三尺。上置巨礮。南北兩隅。瞭亭挺出。樓高三丈六尺有奇。雕楝淩空。軒豁四達。其下有洞。曲折宏邃。右鑿穴。左浚井。前門之左。復一井以俯瞰市肆。當是時。荷人政令。南至打鼓。北達諸羅。而蚊港爲北鄙互市之口。猴樹港。鹽水港。茅港尾諸水滙焉。港外爲青峯闕。荷人築礮臺以守。制若城。內鑿一井。舟師邏之。既又逐西班牙人而有其地。雞籠淡水各據礮臺。以握東洋貿易。一時幾無敢抗。延平克臺。就赤嵌城以居。改名安平。永歷十八年。嗣王經視澎湖。命築壘左右峙。各建礮臺。烟火相望。以薛進思戴捷林陞守之。十九年。聞施琅疏請伐臺。洪旭告曰。前者荷人失守。恃其礮火。憑其港道。而不防備澎湖。故我先王一鼓而下。夫澎湖爲東寧門戶。無澎湖是無東寧也。今宜建築安平礮臺。副以礮船。扼鹿耳門。別遣一將鎮澎湖。嚴軍固壘以待其來。從之。三十六年春。施琅治兵於海。嗣王克塽以劉國軒爲正提督。駐澎湖。修治各壘。環設礮城。淩師以守。激戰之後。敗績而降。清人得臺。以安平爲郡治之塞。駐水師副將。有礮架三十。礮臺十九。烟墩四十三處。以防守沿海。而鹿耳門亦建礮臺。藉爲安平之蔽。彰化爲北路之衝。八卦山在其東。俯瞰城中。山破則城亦破。故建礮臺。駐兵固守。以爲擁護。所謂定寨者也。高可望海。然一有兵事。山輙被據。移礮以攻故議主毁棄鹿港爲彰化互市之口。乾隆五十四年駐水師游擊。北自大安。南至海豐。各建礮臺汛兵守之。當是時昇平無事。所欲防者海寇而已。通商以後西力東漸。夾板輪船爭雄海上。一旦啓衅。沿海戒嚴。而舊式之礮。利不足以及遠。力不足以洞堅。拱手讓人。覆軍從之。同治十三年福建船政大臣沈葆楨視師臺灣。奏築安平旗後各礮臺。做照西式。法軍之後。巡撫劉銘傳奏辦海防。光緒十二年。興工改築。新向英國購置鋼鐵後膛礮三十一尊。及加農礮以配各臺。計費六十四萬九千餘兩。十四年。復聘德國工師重造基隆礮臺。狀極堅固。且練礮兵以演放之。礮兵之外。又設水雷營。亦攻守之利器也。臺灣海防。於是漸備。然有其器必有其人。而後可以致果。否則非唯無用。藉寇兵而齎盜糧。更爲覆亡之害也。悲夫。

鄭氏澎湖礮臺表

媽宮嶼上下礮臺二座

風櫃尾礮臺一座

四角嶼礮臺一座

雞籠嶼礮臺一座

東西蒔裡礮臺四座

內外塹礮臺二座

西嶼頭礮臺二座

牛心灣頂礮臺一座

清代臺灣礮臺表

鹿耳門礮臺在安平鎮之西俯臨大海歸清之後建築礮臺其後海水汎濫臺遂沈沒

安平小礮臺在安平鎮南隅舊時所建及築大礮臺遂廢

安平大礮臺在安平鎮南隅距臺南府治六里同治十三年沈葆楨奏建光緒元年十一月竣工中鑿大池塹外有

濠海水入焉置大礮五小礮四以水帥副將率礮兵三百名守之顏曰億載金城

打鼓礮臺在鳳治之西山臨大海其後增建旗後礮臺以爲犄角

旗後礮臺在鳳治之西與打鼓山對峙爲互市之口中闢港道輪船可入光緒元年聘英國工師築之結搆宏壯中

置巨礮以兵守焉

東港礮臺在鳳治西南兩岸相距三里許水深丈餘閩粵商船時來貿易同治十三年沈葆楨奏建置礮十尊駐兵五百已而撤去法軍之役再駐二百以防南犯

靑峯闕礮臺在嘉義西南距治六十里爲蚊港之口荷人所築久圮礮亦爲海水浸爛嘉慶十年蔡牽之役金門鎭總兵王得錄就附近再築礮臺三座烟墩三望樓一以安平水師協營守備一員千總把總各一員兵一百八十名守之今圮

鹿港礮臺距彰治二十里西臨大海乾隆五十四年所築今圮

水裡港礮臺距彰治西北二十里昔爲貿易之口港道久淤礮臺亦圮

三林港礮臺距彰治西南四十里港道久淤移汎番挖礮臺亦圮

海豐港礮臺距彰治西南七十里港道久淤移汎宗元礮臺亦圮

大安港礮臺在苗栗縣治之西舊屬淡水爲貿易之口港道已淤礮臺亦圮

滬尾礮臺在臺北府治之西爲互市之口勢控北鄙光緒二年始築礮臺法軍之役扼險以守及巡撫劉銘傳修之置礮十一顏曰北門鎖鑰

基隆礮臺基隆爲互市之口舊設礮壘光緒二年改築礮臺以守法軍之役被毀光緒十四年乃倣西式新築置鋼

鐵礮

媽宮礮臺在澎湖廳治之北舊設礮壘副以師船光緒元年改築礮臺十三年劉銘傳檄吳宏洛修之駐重兵以扼海道

大城北礮臺在媽宮之西十里光緒元年建十三年修駐兵千五百名爲媽宮犄角

西嶼礮臺在媽宮之西舊建礮臺於外垵光緒十四年別建於內垵俯瞰大海駐兵千五百名

桶盤澳礮臺舊時所建今廢

臺灣通史卷十四

臺南　連雅堂　撰

外交志

連橫曰。鴻濛之世。各君其國。各子其民。閉關自守。固無所謂外交也。然當春秋之際。禮樂征伐自諸侯出。齊楚秦晉。迭為盟主。而鄭以一小國介立其間。聘問往來。不失其宜。孔子曰。子產有辭。諸侯賴之。信乎賢者之有益人國也。臺灣當鄭氏之時。彈丸孤島。拮抗中原。玉帛周旋。蔚為上國。東通日本。西懾荷蘭。北結三藩。南徠呂宋。蕩蕩乎。泱泱乎。直軼春秋之鄭矣。嗣王沖幼。左右失人。叛將倒戈。而臺灣乃不國焉。清人撫有。時會變遷。東漸之機。隨流而靡。而內外臣工。猶欲以丸泥塞之。多見其不自量爾。夫塞之愈堅。則衝之愈力。衝之愈力。則破之愈大。而臺灣外交。乃無往而不敗也。夫古今異勢。強弱殊形。弧矢之利。不可以禦堅礮。舟車之速。不可以競飛船。賢者審之。智者用之。苟非整軍經武。國殖民興。未足以言外交也。德宰相傳士麥曰。世界無公理。唯鐵血爾。故以其言而大小是併。優劣是食。外交之敗。至於滅亡者。何可勝道。悲夫。語曰。前車之覆。後車之戒。余故採其得失者著於篇。以爲興亡之鑑焉。

日本聘問

日本與中國爲鄰。脣齒之國也。明亡之季。士大夫之東渡者。絡繹於途。而鄭氏復有渭陽之誼。往來尤繁。當成功之起師也。遣使往聘。致書德川幕府曰。洲同贍部。就一水以判東西。境邇蓬萊。連三島而囊天地。域占爲雷之位。光拂若木之華。百篇古文。早得嬴秦之仙使。歷代列史。竝分上國之車書。道不拾遺。風欲追乎三代。人重然諾。俗更敦於四維。恭維上將軍麾下。才擅擎天。勳高浴日。鑄六十五州之刀劍。雌雄爲精。服五百一郡之版圖。礫沙皆寶。文諧丹府。屢有表使至金臺。釋輔儒宗。再見元公參黃蘗。雖共臨乎覆載。還獨奠其山河。成功生於日出。長而雲從。一身繫天下安危。百戰占師中貞吉。叨世勳之賜。李恩重分茅。效文忠之祚明。情深復旦。馬嘶塞外。肅愼不數。餘兇虜在目中。女眞幾無剩孽。祗緣征伐未息。以致玉帛久疏。仰止高山。宛壽安之在望。溯洄秋水。悵滄海之太長。敬勒尺函。稍伸丹悃。爰齎幣篚。用締縞交。舊好可敦。蒼鳥使於今復往。中興伊邇。丹鳳詔不日重來。文難悉情。辭不盡意。伏祈鑒照。無任翹瞻。幕府受之。永歷三年。復遣使乞師。寓書曰。大明龍興三百年。治平日久。人遂忘亂。韃靼乘虛而破兩京。神州悉汚腥羶。成功深荷國恩。不敢坐視。故渫血以報讎。爲念徘徊閩浙之間。以義感人。從者頗衆。然孤軍懸絕。千辛萬苦。中心未遂。日月幾何。成功生於貴國。仰望寔深。今際艱難之時。願貴國憐之。乞假數萬之兵。則感義無限矣。是時日本方行鎖港之策。文恬武嬉。不欲有事國外。幕議不可。唯時饋軍糈以助之。及克臺後。日人之在臺者。禮之有加。二十年。忠振伯洪旭以商船販日本。購造銅熕刀劍甲冑之屬。並鑄永歷錢。二十八年夏。爲三藩之役。經至思明。命兵都事李德東聘。再作兵鑄錢。而日本亦歲以寬永錢相餽。貿易繁盛。及鄭氏亡。德川幕府亦嚴鎖港。往來遂絕。初成功歸國後。弟七左衞門襲母姓。爲田川氏。留居長崎。

呂宋經略

初。羅馬神甫李科羅布教厦門。成功延爲幕客。軍國大事時諮問焉。克臺之翌年。召之來。春三月。命赴呂宋。勸入貢。而陰檄華僑起事。將以舟師援也。既至。呂宋總督禮之。華人聞者勃勃欲動。蓋久遭西人殘暴。思殲滅之以報夙怨。事洩。西班牙人戒嚴。五月初六日。以騎兵一百步兵八千。分駐馬尼拉。凡華人商工之地。皆毀城破砦。慮被踞。而華人已起矣。鏖戰數日。終不敵。死者數萬。多乘小舟入臺。半溺死。成功撫之。而呂宋仍傲擾。又慮鄭師之伐也。遣使隨李科羅入臺。諸將議討之。未成而成功病革矣。二十年秋八月。呂宋總督遣使貢方物。且請傳教。勇衞陳永華不可。命以中國之禮入覲。申通商之約。於是販運南洋。遠至安南暹羅噶拉巴。海通之利。國以日殖。二十六年春正月。統領顏望忠楊祥請伐呂宋。以爲外府。侍衞馮錫範不可。曰。呂宋旣已入貢。修好往來。今若伐之。有三失焉。師出無名。遠人携貳。一也。殘擾地方。得之無用。二也。戍兵策應。鞭長莫及。三也。且自頻年以來。歲幸豐稔。民樂其業。豈可復興無益之兵。議遂止。三十七年夏六月。清軍破澎湖。諸將以臺灣勢蹙不可居。議全師取呂宋。建威中鎭黃良驥主其議。中書舍人鄭德潛力贊之。出呂宋地圖。指示險要。曰諸島之中。惟呂宋待我國人最無禮。先王在日。每欲征之。以雪我中國人之恨。然因開創。至世藩業已興。師乃接耿藩之變。遂移兵過厦。而事又止。呂宋之兵不過千有餘人。所恃者城上之大礮而已。自西班牙竊據茲土。於茲已百四十餘年。我漳泉人積骸其地者。何啻數十萬。羈魂厲魄。痛恨何如。夫積怨者。神人所共憤。而叢貨者。興盛所取資也。呂宋富饒。甲諸國。今之積於公班巴禮者數十萬。是皆昔所誘惑愚昧死而括藏之物。天下安有久積而不散。虐侮而不復之理。又安知非天鐍其藏以待興王之探取耶。故以議取呂宋者爲上策。提督中鎭洪邦柱願爲先鋒。正總督劉國軒以爲不可。馮錫範詰之。國軒曰。呂宋非不可取。顧當取之於無事之日。今淸兵已迫。救亡不暇。尙何能勞師遠襲。若事機一失。進退兩難。則滅亡隨之。克塽猶豫。遂降淸。南征之議。至今無有道者。

英人之役

淸人得臺之後。閉關自守。中葉以來。外患漸迫。而英人始啓其端。初英人以販運阿片爲害酷烈。道光十八年冬。詔以林則徐督兩廣。嚴旨禁烟。犯者死。幷燬阿片一萬三千六百餘箱以絕禍源。英人不服。調艦至廣東。索賠款。於是開戰。臺灣戒嚴。兵備道姚瑩具幹才。得民心。與總兵達洪阿共籌戰守之策。增築礮臺。嚴海防。故英人不能得志。二十年夏五月。英艦窺鹿耳門。官兵擊之。詔以水師提督王得祿移駐臺灣。協同剿辦。已而厦門失守。警報頻至。官民又悉心禦侮。姚瑩赴南北。集紳耆。練義勇。以其半任調遣。凡四萬七千一百有奇。而漢奸之來臺勾結者。輙捕斬之。故無內患。二十二年春正月十三日。英艦數艘至大安港。遙見岸上兵民堵立。將駛去。突觸暗礁。開礮擊之。船破。獲英兵二十。印度兵百六十五。大礮二十門。及鎮海寧波營中之物。三月。英人調艦十九艘。大舉來犯。并結海盜。又破之。詔晉姚瑩布政使銜。達洪阿提督銜。各世襲輕車都尉。然英艦猶以時至。遊弋南北。八月。一艦將入旗後。知有備。乃北去。十四日。犯淡水。却之。十八日。復窺雞籠。參將邱鎮功調守備許長明歐陽寶等禦之。淡水同知曹謹委澎湖通判范學恒巡沿海。知縣王廷幹偕艋舺縣丞宓維康駐三沙灣礮臺。英艦將入口。發礮中之。桅折。觸礁而沒。又獲英兵。九月復至。再破之。自是不敢窺臺灣。然閩浙粵三省均被侵擾。清廷命大臣與和。是秋江甯款成。換捕虜。而臺灣所獲印度兵已於五月奉旨處斬。唯以英兵歸之。英領事璞鼎查遂訐臺灣鎮道妄殺遭難兵民。江蘇主款者及福建失守文武忌臺灣功。蜚語沸騰。欽差大臣耆英遂據閩人故總督蘇廷玉提督李廷鈺二人家信。劾姚達罪。詔飭福建新督查奏。新督至臺。查案卷。則姚達所奏。皆營廳及紳民稟報。無冒功事。然爲款故。强令鎮道引誣。以謝英人。將逮至京。兵民洶洶罷市。姚達溫語勸解。新督亦旋告病。以劉鴻翔代之。臺人乃訴其寃。乞奏白。鴻翔據原稟送軍機處。始知其枉。旋起用。而英船亦屢至臺灣。二十八年。兵備道徐宗幹著防夷之書。頒發人民。而臺人亦立禁烟公約咸豐十年詔開安平淡水准與英人互市景教隨之以入民教之間輙相反目語在宗教志同治七年英人米里沙至蘇澳娶番女爲婦謀墾南澳之野噶瑪蘭通判遣人止之不聽且曰臺東非中國政令所及之地故不得視爲中國版圖芸稼如故兵備道商之英領事不聽已而米沙里赴噶瑪蘭途次溺死其事始息越明年而有安平之役初英人以建領事館購地故與居民齟齬未幾領事失物照會有司捕盜而有司未悉外情人民之排外者又每僨事疊生交涉大小十八起英領事吉普理每詰責不答吉普理怒禀報香港總督派艦要挾將以愓官民也九月英艦三艘至安平泊港外吉普理登艦語以故突開礮擊岸上彈落海畔居民大驚相率走越日安平副將江國珍稟鎮署總兵劉明鐙聞警帥軍駐岸上武弁蕭瑞芳止之曰英人以礮擊我者非欲出於戰先聲而奪我爾卑職頗知洋情願掉三寸舌說之釋兵彼如不聽而擊之則曲在彼矣從之瑞芳至英艦反復命且曰艦將聞江協戎威名願一見明日艦將果至國珍饗之談釋兵事既去瑞芳曰洋人重信彼艦既願出口而我軍仍陣岸上彼將謂我失約明鐙檄所部歸營是夜瑞芳晤國珍二更許見白光一道自海冲霄國珍驚問曰胡爲者曰火號也艦將出口矣遽辭去而英兵已駕小艇上

陸。圍協署。國珍倉皇失措。歎曰。豎子誤我。踰墻匿民家。英兵大索不得。毀倉局。居民自夢中驚起。鼎沸徹夜。旦日。報國珍自戕死。英兵始去。郡中聞變。人心洶洶。鎮道會議媾和。無敢往者。紳士黃景祺慨然行。介許經秋爲譯人。吉普理索償款。先以四萬金爲押。而後見景祺。家固富。飭人舁與之。及見吉普理。多要求。經秋大辯論。據理與爭。吉普理亦慮結怨紳民。則通商不利。乃許釋兵。先是郡紳許廷勳與英人合辦腦務。吉普理初至。賃其家以居。迭爲賓主。既與從兄廷道以分產。故控於官。案懸未結。廷道以他罪下獄。廷勳亦腦業失利。及英艦來。吉普理索償款。並列其事。於是有言廷勳通英者。廷道之子揭其事。且言礮攻安平。廷勳示意也。兵備通曾獻德騾稟總督。上奏。命嚴辦。而英人力庇之。事平。始出。英艦既去。吉普理以金歸景祺。官民頌其功。廷議以臺灣道不善外交。解獻德職。而英政府亦召回領事。且治艦將啓衅之罪。唯瑞芳以功擢安平副將。瑞芳廣東人。姓蘇。名阿成。刺舟爲業。廣東之役。爲英人間諜。總督葉名琛之劫。亦從行。乃改姓名。以賄得武弁。國珍之死。瑞芳寔與謀。越數年。怒鞭從卒。洩之葉江之子。憤父仇。合籲於廷。詔斬於臺。英領事聞之。馳救。已懸首道轅矣。

美船之役

臺灣生番久屬化外。殺人爲雄。航海遇風。或至其地。輒遭害。而番政措施未得其宜。故每出交涉。幾危臺灣者數矣。先是咸豐八年。英國商船西爾偏篤號遭風。破於鳳山縣轄之枋蓁。遇番出草。被殺虜。逃者僅數人。十年。普國軍艦優爾麥號至其地。艦兵上陸獵。途次遇番相鬪。艦長發礮擊。始入山。然不能永慴也。南方之番爲科亞爾族。分處瑯璚一帶。地險族强。未服政令。而守土官又畏事。莫敢討。故爲害尤烈。同治六年三月初九日。美國商船那威號自汕頭出帆。遭風至臺灣南岬。觸礁沒。船長馬西德率所部乘小艇至瑯璚上岸。爲番狙擊。皆死。水手某廣東人也。伏草中得免。西走數百里至打鼓。告官。爲達英領事。英領事電報北京公使。轉語美公使。美公使聞之。卽向政府交涉。時英軍艦優爾摩厲德在安平。管帶甫魯道聞之。趣至其地。索美人。欲拯救之。二十六日上陸。又受番狙擊。莫能往。乃歸打鼓。赴廈門。初美公使照會政府。請討生番。以保航路。政府答以番界非臺灣政令所及。美公使卽報其國。派兵討。六月。水師提督彼理率軍艦二艘。兵百八十有一人。以十九日至番地。番拒戰。副提督馬特西節沒焉。美軍大敗。退艦中。是地爲南鄙僻遠之域。山峻谷險。荊棘叢生。而科亞爾族尤悍。四出屠殺。敗則竄入山。據險莫破。彼理報其國。美政府必欲懲之。乃與臺灣鎭道議合討。九月。臺軍與美軍偕行。以領事李仙得主其事。至柴城。臺軍不盡力。李仙得亦知戰未必勝。不如說降。乃率通事入其社。從者五人。見番酋爲瑯𤩝八社之最强者。責以妄殺遭難之罪。酋謝不敏。置酒款。并歸船人之顱。立誓和好。謂此後苟有漂至者。如須供其不足。可舉紅旂爲信。事畢始歸。而瑯𤩝平地生番遂無再害外人之事。

牡丹之役

美船遭難之後。越六年。而有日軍討番之役。先是同治十年春三月。琉球商船遇颶。至臺東八瑤灣。爲牡丹社番刧殺五十四人。牡丹社者。南番之悍者也。十二年。小田縣民四人又遭害。於是日本政府欲興問罪之師。然以生番隸臺版籍。未可遽往膺懲。時副島種臣爲全權公使。駐北京。日廷命交涉。且質番地主權。種臣遣副使柳原前光詢總理衙門。答曰。番人殺害琉民。既知其事。若殺貴國人。則未聞。然二島俱我屬土。屬土之人相殺。裁決在我。我恤琉人。自有措置。何預貴國。而爲過問也。前光力爭琉球爲日本版圖。且證小田縣民遭害狀。曰。貴國既知恤琉人。而不討臺番者何。曰。殺人者番。故且置化外。日本之蝦夷。亦不服王化。此萬國所時有也。前光曰。生番殺人。貴國舍而不治。然一民莫非赤子。赤子遇害而不問。安在爲之父母我邦將往問罪以盟好故使使者先告反覆論辯累日不決前光歸白狀初鹿兒島縣參事大山綱良奏請討番和者四應參議木戶孝允力爭不可以爲內治未修遽生外釁勝敗固未知而糜餉損兵已先若累吾民豈爲國家之福且適以速禍爾臺灣不過東海一撮土蠻夷好殺其性使然今以橫殺琉人之故遽往伐之豈足以揚國威夫琉人雖已內附其意半在中國常聞其人所言日本父也中國母也持其兩端固爲弱國之常則我之待其人自有緩急之別夫內國爲本屬土爲末先末後本決非長治之計種臣主戰日廷從之

十三年春正月置臺灣番地事務局於長崎以參議兼大藏卿大隈重信主之命陸軍中將西鄕從道爲番地都督陸軍少將谷干城海軍少將赤松則良爲參軍率兵赴臺陸軍少佐福地九成爲廈門領事兼管番地事務別延美國人李仙得爲參謀仙得前爲廈門領事番地論起聘爲顧問以助理交涉者也四月從道率海陸軍發品川傭英美兩國船爲運旋至長崎美公使先執局外中立之例幷飭廈門領事捕李仙得英公使亦言中國必生異議於是日本內閣遲疑遣權少內史金井之恭傳內旨於長崎令重信止軍行且歸京重信告從道不奉命曰近日朝政不定令人危疑況召集精銳駕馭一失誤潰四出禍且不測豈止佐

賀之比。必欲强留從道。請奉還勅書。躬自擣醜虜巢穴。死而後已。苟中國果異議。朝廷目某等爲亡命。則咎之乎。何有重信。電報狀。朝議大憂。簡內務卿大久保利通赴長崎。從道卒不聽。乃戒毋戰以待後命。而携李仙得歸東京。五月初二日。日進孟春三國等艦發長崎。初五日至社寮港上陸。移陣龜山。尋遣輕兵深入牡丹番。伏莽擊日兵。少却。越二日。以熟番爲導。進攻竹社風港石門。從道適乘高砂艦至。二十有二日。參謀佐久間佐馬太自率兩小隊。攻破石門之險。陣傷番酋。諸番多納款。退守龜山。建都督府。設病院。修橋道。爲屯田久駐計。當軍發之時。復遣柳原前光赴北京。領事福島九成至厦門。亦以書告閩浙總督李鶴年曰。臺灣番界之事。昔者副島大使既告貴國政府。今我國將興問罪之師。若貴國聲教所暨。則秋毫不敢犯。疆場密邇。願毋騷擾。鶴年答曰。臺灣我之境土。土番犯禁。我自處置。何假日本之力。請速收軍出境。毋啓二國之釁。並白其事於朝。而總理衙門已先出奏。命船政大臣沈葆楨帥師視臺灣。前光至北京。與總理衙門辯論。辭旨牴牾。勢將構兵。中國官民多主戰。江蘇布政使應寶時著論尤烈。其言曰。日本藉詞搆釁。闖入我邊地。虔劉我番民。中國欲全舊好。據理與爭。不遽用武。並許爲之建造樓塔。保護商船。可謂寬大極矣。詎料彼以虛言款我。久踞番社。誘脅番人。群番迫於凶燄。勢必盡受羈縻。則臺灣之地。與我共之。夫臺灣雖小。我聖祖仁皇帝勤勞二十年而得之者也。臺灣有事。則處處戒嚴。古人謂一日縱敵。數世之患。今臺灣番事之謂也。且諸國通商以來。所以猶就範圍。不啓戎心者。以有條約在也。今日本不守條約。若令得志。非惟爲所竊笑。西人更將藐視中國。爲今之計。宜擧其事布告諸國。直與之戰爾。雖然。古之馭外者。必能守而後和可恃。亦必能戰而後守可完。與其戰於內地。不如戰於外洋。與其戰於外洋。不如戰於彼國。然則綜而計之。今日畀以番地。曲全和約。兵端若可少弭。而後患無窮。且和亦難恃。策之下也。決計驅逐。待其入境。隨時禦之。策之中也。先爲非常之擧。以奮積弱之勢。雖得失參半。猶愈於坐而受弱。策之上也。葆楨既入臺。籌防務。募兵分汛。築礮臺於澎湖諸島。設海底電線以通福臺軍務。嗣調淮軍助防。歐美人士之在兩國者。評論曲直。日付報紙。乘機鼓煽。將收局外之利。而日兵又先後至。凡三千六百五十八人。以溽暑故。歿者五百六十一人。時傳福建巡撫王凱泰將兵二萬將渡臺。苟一啓戰。則兵連禍結矣。先是閩浙總督命福建布政使潘霨、臺灣兵備道夏獻綸就從道議。六月朔。率法員二人乘艦至瑯璚。明日至柴城。與從道會。反覆辯論。初七日又會。日昳無成。霨拂袖起。從道止之曰。我國暴師海外。糜財勞人。爲貴國闢草萊。鋤頑梗。耳費用耗損。豈可勝計。爵曰。若然。則將爲日本償軍費。乃立約三則。八月。日本簡參議大久保利通爲辦理大臣。委以和戰全權。初六日。發東京。李仙得隨行。九月十九日。抵總理衙門。先論番地經界。相持不下。利通宣言歸國。且貽書曰。諸公所言。輙引條約。以背盟罪我。是陽唱和我而陰疏斥我也。我已束裝。或和或否。期以十日裁復。英公使威妥瑪乃出爲周旋。軍機大臣文祥執不可。葆楨亦奏言力拒。顧爲兩國邦交。議始成。十一月十有二日。鈐印約曰。一日本國此次所辦。原爲保民義舉。清國不指爲不是。二前次遇害難民之家。清國許給撫恤銀十萬兩。而日本在番地修道建房等件。清國願留自用。先行議定籌補銀四十萬兩。三凡此次往來公文。彼此撤回註銷。作爲罷論。該地生番。清國自行設法妥爲約束。越日。利通歸國。下詔班師。十二月。從道乃振旅歸。於是葆楨奏開番界。折疆置吏。而臺灣局面一變。

法軍之役

法蘭西爲歐洲强國。當拿破侖第一時。志吞歐土。又以其餘力東向。謀幷越南。越爲中國藩服。時適洪軍起事。國中俶擾。無暇南顧。越之君臣拱手唯命。日懼社稷之不血食。故法人愈張也。光緒九年冬。越王籲於中朝。出師保護。命兵部尚書彭玉麟視師兩粵。法亦派艦調兵。遂至開戰。詔以臺灣為東南海疆重地。着嚴防務。兵備道劉璈駐臺南。具幹才。得民望。乃整飭軍備。築礮臺。建營壘。購新鎗。置水雷。分汛海陸。以曾文溪以南至恒春為南路。統軍五千。由道領之。曾文溪以北至大甲為中路。統軍三千。由鎮領之。又以大甲溪至蘇澳為北路。統軍四千。由提督曹志忠領之。後山自花蓮港至鳳山之界為後路。統軍千五百。由副將張兆連領之。而澎湖為前路。統軍三千。由水師副將領之。計兵一萬六千五百名。各守其地。有事策應。顧兵力單薄。不敷防堵。乃辦團練。以陸團守內地。漁團備海口。各莊亦自行保甲。衛桑梓。璈以臺地遼遠。防務重大。稟請總督移駐。居中調度。不從。又請奏派知兵大員督辦。以一事權。於是命署福建陸路提督孫開華率所部擢勝三營。辦理臺北防務。已而提督章高元率淮軍。提督楊金龍率湘軍。各先後至。當是時。法艦輒游弋沿海。以窺臺灣。十年春三月十八日。法艦一艘入基隆。三人上岸。登山瞭望。似繪地圖。欲入礮臺。臺官止之。既歸。以書詰基隆通判。謂臺兵無禮。當謝罪。又以商人不肯售煤。為官所禁。限至翼早七點半鐘。運到艦中。否則礮擊。稅務司乃出而調停。以官煤千擔交。得忌利士洋行售之。始去。璈聞報。以法人無禮。稟明南北洋大臣詰問。蓋法人固將啓釁矣。四月。詔以提督劉銘傳爲臺灣防務大臣。五月二十九日至基隆。駐臺北。設團練局。又於上海開臺灣軍械糧餉總局。委蘇松太道辦之。驟籌戰事。璈亦赴北議戎機。而法艦來攻矣。六月十四日。法水師提督孤拔乘旗艦奧爾札號。率戰艦五。載陸軍三千。入基隆。以三艦窺滬尾。銘傳聞警。率提督曹志忠蘇得勝章高元鄧長安拒之。十五日凌晨。法艦開礮擊岸上礮臺。應戰。別以輕舟載兵千名上陸。猛撲二重橋之壘。曹章兩軍力戰却之。陣斬中隊長一。兵百餘。獲聯隊旗二。法兵退艦。多溺死。遺械甚多。十七日。孤拔介稅務司請銘傳至艦會見。不許。事聞。下旨嘉獎。發內帑三千兩以犒戰士。軍氣大振。洋務委員李彤恩以滬尾港道寬濶。無險可據。請塡塞口門。英領事以秋茶上市有碍商務。不可。彤恩往復辯論。始許。而法艦乃不能入也。七月初二日。孤拔率戰艦八艘窺福州。泊馬尾。總督何璟素畏事。防務大臣張佩綸亦年少無軍略。時傳有議和意。船政大臣何如璋見法艦入口。止諸軍無戰。清艦十餘艘泊附近。寂然不動。省中士庶已危之。紛紛走避。而佩綸視若無事也者。初三日黎明。法艦忽升紅旗示戰。清艦無設備。且俟張大臣之命。已而法艦開礮四擊。次第沈沒。毀船政廠。如璋跣足走鼓山。將軍穆圖善駐長門。開礮擊之。

法艦始悠悠去。福州既挫。臺灣尤危。二十日。銘傳視師滬尾。孤拔亦乘兵船來。測探港道。不得入。遂游弋沿海。以窺動靜。八月十三日。復攻基隆。以兵五百由仙洞上岸。恪靖巡緝營蹇慶中營拒之。章高元亦率所部二百餘人援戰。法軍敗走。迷失道。困至日中。又殺其百數十人。然艦隊仍轟攻礮臺。銘傳屹立督戰。左右殪數人。衆請退。不聽。故士卒皆奮鬭。已而諜報法艦五艘犯滬尾。滬尾距郡三十里。銘傳命收軍往救。各提督諫止。不聽。唯留曹志忠所部三百及棟軍統領林朝棟駐獅球嶺。或反議之。曰。是惡知吾之深謀也。其後法艦三攻滬尾。皆受創去。法軍既據基隆。謀取臺北。以陸軍二千進。輙爲朝棟所拒。相持匝月。別以四艦取滬尾。九月十九日黎明。將入口。礮臺擊之。乃去。翌日復至。潛渡陸軍上岸。肉薄進攻。孫開華邀擊之。張李成率土勇三百截其後。往來馳驟。當者辟易。法軍大敗。爭舟多溺死。陣斬五十。俘馘三十。於是不敢窺臺北。李成小名阿火。爲梨園花旦。姿質娬媚。顧迫於義憤。奮不顧身。克敵致果。銘傳嘉之。授千總。其後以功至守備。初馬尾之敗。清廷震怒。褫佩綸以文華殿大學士左宗棠督師福建。又以銘傳爲巡撫。加兵部尚書銜。辭。及基隆既失。內外臣工多上封事。廣東道御史趙爾巽請進攻越南。以分敵勢。沿海各省以臺灣危急。協餉餽械。志切同仇。

南洋最多。北洋次之。廣東亦助銀十餘萬兩。士乃得鎗五百桿。前門鎗三千桿。故稍無困乏。當是時諸將多請規基隆。銘傳不聽。臺北府書識陳華介親兵哨官奚松林。請募兵千五百人。自備軍械。包取基隆。每兵月餉十二圓。銘傳不許。以淮楚軍制無此重餉。若果能克復。當重賞之。記名道朱守謨聞其事。與約召募。數日而成。銘傳怒。遣散之。十五日。孤拔布告封港。北自蘇澳。南至鵞鸞鼻。凡三百三十九海里。禁出入。分駐兵船巡緝。以蘇澳至基隆八艘。淡水至安平三艘。打鼓至恒春二艘。航行之船須距岸五海里外。否則擊之。於是互市停息。物價踴貴。商船多被擊。文報不通。密以漁舟往來。兵備道劉璈駐南治軍。籌餉厲兵。以作士氣。及接法軍封港之文。憤其違犯公法。晤商各領事。請干涉。領事以事關重大。須待國命。二十九日。璈以封章密請沿海督撫代奏。十一月初六日始達內閣。略曰。法人突稱封口查萬國公法。本有戰國封堵敵國海口之例。局外各國原不能禁。惟論法人今日情形。其不合公法。不應封口者五。不應封而准封有碍各國。今後通商者亦五。不能不先請咨明各國。一爲理論。查公法例載。交戰師出有名者。謂義戰。若違背公法。卽謂不義之戰。局外諸國例得辯問。法人始則無理侵我屬國。繼則無理撲我防營。反索我賠款。又先攻我基隆及福州船廠。迫基隆滬尾敗後。又分船擾及臺南安平旗後二口。猶復冒昧侈談封禁。試問封口先憑義戰。戰且不義。口何由封。臺灣原止提出基滬安旗四口。留與各友國通商。各國行棧林立。獨無法國商人。法果理直兵强。專欲奪佔臺地。則臺澎沿海四千餘里。無處不可登岸。所建城池。無處不可進攻。乃法兵到處畏縮。偏於各國通商不過二三十里之口岸。肆行騷擾。可知法人固不能得利臺灣。特陷害各國通商爾。其不合義戰封口之例一。又例載軍旅虐待居民。擄搶燒殺姦汚婦女。毀壞房屋。及一切殘忍之事。皆爲戰例所嚴禁。并載陸路交戰。有散兵刦掠。必以之爲强盜等語。今法人佔基。弁兵姦擄燒殺。無惡不爲。甚將該婦女孩童擄入兵船。有數百十名之多。又在南北海面。假稽查之名。截刦民船魚米雜物。擄掠民人。此等暴行。寔同强盜。尙何配爲敵國而公然封口乎。其不合戰例封口之例二。又例載城池地方被戰者圍困。局外不得與之貿易。封港亦同一例。今法兵聲言攻臺。不能爲竟日岸戰。與我中兵爭尺寸土。僅竊踞我所自棄之基隆偏偶。隔離城池遠甚。何謂圍困。抑知公法必待圍困而後准封口者。原以敵國軍械糧草缺乏。必仰濟於通商。戰國始乘勝封口以困之。使速求和。故局外各國甘受禁商之損而莫違。今臺灣兵精糧足。器械裕如。已非法兵所敢近犯。即再徵兵。全臺義民百萬。素習刀鎗。一聞君父之仇。隨呼隨應。靡不裹糧坐甲。誓與仇寇不共戴天。一切軍需。就地取用不竭。竝無須求助外人。是困之無可困。速和轉速戰也。法人封口果何爲者。其不合圍困封口之例三。又例載戰國徒以出示禁絕往來。則非寔力封堵。與祇派數船在洋面梭巡而無定所者。亦不作封堵論。今臺灣沿海商民船隻四通八達。若寔力封堵。非有累百兵船不能。法艦犯臺。統計不過十餘艘。其遊弋臺南安旗二口者。僅一二艘。時去時來。渺無定所。其不合寔力封堵之例四。又例載封堵敵國口岸。其勢衰弱而不寔力辦理。即作爲廢弛。又載師敗歸爲廢紙。今法酋一敗於基。再敗於滬。屢戰屢北。於臺南竝不敢登岸交兵。其衰弱已可概見。各國應即作爲廢弛。法人何得靦然封禁。徒礙通商。其不合寔力辦理之例五。此五者皆法人自外於公法。原不應有封口之擧。而於各國通商有五礙者。祇得更申其說。如通商口岸。教堂洋行貨物商民所在甚多。素由中國竭力保護。今法兵偏欲攻犯商岸。作爲戰場。彼此鎗礮相加。更何能分辨某國某行某人。勢必至互有燬傷。保護不及。其各國受害商民。自應向法國理償。不與中國相干。即中國受害之處。亦應取償於法。因法人違例擅禁。偏擾商岸。其礙一。通商交涉。所欠洋行各款。向由地方官提追。今商岸封禁。原欠商民皆藉口於生計已絕。莫能歸還。且有遷徙他處。官中無可提追者。勢不能不概從緩辦。其礙二。通商以洋藥爲大宗。臺灣每年進口洋藥售銀計在四五百萬兩。法人封口。洋藥不通。曾經紳耆公請。從權劃出官莊。准民自種罌粟。照例納稅助餉。無礙民地五穀。免貽洋銀漏巵。言本有理。事又爲公。地方官自應准如所請。將來罌粟廣種。洋藥勢必禁銷。其礙三。中國各省通商口岸甚多。若盡如臺灣。法人僅以數船虛聲便聽封禁。則何口不可虛言示封。恐各口商民均有坐困之虞。大爲通商之害。其礙四。各國派撥兵船保護商民。原係公法正辦。今法船突來封港。中國官照例嚴禁探水引港接濟。有犯立斬。各國兵船自不得與法船往來同泊一處。以避嫌疑。而免誤傷。惟護船離岸太遠。保護難周。若泊岸太近。法兵犯及近岸。中兵必盡力開礮抵擊。恐有鎗礮誤傷。均不得歸咎中兵。其礙五。法人於公法既有五違。於各國通商又有五礙。要皆與中國無損。中國原不值與辯。祇以臣歷奉保護友國商民之恩旨。今法人逞兵臺灣。專擾商岸。倘各國未能執公法以全通商之區。臺官亦祇能照戰例。稍謝保護之責。非不設法保護。而勢有礙難。不得不先以直告。法兵現據基隆。基口原許封禁。此外各口應否一概聽其虛言示封。及應否專攻通商口岸。以全友邦之處。應請旨飭令總理衙門咨明通商和好各國。以申公論。而顧大局。清廷既聞法艦封港。命南洋大臣派兵船五艘。以總兵吳安康率之。會北洋艦隊尅期趣援。復以陝甘總督楊昌濬任閩浙。率所部至。相機調度。以謀克復。十一年春正月二十一日。法軍猛攻獅球嶺。朝棟力拒不退。法軍復至。戰及日中。移守六堵。蓋已迫近臺北矣。澎湖孤懸海上。四面受敵。時有綏靖德義等五營。及礮勇練軍。統計不過三千餘人。嶼汊紛歧。不敷分布。璈甚憂之。稟請宗棠委派大員統師駐防。副以海軍。或可保全。萬一未行。而法艦至。二月十三日。孤拔以戰艦五艘伐澎湖。先攻漁翁島礮臺。礮臺應戰。未能命中。而法艦二艘入媽宮。毁觀音亭火藥局。副將周善初駐此。未戰而潰。夜半。法軍五百上蒔裡。十四日凌晨。薄綏靖營。營官陳得勝據濠戰。法軍稍却。逐之至海隅。殺傷過當。法艦見勢急。發礮以助。得勝不能支。猶力戰。德義中營廣勇戍附近。閉壘不出。乃收軍陣珠母水。薄暮退大城北。語諸軍曰。法軍屯雙港仔。憑壘而守。余以爲可破。余先選死士突入其壘。諸君從之。則敵可敗也。衆曰諾。十五日黎明。得勝進兵。趣諸軍猛擊。法軍張兩翼以抗。戰酣。得勝鞭馬入陣。欲搴其旗。中彈顛。從卒救之。善初陣雙頭跨。復敗。各弁多走。通判鄭膺杰乘小舟逃赤崁。而澎湖遂失。二月初二日。孤拔乘艦至安平。介英領事請兵備道會見璥。許之。將往。官紳諫止。璥曰。彼以此要我。不往謂我怯也。咄乃公豈畏死哉。戒安平礮臺。視敵有警。卽開礮擊。毋以余在不中也。遂登艦。孤拔握手甚歡。不及軍事。而臺南恃以無恐。當銘傳退失基隆。璥揭其事。宗棠據以入告。遂褫李彤恩之職。銘傳具疏辯。互論長短。而璥以加營務處。頗不受節制。銘傳啣之。是時孤拔以澎湖險要。欲久踞爲東洋軍港。而越南華軍疊勝。進迫宣光。法人有罷兵之意。政府咨請議院戰費。不可。內閣遂改。執政者雅不欲戰。孤拔憤無後援。且疫作。將士多歿。遂病死。以副提督李士卑斯接之。中法旣開和議。法公使頗事要求。且索戍兵基隆五年。李鴻章不許。乃相約停戰。撤回宣光東西華兵。歸至桂滇邊界。而臺灣法軍亦於三月初一日停戰。卽開各處封口。前敵諸將憤不奉命。洶洶欲戰。督兵大臣彭玉麟尤力爭。且揭鴻章辱國罪。鴻章辯曰。臺灣郡縣也。越南藩服也。以余度之。寧失藩服。毋損郡縣。電命至閩。宗棠以臺灣祇有停戰之文。而無交還基隆之語。疏請勿許。而鴻章已換約矣。三月初一日。法軍解封。換捕虜。銘傳厚遇之。各餽百金。初五日。檄記名提督吳宏洛赴澎湖接管。十二日。李士卑斯率艦去。事平。內閣學士梁耀樞以銘傳喪師失地。貽誤大局。疏請罷斥。銘傳亦自劾。詔命經理善後。

臺灣通史卷十五

臺南 連雅堂 撰

撫墾志

連橫曰。臺灣固土番之地。我先民入而拓之。以長育子姓。至於今是賴。故自開闢以來。官司之所經畫。人民之所籌謀。莫不以理番爲務。夫臺灣之番。非有戎狄之狡也。渾沌狉榛。非有先王之敎也。巖居谷處。非有城郭之守也。射飛逐走。非有礟火之利也。南北隔絕。互相吞噬。非有節制之師也。故其負隅跋扈。則移兵以討之。望風來歸。則施政以輯之。此固理番之策也。清廷守陋。不知大勢。越界之令。以時頒行。而我先民乃冒險而進。剪除荆棘。備嘗辛苦。以闢田疇。成都聚。爲子孫百年大計者。其功業豈可泯哉。牡丹之役。船政大臣沈葆楨視師臺灣。奏請開山。經營新邑。及劉銘傳任巡撫。尤亟亟於理番。設撫墾總局。以治其事。而臺灣番政。乃有蓬勃之氣焉。夫臺灣之番。非可羈縻而已也。得其地。可以耕。得其人。可以用。天然之利取之無窮。而人治之效。乃可以啓其奧。是故理番之事。臺灣之大政也。成敗之機。實繫全局。余故述其始末。以詔來茲。亦足爲得失之林也。

荷蘭既得臺灣。集歸順土番而撫之。制王田。設學校。開會議。立約束。以養以敎。而土番亦效命不敢違。故終荷人之世。土番無有亂者。當是時。西班牙亦據臺北。布政施敎。以撫土番。而輙遭殺戮。誅之不畏。蓋以北番之悍。不如南番之馴。故西人亦大費經營。且爲荷人逐矣。永歷十六年。延平郡王既克臺灣。巡視歸化番社而拊循之。翌年春。以部將十人管社事。分新港。目加溜灣。蕭壠。蔴荳爲四大社。徵收鹿皮。與之貿易。十八年冬十二月。北路土番叩狗讓反。經命勇衞黃安平之。十九年。諮議參軍陳永華請申屯田之制。以拓番地。從之。於是南至琅璚。北及雞籠。皆有漢人足跡。番不能抗。漸竄入山。乃築土牛以界之。而寧靖王朱術桂亦自墾竹滬之野。歲乃大熟。民殷國富。二十二年。水沙連番亂。殺參軍林圯。所部多沒。既復進之。以墾其地。則今之林圯埔。二十四年。沙轆番亂。左武衞劉國軒駐半線。率兵討番。拒戰。殲之。殺戮殆盡。僅餘六人。匿海口。大肚番恐。遷其族於埔里社。逐之至北港溪。觀兵而歸。已而斗尾龍岸番亂。經自將討之。斗尾龍岸者。居大甲溪之北。地險衆強。黥面文身。若魔鬼。殺人爲雄。以其頭作飲器。左右社番皆畏焉。經北巡。聞之。親至其地。不見一人。時亭午酷暑。軍士皆渴。競取蔗啖。國軒適至。見而大呼曰。何爲至此。命軍士速刈草爲壘。已而番至。可五百人。四面縱火。烈焰沸騰。狠奔豕突。勢甚猛。鄭軍據壘戰。番却。乘勢逐之。燬其社。經遂登鐵砧山。留百人屯田。以制蓬山諸番。三十六年春三月。竹塹番亂。初軍戍雞籠者。遇北風盛發。船不能往。則命土番轉運。沿途供役。土番苦之。督運者又嚴爲驅策。遂相率爲亂。殺通事。掠糧餉。竹塹新港各社應之。道無行人。報至。侍衞馮錫範請以左協理陳絳率兵討。宣毅前鎭葉明左武衞左協廖進副之。番懼。遁入山。駐兵不敢歸。吏官洪磊言曰。土番之變。勢出無奈。勞師遠討。似非所宜。蓋以番如野獸。深山藏匿。難搗其巢。不如寬以撫之。懷德遠來。善爲駕馭。則番當自服。況當國家有事之時。尤不宜震動。以生外侮。克塽從之。遣各社通事往招。又命明進率兵至谷口。剿撫並用。番不敢出。輒乘虛剽殺。乃樹栅以困番。番無所得食。窮蹙乞降。諭各歸社。聽約束。然後班師。時同安王世傑從軍轉運。請墾竹塹之地。許之。三十七年春正月。聞淸人將伐臺灣。乃籌防務。討軍實而餉絀。五月。上淡水通事李滄請採金裕國。安撫司林雲言之。命監紀陳福率宣毅鎭兵往。以土番爲道。因至卑南覓。不得而歸。而鄭氏亦亡矣。康熙二十二年秋八月。清人入臺灣。招撫諸番。設土官以治。徵餉如舊。知府蔣毓英始至。經畫三縣疆域。集流氓。墾荒地。安輯諸番。教以授產之法。三十二年。淡水人陳文林侃遭風至奇萊。始與臺東番貿易。越二年。賴科亦自雞籠越山而至崇爻。於是臺東之野。漸有漢人足跡矣。三十六年。仁和諸生郁永和以採磺來臺。自郡治而徂北。投所至番。爲具糗糧。負弓矢。兩月始達。永和著書。多詳番事。其言曰。番爲人愚。又畏法。若能化以禮義。風以詩書。教以蓄有備無之道。制以衣冠飲食冠婚喪祭之禮。遠在百年。近三十載。將見改易狉榛。率循禮法。豈與中國之民異乎。當是時。荒土初闢。農多餘畝。爭墾番地。尚未併進。故番無仇視外人之心。而行旅無害。然其後漢人日進。拓地愈廣。如楊志申吳洛施世榜等。且先後而至半線。闢土田。興水利。以立彰化之規模。其功大矣。三十八年。呑霄番亂。初通事黃申爲贌社。征派無虛日。呑霄番苦之。土目卓个卓霧亞生。性驍鷙。謀叛。二月。番將獵。申令納稅而後行。番固怨申。遂殺之。及夥數十人。事聞。鎮道遣員往諭。不得入。乃檄北路參將常泰帥兩標兵討之。以新港蕭壠蔴荳目加溜灣四社番爲先鋒。番拒戰。四社頗死傷。請曰。聞岸裡社番多勇敢。能越山度澗。欲禽土目。非此不可。時岸裡未內附。介通事以牛酒犒之。願效命。八月。岸裡番自山後襲其社。官軍亦進。番窮困。將竄入山。又要之。獲卓个卓霧亞生以獻。解郡正法。傳示諸番。官軍羅瘴而死者數百人。當呑霄番之亂。北投社番亦亂。北投踞上淡水溪畔。雖內附。每殺人。土目氷冷素負力。其戚以女字通事金賢。已而將娶之。不許。賢怒撻女父。女父愬於氷冷。遂殺賢以叛。遣人告呑霄相應。水師把總某巡哨適至。潛泊港口。募他番佯爲互市。猝禽氷冷至舟。戮之。遂介通事求撫。四十年。諸羅劉却起事。北路俶擾。諸番亦乘虛出。頗殺人。及平乃止。初歸附番社。例用通事。又有社商。以攬其餉。番之互市。社商主之。每事朘剝。朋比爲奸。漢人之侵耕番地者。所在皆有。番無可籲訴。巡道王敏聞之。嚴飭所屬。凡給墾者。須先請官查勘。定可否。又懲辦通事社商數人以狥。乃稍戢。四十七年。泉人陳章請墾大佳臘之野。署諸羅知縣宋永淸遣社商通事與土官會勘。報可。是爲臺北府治。自是移民漸至。越二年。始設淡水守兵。然地多瘴毒。南崁以上。山谷奧鬱。窮年陰霧。罕晴霽。居者多病沒。而戍兵生還者不能得十之三。五十二年。北路營參將阮蔡文親至其地。歷大肚牛罵呑霄竹塹諸社。所至集諸番而拊循之。番大說。五十三年。諸羅知縣周鍾瑄以社餉較重。上書總督覺羅滿保。請豁減。略曰。番俗醇樸。太古之遺。自居民雜至。强者欺番。弱者媚番。地方隱憂。莫甚於此。查社餉一項。鳳山淡水八社番米在鄭氏原數五千九百三十三石八斗。嗣後酌減為四千六百四十五石三斗而諸羅社餉七千七百八兩有奇。未邀裁減。從前猶可支持。以地皆番有。出產原多。比年以來。流亡日集。以有定之疆土。處日益之流民。經月累年。日事侵削。番人世守之業。竟不能存什一於千百。且每年正供七千八百餘金。花紅八千餘金。官令採買麻石又四千餘金。放行社鹽又二千餘金。總計一歲所出二萬餘金。而通事頭家假公濟私。何啻數倍。土番膏血有幾。雖欲不窮得乎。時巡道陳璸方以吏治為海疆第一。乃議酌減。飭南北通事招徠生番。於是南路山猪毛等十社。北路岸裡等五社。凡四千七百五十三人。請內附。滿保據以入奏。璸亦自持糗糧。率從僕數人。北巡至淡水。夜宿村舍。詢諸番疾苦。見者歎息。五十五年。岸裡社土目阿穆請墾猫霧捒。許之。東至山。西及沙轆。北界大甲溪。南達大姑婆。是為今之臺中。六十年夏。朱一貴起事。游擊周應龍請討。率兵四百。調新港蕭壠麻荳目加溜灣四社番從。下令殺賊一名。賞銀三兩。土番皆嗜殺。濫戮良民。放火焚廬舍。眾多恨。起應。全臺俱陷。及平。滿保議劃界遷民。總兵藍廷珍以為不可。復之曰。執事留意海疆。諄諄切摯。議論高明。果能如此。文武皆可臥治。何其幸也。唯是臺地自北至南一千五百餘里。山中居民及附山十里以內民家未經查確。不知其幾萬戶。田園幾萬畝。各山隘口幾何處。應俟委員勘核造冊報聞。但天下非常之事。必非常人乃能爲。廷珍籌度再四。未得善法。唯執事明以教之。欲遷數萬戶之民。居必有可容數萬戶築室之處。而此數萬戶又不能不耕而食。必有可容十數萬人耕種之田。則度地居民。爲此日第一急務矣。今全臺山中之地。既欲盡棄。附山平地又棄十里。卽以三十里而計。已去一千五百餘里之三十里。截長補短。應得縱橫各四百五十里之地。以爲被遷之民之田疇廬舍。不知此地從何撥給。所當籌度者一也。人情安土重遷。非盡戀戀故地。亦苦田舍經營。所費不貲。富家棟梁瓦桷。可以搬赴新居。工匠牆垣亦費其十之六。貧家土舍茅簷。無可移用。一經遷徙。則當從新建蓋。以亂後殘生。饔飧不繼之窮民。何以堪此茅綯土木之繁費。嗟歎之聲。旣不忍聞。勢不得不有以資之。每屋一間給銀五錢。計費錢糧五六萬兩。不知動支何項。所當籌度者二也。各山隘口未知幾何。卽以羅漢門一處而論。已有三四路可入。則此一千五百里之山。其隘口不止百計。每口伐木挽運。百夫亦須三五日。計用人夫不下三五萬。不知係官自僱募。抑或派之於民。所當籌度者三也。一千五百餘里之界牆。一千五百餘里之濠塹。大工大役。海外僅見。計費錢糧不下十萬兩。將給之自官。則無可動支之項。將派之於民。則怨聲四起。必登時激變。所當籌度者四也。寇亂風災之後。民已憔悴不堪。百孔千瘡。俱待補救。卽使安靜休養。時和年豐。尙未能遽復元氣。況又有棄去田宅。流離轉徙之憂。卽使有地築舍。有田開墾。而五錢之惠。能成屋宇幾何。薙草披荊。能望西成幾何。況又有無資可藉。無地可容之憂。誰肯餐風宿露。相率遷移於無何有之鄉乎。民而肯遷。豈不甚善。假如强項不依。嘵嘵有辭。將聽其不遷而中止乎。抑以兵威脅之乎。所當籌度者五也。既已三令五申。費盡心力。復聽其不遷而中止。則憲令不行。是敎民兇悍而開犯上之風。非所以爲治也。若以兵脅之使移。則民以爲將殺己。抗拒亦死。不抗拒亦死。必制梃與兵爲敵。至於敢敵。亦遂不容不殺矣。無故而殲我良民。於心不忍。殲不盡則禍不已。殲之盡則人又不服。既上乖朝廷好生之德。又下失全臺數百萬之人心。所當籌度者六也。自古以來。有安民無擾民。有治民無移民。無故而使千五百里之人。輕棄家鄉。以餬其口於路乎。開疆拓土。臣職當然。蹙國百里。詩人所戒。無故而擲千五百里如帶之封疆。爲民乎。爲國乎。爲土番盜賊乎。以爲民。則民呼寃。以爲國。則國已蹙。以爲土番。殺人則劃去一尺。彼將出來一尺。界牆可以潛伏。可以捍追。正好射殺人民。以爲盜賊。則千五百里無人之地。有山有田。天生自然之巢穴。足以逞志。不知於數者之外。或有他取乎。夫事必求其有濟。謀必出於萬全。循此檄也。以行能必其有濟乎。無濟而不召亂。猶之可也。殘民而有功於國。亦未爲不可也。能必其不召亂。不殘民。而又能有功於國。則計出於萬全矣。不然願執事之熟思之也。滿保乃止。唯立石禁入番地。時阿里山番亂。六十一年。諸羅知縣孫魯遣人撫之。水沙連番亦內附。附阿里山番納餉。初知府靳治揚招撫土番。附郭各社皆設義塾以教之。至是巡道陳大輦選其秀者爲佾生。雍正元年。知府高鐸又獎勵之。於是熟番漸向學。當是時。半線開墾已成都聚。而諸羅遼遠。不足控制。滿保乃從廷珍之議。劃虎尾溪以北至大甲溪。設彰化縣。而溪北至雞籠。設淡水同知。駐竹塹。以理民番之事。漳浦藍鼎元曾從軍來臺。力言開墾竹塹番地之利。又與巡道吳昌祚論治臺之書。謂彰化地多荒蕪。宜令人民開墾成田。勿致閒曠。前此皆以番地禁民侵耕。今已設縣治。無仍棄拋荒之理。若云番地。則全臺皆取之番。欲還不勝還也。宜先出示。令土番各自開墾。限以一年盡成田園。否則聽民墾耕。依照部例。則爲業主。或令民貼番納餉。易地開墾。亦兩便之道也。其後當道從之。頒行例則。而墾務乃大進。傀儡番在深山之中。負隅蟠踞。殺人爲雄。荷蘭鄭氏之時。屢討未服。及一貴之變。餘黨王忠逃入山。廷珍遣外委鄭國佐偕通事章旺往捕。未能得。秋。心武里社女土目蘭雷爲粵人所殺。其族八歹率加者膀眼社番數百。伏東勢社。殺粵人三人。報至。派兵討。破其兩社。竝撫附近之番而歸。四年。詔豁番婦丁稅。而熟番丁稅每穀一石改徵銀三錢六分。着爲例。水沙連番荷摩社素內附。當朱一貴之變。乘亂以逞。既就撫。土目骨宗恃其險阻。輒出殺人。官軍未能討也。秋九月。總督高其倬檄巡道吳昌祚至省。詢番情。授方略。命爲總統。以北路參將何勉副。又調淡水同知王汧協征。時巡臺御史索琳在郡中。與昌祚會斗六門。議進剿之策。十月。軍至水沙連。番拒戰。大敗之。諸番震慴就撫。越數日。復進水裡社。禽骨宗。竝其二子。戮之。自是水沙連番二十五社復納餉如初。五年。沙轆番亂。沙轆自遭兵後。勢微弱。而地腴。漢人爭購之。土目嘎即謂其衆曰。祖宗遺此尺寸土。爲子孫可耕可獵。可供衣食。輸課餉。今若盡售漢人。必受欺侮。我將無以自存。遂殺人以叛。彰化知縣張縞請兵討。嗣從通事之請。許降。當是時。淡水同知王汧以番地日被侵墾。或以賤價售人。番無得食。日就窮困。致起爭殺。上書御史尹秦。奏定。社田大社留給水旱之地五百甲。中四百甲。小三百甲。以爲耕獵之地。各立界碑。永遠保之。其餘草地。悉令召墾。竝限三年陞科。六年。冬。山猪毛番亂。殺漢人二十有三人。翌年春二月。總督高其倬檄總兵王郡巡道孫國璽會辦。以游擊靳光瀚同知劉浴率兵討。調諸羅知縣劉良璧堵後山。發內攸社番要擊之。北路營參將何勉亦入楠梓仙山。軍至邦尉。番降。十一年。始以南路營兵三百戍山猪毛。自是番不敢出。九年。大甲西社番林武力潛謀作亂。結樸仔籬等八社。以十二月起事。焚殺淡水同知張宏章走免。居民多被戕。北路洶洶。總兵呂瑞麟適北巡。至淡水。聞變回。及猫盂被圍。瑞麟力戰奔彰化。徵兵府中。累戰不克。十年五月。林武力復結沙轆呑霄等十餘社。齊反。圍彰化縣治。居民逃避。號哭於道。宏章率鄉勇巡莊。道經阿束社。番伏擊。衆潰。有粵人鋤田者十八人見之。制梃以救。宏章獲免。皆戰死。彰人塟之。謂之十八義民。六月。總督郝玉麟調瑞麟回府。檄新授福建陸路提督王郡討之。七月。郡偕巡臺御史覺羅柏修軍至鹿港。遣參將李蔭越游擊黃林彩林榮茂守備蔡彬等。合兵攻阿東社。番不能拒。潛竄於山。郡以參將靳光瀚游擊黃林彩守備林世正等各率兵扼隘。八月。渡大甲溪。復遣將分擊。林武力之去也。踞險自守。官軍追之。過大安。登大坪。直抵番界。諜報林武力走南日內山。復追之。攀緣而上。番踞高崖。下矢石。官軍發礮攻。聲震山谷。番却。搗其巢。遂縛林武力以降。戮之。是役捕虜千餘人。

或殺或放。十二月。乃班師歸。建鎭番亭於彰化。改大甲社爲德化。牛罵社爲感恩。沙轆社爲遷善。而漢人多耕其地矣。十三年。眉加臘番亂。討之。眉加臘爲彰化野番。未內附。頻年以來。輙出沒於柳樹楠丁臺各莊。附近焚殺居民。十月。北路副將靳光瀚淡水同知趙奇芳合兵討。獲其數人。戮之。遂於柳樹楠設隘以守。臺中之設隘。始於此。乾隆二年。詔減熟番丁稅着照民丁之例。每丁徵銀二錢。餘悉裁減。巡臺御史白起圖奏言。嗣後漢民不得擅娶番婦。番婦亦不得牽手漢民。違者則行離異。漢民照民苗結親例。杖一百。土官通事照民苗結親媒人減一等例。各杖九十。地方官照失察民苗結親例。降一級調用。其從前已娶生有子嗣者。則行安置爲民。不許往來番社。以杜煽惑生事之端。詔可。先是大學士鄂爾泰等以臺灣居民已數十萬。開墾承佃。各謀其生。而禁止携眷。未有家室。別娶番婦。恐滋擾害。奏請解禁。許之。於是閩粵之人。至者更多。爭墾番地。播稻植蔗。米糖之利。挹注他省。歲入各百數十萬金。商務以興。家富人給。莫不各立久遠爲子孫計。乃未幾而越界之禁又出矣。三年。總督郝玉麟奏言。臺灣熟番與漢人所耕地界。飭令查明。其已有契可憑。輸糧已久者。立界管業。此後不准人民侵入番界。贌買番業。應令地方官督同土官劃界立石。以垂永久。顧越界之令雖頒。而官莊之開愈大。官莊之制。略如鄭氏屯田。文武官各備資本。召佃墾荒。以爲己業。而其地多在番界。九年下詔禁止。十七年。更立石番界。禁出入。而臺灣之墾務一阻。當是時。歸化熟番漸從漢俗。乃令薙髮。錫姓。以遵國制。自是以來。民番雜處。各安畎畝。然交涉之事愈多。三十一年。奏設南北理番同知。以北路駐彰化。南路駐府治。管理民番交涉事務。時兩路熟番九十三社。歸化生番二百數十社。輸餉課。聽約束。有事調遣。奉命維謹。及林爽文之役。大將軍福康安視師臺灣。諸番爭效命。建功多。五十三年。康安奏倣四川屯練之制。設置屯防。大屯四。小屯八。語在軍備志。又以未墾荒地五千四百四十一甲。抄封田園三千三百八十餘甲。分給屯丁。爲自耕自給之計。語在田賦志。然屯番未諳農事。多募漢人耕之。所入不供衣食。嗣以抄封田園撥充班兵之餉。五十五年。清丈查出侵墾番界田園三千七百三十四甲餘。悉沒之。贌佃耕作。以其租爲屯餉。而開墾番地。又日進矣。蛤好難在淡水北東。或曰甲子蘭。番語也。背山面海。土地廣漠。溪流交錯。西班牙人曾至。爲番所殺。乾隆三十三年。淡水林漢生入墾。亦爲番害。自是無有至者。漳浦人吳沙居三貂嶺。任俠。通番市。以嘉慶元年。募三籍流氓千數百人。率鄉勇二百餘。前進。九月至烏石港。築土堡以居。則頭圍也。二年。沙赴淡水廳給照與以義首之印。隨山刊木。立鄉約。設隘寮。至者愈多。拓地至二圍。沙死。姪化代領其衆。遂進至五圍。蔡牽之亂。朱濆謀踞蘇澳。化敗之。請以地入版圖。知府楊廷理會師至此。諗其形勢。亦以爲言。而大吏以險遠難治。慮有變。不許。嘉義縣學教諭謝金鑾撰蛤仔難紀略六篇而論之曰。古之善籌邊者。却敵而已。開疆闢土。利其有者。非聖主所欲爲。顧是說也。在昔日不可以施於臺灣。在今日。復不可以施於蛤仔難。其故何也。勢不同也。臺灣與古之邊土異。故籌臺灣者。不可以彼說而施於此也。夫古之所謂籌邊者。其邊土有部落。有君長。自爲治之。其土非中國之土。其民非中國之民。遠不相涉。偶爲侵害。則愼防之而已。必欲撫而有之。有其土而吾民不能居也。徒爲爭殺之禍。故聖王不願爲。而爲之者過也。若臺灣之在昔日。則自鄭氏以前。荷人據之。海寇處之。及鄭氏之世。內地之人居之。田廬闢。溝澮治。樹畜饒。漳泉之人利其肥沃而往者。日相繼也。其民既爲我國之民。其地卽爲我國之地。故鄭氏既平。施靖海上言以爲不當棄。遂立郡縣。豈利其土哉。順天地之自然而不能違也。夫臺灣之在當日。與內地遠隔重洋。黑水風濤。沙汕之險。非人跡所到。然猶不可棄。棄則以爲非便。若夫今日之蛤仔難。較爲密邇矣。水陸毗連。非有遼遠之勢。而吾民居者衆已數萬。墾田不可勝計。乃咨嗟太息。思爲盛世之民而不可得。豈情也哉。況楊太守入山。遮道攀轅。如赤子之覯父母。而民情大可見也。爲官長者棄此數萬民。使率其父母子弟。永爲逋租逃稅私販偸運之人。而不問也。此其不可者一。棄此數百里膏腴之地。田廬畜產。以爲天家租稅所不及也。此其不可者二。民生有欲。不能無爭。居其間者漳泉異情。閩粵異性。使其自鬭自殺。自生自死。若不聞也。此其不可者三。且此數萬人之中。有一雄黠材智桀驁不靖之人。出而馭其衆。深根固蔕。而不知以爲我疆我土之患也。此其不可者四。蔡牽窺伺。朱濆鑽求。一有所合。則藉兵於寇也。此其不可者五。且其形勢觀之。南趨淡水艋舺爲甚便。西渡五虎閩安爲甚捷。伐木扼塞。以自固。則甚險。倘爲賊所有。是臺灣有患。而患則及於內地。此其不可者六。今者官雖未闢。而民則已開。水陸往來。刊木通道。而獨爲政令所不及。奸宄凶人。以爲逋逃之藪。誅求弗至。此其不可者七。凡此七者。仁者慮之。用其不忍之心。智者謀之。以爲先幾之哲。其要歸於棄地棄民之非計也。或曰。臺灣雖內屬。而官轄之外。皆爲番境。則還諸番可矣。必欲爭而有之。以滋地方之事。斯爲非宜。不知今之占地而耕於蛤仔難者。已數萬衆。必當盡收之。使歸於內地。禁海寇勿復往焉。而後可謂之還番。而後可謂之無事。否則官欲安於無事。而民與寇皆不能也。非民之好生事也。戶口日繁。有膏腴之地而不往耕。勢不能也。亦非寇之好生事也。我有棄地。寇將取之。我有棄民。寇將刦之。故使今之蛤仔難可棄。則昔之臺灣亦可棄。昔之所以留臺者。固謂郡縣既立。使吾民充實其中。吾兵捍防其外。番得所依。寇失所據。所謂安於無事者此也。今之蛤仔難亦猶是矣。或又曰。蛤仔難之民。久違王化。其心不測。驟欲馭之。懼生禍端。信哉是言也。夫君子之居官。仁與智二者而已。智者之慮事。不在一日而在百年。仁者之用心。不在一己之便安。而求益於民生國計。倘敬事以愛民。蛤仔難之民。卽堯舜之民也。何禍端之有。楊太守之入也。歡聲動地。驅爲義勇。則率以從。索其凶人。則縛以獻。安在其久違王化哉。苟其圖利於身。弗達時務。抑或委用非人。土豪奸吏把持行私乎其間。則其啓禍也必矣。故此事非才德出衆者。不可與謀也。一方之闢。必有能者籌度乎其間。其見諸事者。蔚爲功業矣。或徒見諸言。而其時不能用。後卒不易其言焉。則皆此邦之文獻也。自靖施海以後。善籌臺事者。莫如陳少林藍鹿洲二公。可謂籌臺之宗匠矣。當康熙時。彰化淡水未曾設官。政令巡防。北至斗六門而止。或至半線牛罵頭。要不越諸羅轄內二百餘里之地。自半線以北至於雞籠。七八百里悉荒棄之。亦委於番。卽臺邑之羅漢門鳳山之琅璚。皆擯弗治。當事者逡巡畏縮。志存苟安。屢爲畫地自守之計。唯云禁民勿侵番地。實則藏奸矣。故少林作諸羅縣志。慷慨著論。鹿洲呈巡使黃玉圃之詩。亦言之。其所陳利弊。又皆與今日相類。是皆先事之師也。且夫制治之方。視民而已。民之所趨。不可棄也。沃足以容衆。險足以藏奸。臺灣之地。大概如此。有類乎蛤仔難者。尙當以漸致之。其事非止於蛤仔難也。然而自昔以來。苟安者衆。焦頭爛額之事。乃使後人當之。豈所以爲民爲國也哉。十三年春。福州將軍賽沖阿奏設屯防。竝免陞科。部議不准。十月。少詹事梁上國奏言。臺灣淡水廳屬之蛤仔難。田土平曠豐饒。每爲海盜覬覦。從前蔡牽朱濆皆欲占耕。俱爲官兵擊退。若收入版圖。不特可絕洋匪窺伺之端。且可獲海疆無疆之利。詔命福建督撫議復。總督阿林保委署臺灣知府徐汝瀾詣勘。亦主設屯。未復奏。十四年春正月。詔以阿林保等查勘蛤仔難地勢番情。另行酌辦。一摺。蛤仔難北境居民。現已聚至六萬餘人。且於盜賊窺伺之時。復能協力備禦。幫同殺賊。深明大義。自應收入版圖。豈可置之化外。況地又膏腴。若不官爲經理。妥協防守。設爲賊匪佔踞。詎不成其巢穴。更爲臺灣肘腋之患乎。著該督撫等熟籌定議。應如何設官經理。安立廳縣。或用文職。或駐武營。隨宜斟酌。以期經久盡善。十五年。

總督方維甸以漳泉械鬭奉旨查辦。行次艋舺。土目包阿里等率各社番丁叩轅求見。請入版圖。業戶何繪等亦請照則陞科。維甸據以入奏。歷言收入之利。命楊廷理偕巡檢胡桂等入查。分劃地界。以爲設官之計。當是時移墾之民。漳人四萬二千五百餘。泉人二百五十餘。粵人一百四十餘。均屬丁男。而熟番五社九百九十餘丁。歸化生番三十三社四千五百五十餘丁。其地東西寬約二三十里。南北長約六七十里。泱泱乎可爲大邑也。廷理既至。籌辦三月。首廢業戶。具陳省憲。而司道以事難懸擬。請交臺灣鎮道議復。總督汪志伊初蒞任。卽檄臺灣道張志緒覆勘。十六年。督撫會奏。命大學士會同各部議復。十七年八月。始收其地。設噶瑪蘭廳。置撫民理番通判。則今之宜蘭也。當是時荒土尚多。而番愚且惰。不能耕。通判翟淦乃議大社加留餘埔周廻二里。小社一里。給與熟番樹藝。西勢一帶。永爲番業。東勢十六社之地。給與三籍開墾。而徵其租。自是以來。移民麕至。治溝塍。興水利。險阻集。物土方。而噶瑪蘭爲樂國矣。先是十五年。總督方維甸以臺灣番政廢弛已極。雖有禁令。衆多玩視。若佃農之侵耕。屯弁之呑餉。通事之剝削。官司之陋規。隘丁之空虛。匠首之訛詐。糧差之勒索。番割之比匪。兵丁之需求。游民之逐利。皆足以擾亂番界而生禍患。出示嚴禁。違者重辦。乃未幾而開墾埔裡社之議起。埔裡社在彰化萬山之中。距縣治九十餘里。中拓平原。周圍可三十餘里。土厚泉甘。產物富。南北兩溪。皆源自內山。蜿蜒數十里而入於海。引水溉田者十數萬甲。歸化番社二十有四。而以埔裡水裡爲大。性馴良。不妄殺人。水社之間。有日月潭。廣可七八里。水極澄清。中有小山。曰珠嶼。景絕佳。雍正初。漳浦藍鼎元曾游其他。然其後少有至者。乾隆五十三年設屯之時。水埔二社計有屯丁九十名。屯田百餘甲。番自耕田亦百餘甲。嘉慶十九年。水沙連隘首黃林旺貪其地腴。與嘉彰二邑人陳大用郭百年謀墾。府署門丁黃里仁爲之助。乃假已故土目通事赴府。言積欠番餉。番無所食。願以祖遺水裡埔裡二社地給與漢人耕墾。許之。二十年春。飭彰化縣予照。然未詳報也。其受約者僅水沙連。而二十四社不知也。百年旣得示照。擁衆入山。先墾社仔之地三百餘甲。復由社仔侵入水裡。再墾四百餘甲。旣復入沈鹿。築土圍。再墾五百餘甲。三社番弱。莫敢抗。百年喬爲貴官。勢烜赫。率壯丁佃農千數百人至埔裡。囊土爲城。樹紅旗。大書開墾。番不服。相持月餘。乃佯言罷墾。使壯者取鹿茸爲獻。乘不備大肆焚殺。番不敵。逃入內山。聚族以嚎者半月。獲生熟牛數千頭。粟數百石。器物無算。番俗死以物殉。掘塚百餘。得刀槍百數十桿。旣奪其地。築土圍十三。

木城一。益召佃番無所歸走依眉社赤嵌以居。先是漢番相持。鎭道微有所聞。使人偵之。還報曰。野番自與社番鬭爾。社番不諳耕作。漢佃代墾充食。而人寡力弱。依漢爲援。故助之。所殺者野番也。二十一年冬。總兵武隆阿北巡。悉其事。嚴詰之。彰化知縣吳性誠請逐佃而墾戶恃府示不從。有希府中指者曰。漢佃萬餘。費工已巨。一旦逐之。恐滋變。性誠上言曰。埔地逼處內山。道路叢雜。深林密箐。一經准墾。人集日多。命盜凶徒。從而溷跡。若招聚亡命。肆爲不法。事且奈何。且此地固生番打鹿之場。開墾以後。理疆定界。而姦人無厭。久必漸次私越。番性雖愚蠢。凶悍異常。一旦棲身無所。勢必鋌而走險。大啓邊衅。不若乘未深入。全驅以出。尙可淸患於未然也。鎭道從之。飭府撤還。二十二年六月。召諸人至府會訊。予百年枷杖。餘宥之。署北路理番同知張儀盛偕性誠赴沈鹿。毁土城。逐佃農。番始歸社。竝立碑於集集烏溪二口。禁出入。自是埔裡社復爲番有。然二十四社日衰。漢人亦稍稍入。社仔被逐。併於頭社。猫蘭併於水裡。而多咯啷福骨二社與沙里興鄰。遂入從野番。眉裡致霧安里萬三社亦引野番以自固。埔裡人少。雖與水裡睦。而不能救助。甚自危。道光三年。萬斗六社通事田成發以事被革。詭與埔裡番謀。招外番爲衞。與以地使耕。聽之。成發乃結北投社革屯弁乃猫詩革通事余猫尉募附近熟番潛往復墾而漢人陰持其後成發之黨與水沙連丁首蕭長發有隙長發首發其謀九月北路理番同知鄧傳安會營入埔裡社察之撫循而還傳安頗有開設議而紹興人馬竅士久居臺灣聞其地富至福州游說商人林志通爲墾戶總督趙愼軫以問前臺灣知縣姚瑩瑩曰臺灣生齒日繁游手亦衆山前已無曠土番弱不能有其地不及百年山後將全入版圖不獨水埔二社也然會有其時今則尙早爾四年五月巡撫孫爾準至臺欲議其事傳安力陳開墾之利爾準意動欲援噶瑪蘭故事以問知府方傳穟時姚瑩在臺傳穟訪焉瑩曰必欲開二社者有要略八事君其言之傳穟曰何謂八事曰往者噶瑪蘭之開也乾隆年間則有漢人潛往嘉慶元年吳沙率衆入山佔奪攻殺凡十餘年楊廷理往開時大局已定故衆番獻納輿圖設官經理然委員督墾之初東勢番尙持不從強而後可今埔裡開墾之民已逐社番又未輸誠前此漢人焚殺之怨未忘若往開設必先和睦番情其要一也漢番言語不通撫番須用通事而通事多奸人彼不以朝廷安撫爲辭而以危言恫喝番懼而從命心實不服設有異謀殊傷國體況開設之際交涉事多鬬毆小故皆足釀亂則通事必求良善其要二也水社在外如社仔沈鹿之地已爲漢人佔墾者無

論矣。埔地周圍數十里。番自墾成者僅十有一二。餘皆荒埔。今外社熟番往墾者不過二百餘人。官墾則招佃約費巨萬。將以何者為番田。何者為官佃。官課番租。不可淆混。其要三也。社東北沿山各社。則非埔裡之地。其內谾諸處。亦竝開否。或以山為界。山外通噶瑪蘭及奇萊秀姑巒之處。開後不無人民私越往來。其中則界址作何開閉。其要四也。前此漢人往墾。各有頭人領照。其意在充業戶。此時必萌故智。業戶之設。其弊無窮。徵收租課。逋嘗十萬。一有破敗。更換為難。不若官自召佃。永除業戶之名。其要五也。地方數百里。墾田數千甲。用佃殆將萬人。紛紛烏合。苟無賴人經理。不但無從約束。且工本何出。昔蘭人之法。合數十佃為一結。以曉事而貲多者為首。曰小結首。合數十小結首。舉一富強有力而衆服者為大結首。有事官以問之。然後有條不紊。視其人之多寡。授以地。墾成。衆佃公分。結首倍之。或數倍之。視其貲力。今開埔地。亦當略仿此意行之。其要六也。蘭地南北百餘里。竝山計之。幾二倍。東西腹地亦四五十里。不足置縣。故設一廳。今埔地方三十餘里。竝水社山埔計之。或百餘里。似不足為一廳縣。然其地在萬山中。南自集集。北自烏溪。兩路入山。皆極迂險。內逼凶番。後通噶瑪蘭奇萊諸處。蓋全臺之要領。前後山之關鍵。而去彰化縣城遼遠。非佐雜所能鎮撫。

不得不畧如廳縣之制。文武職官廉俸兵餉。作何籌給。不可不爲計。及其要七也。田園日闢。生聚日多。不特商賈通行。則所產米穀民食。亦必出山糶糴。其南由谾口進水社。山嶺重峻。勢不可行。唯北路烏溪水道可通。而溪水上流頗淺。亂石巑岏。亦當開通。以便舟楫。其要八也。傳穟陳其說。爾準見而難之。時性誠爲淡水同知。志恒爲噶瑪蘭通判。傳穟更集衆議。性誠志恒皆主禁。傳安不能執前說。亦以爲當禁。傳穟。遂詳請禁之。如故。初竹塹沿海各地開墾已成。而近山番界土廣且腴。漢人漸事侵耕。嘉慶末有粵人黃祈安者。孑身來臺。至斗換坪。與番貿易。頗獲利。遂從番俗。改名斗乃。娶番女爲婦。生二子。已而邀其鄉人張大滿張細滿等入山。約爲兄弟。亦各娶番女。與番往來。遂墾南莊之地。道光六年夏四月。彰化閩粵械鬬。蔓延數十莊社。大甲以北亦起應。粵人弱多竄南莊。斗乃遂煽土番。率之出肆殺掠。所在騷動。八月。總督孫爾準至臺查辦。派兵討。陣斬土番七人。獲斗乃等二十有一人。皆戮之。事平。設隘南莊。置屯把總一。屯丁六十。以防番害。十四年冬。淡水同知李嗣業以南莊墾務既啓其端。而東南山地尚未拓。乃命姜秀鑾周邦正集閩粵之人。合設金廣福隘。從事開闢。自樹杞林以入北埔。數年之間。墾田數千甲。時與番鬬。已而詳請鎭道會奏。頒鐵印。歲加給貲四百圓。與以開疆重任。權在守備以上。自是而東南番地漸闢矣。當是時。淡水吳全亦募佃往墾臺東。築壘以居。則今之吳全城。運會所趨。莫可抑遏。而前山舊壤。漸有人滿之患。不得不求之番界。顧未幾而開墾埔裡社之議復起。埔裡社自逐佃後。輒爲野番刼殺。勢不足以自存。乃邀嘉彰熟番入墾。欲引爲援。先後至者七十有二社。合力以拒漢人。道光二十一年。給事中朱成烈奏言。臺灣曠土甚多。應許開墾。詔命總督顏伯燾議覆。總兵武攀鳳巡道熊一本知府仝卜年入山履勘。具陳開墾埔裡社之利。而伯燾以與番人爭利。難防後患。援例奏禁。然民間之唱開墾者。前呼後應。臺嘉彰三邑業戶。認捐墾費十八萬圓。墾田七千甲。紳士王朝綸王雲鼎等。且欲以墾內外國姓長鹿埔等處。是封界之令。已不可行於今日矣。二十六年春正月。北路理番同知史密偕北路協副將葉長春署南投縣丞冉正品率通事土目入山。埔裡社番目督律與水裡社番目毛蛤肉田頭社番目擺典猫蘭社番目六改二沈鹿社番目排搭母眉裡社番目改努等。領六社衆千六百六十有三人。求內附。密細查土田。則埔裡可墾四千餘甲。番僅二十有七人。生計困窮。而社南之地。爲熟番私墾者約千甲。其衆已達二千。水裡可墾三百餘甲。有衆四百三十有四人。田頭可墾八百餘甲。有衆二百八十有八人。猫蘭可墾七百餘甲。有衆九十有五人。沈鹿可墾四千餘甲。有衆五十有二人。眉裡可墾二千餘甲。有衆一百二十有四人。統計其地約達一萬三千甲。甲徵穀一石。則歲可收官穀一萬三千石。以充設官戍兵之費。綽有餘裕。密欲捐墾二千甲。以爲民倡。請援噶瑪蘭之例。巡道熊一本知府仝卜年轉詳總督劉韻珂。大喜。下詢開墾可慮七事。一本條復籌辦。力主開設。十月。韻珂上其事。略曰。臺灣孤懸海外。民情浮動。不逞之徒。動輒械鬬。甚至謀爲不軌。迨至兵役緝捕。而匪徒以水沙連內山爲緝捕難至之區。相率逃入。潛匿深藏。若開闢則地歸疆理。建廳設汛。棋布星羅。匪徒無從託跡。地方則可安謐。是其袪弊者一。臺灣向無土著。多係閩粵之人。前此地曠人稀。物產豐富。力作經營。皆可謀食。今則生齒日繁。生產乏術。有游民而無恒產。鮮不從爲盜賊。若開闢則驅之力田耕鑿。相安自消患於未萌。是其袪弊者二。水沙連土地肥美。甲於全臺。雖例禁私越。然小民趨利若鶩。難保無私越之人。則使加謹巡防。迭增厲禁。亦難保無官來則去。官去復來之弊。若開闢則按戶授田。奸人無從混跡。可免意外之虞。是其袪弊者三。隹里興等社野番在水沙連各社之後。不法之徒。向有勾引野番潛出擾害之事。而兵役不能深入查拏。以致負固恃險。毫無顧忌。若開闢則番社悉為我有。摘要防守。奸人既不能私入野番。則不敢越界。是其袪弊者四。水沙連各社生番向以抽藤弔鹿為生。不諳耕耨。茲因封禁日久。社地荒蕪。俯仰無資。籲懇歸附。若不允其所請。既見拒於官府。必串謀於熟番。則不串謀而漢奸必有私誘生番之理。該生番始雖舍熟番漢奸而求官。後必結熟番漢奸而抗官矣。若開闢則番衆必安。可杜私墾之漸。而熟番漢奸亦無由串謀勾結。是其袪弊者五。臺地夙稱殷富。近因物力有限。戶口頻增。以致日形凋敝。若開闢則地利較溥。歲可產米百萬石。而木料樟腦藥材諸物。更屬不少。通工惠商。培養生機。元氣可以漸復。是其興利者一。臺灣餉銀須內地撥解協濟。不特虛糜解費。而且重洋遠涉。疏失堪虞。若開闢則歲得正供數萬石。則可就地酌撥。在臺灣多一分餉銀。則內地少一分協濟。是其興利者二。臺灣為海外巖疆。倉儲不可不裕。若開闢之後。正供既有盈餘。而該同知捐墾之二千甲。一經成熟。又可酌提充公。從此倉儲日充。則可為地方緩急之用。是其興利者三。臺灣北路向設屯丁三千餘名。歲給餉銀。不敷衣食。若開闢則調取無業番丁。酌給荒田農具。令其自行耕作。由官給械。隨營操演。使之生計裕如。無事則保衛水沙連。有事則協助兵力。是其興利者四。水沙連內山。前控嘉彰兩縣。後近噶瑪蘭廳。為全臺腹背重地。若開闢則前後呼吸相通。全臺可資策應。是其興利者五。其袪弊也如此。其興利也如此。若竟重拂番情。拒而不納。未免坐失事機。伏思國家承平二百餘年。深仁厚澤。遐邇傾心。闢土開疆。所在多有。雖遠方甌脫。無不列入版圖。今水沙連各社。雖祇彈丸一隅。而該生番伏居崖谷。性類犬羊。一旦感承高厚。薙髮易衣。獻圖納款。統榛榛狉狉之儔。遵蕩蕩平平之路。亦未始非太平之盛事也。疏上。命大學士軍機大臣議奏。不可。又命韻珂渡臺履勘。籌及久遠。而史密以時機既至。未可停止。奉商道府官先試墾。以定番心。於是各官皆捐工本。召佃一本。亦捐墾千甲。會營派兵二百。隨往彈壓。以十二月入山。既接部中復奏。密恐事勢又變。翌年二月。復上總督書曰。臺灣之番與別省異。獻圖開闢。不自今始。全臺無地非番。一府數縣。皆自生番獻納而來。由諸羅而彰化。由彰化而淡防。納土開疆。百餘年來。安於無事。則遠在後山噶瑪蘭開墾以來。四十餘年。亦未聞番害。蓋臺番之所以迥異者有故。凡番情滋事。志在金帛牲畜。始有搶擄拒捕各情。而臺番最愚。一無所圖。既無大志。安有大事。此臺番之情也。番夷生事。必仗其器械精工。礮火便利。方能得力。而臺番獵食爲生。所用者竹箭鐵鏢。火藥絕少。一聞銃聲。遠竄無踪。番酋每以聲勢相通。易於結黨。而臺番散處四山。各自爲謀。

絕不相屬。社雖多。名多至數百人而已。彼此不敢往來。呼應不通。從無糾結。此臺番之勢也。夫番情番勢既如此。其所以不同於別省之番而絕無大患。然猶概指生番之大略。至若歸化埔水六社之番。其情尤爲可靠。地近外山。常與漢人交接。和順曉事。近附六社番情同於埔水。而勢皆衰弱。此十二社僅有一千六七百人。除婦女老幼。祇有壯番七八百人。散於各社。窮苦可憫。見官經理。如嬰兒得母。投懷望哺之不暇。尙何敢生事。亦何能生事。安撫經年。調遣奔走。已成熟番。番性最直。又重薙髮。全臺十數萬熟番。其初何一非生。又何一難測。此生番改熟。番萬無可慮之實在情形也。然而開闢之初。動計萬全。在無可慮之中。必存一可慮之心。而通盤籌畫。防患未然。查六社外遠近生番。業經陸續獻地歸化者八十餘社。例應增設大小各屯。挑取壯丁。大屯四百名。小屯三百名。增設屯弁管束。所有千總把總外委屯目土目通事。則擇其本社强力頭人充當。委任使之自相管轄。責成鈐制。數百里同於臂指。此控制之法也。每丁例給閒田二甲。生番既改熟番。仍不能諳耕作。佃給租穀。籌餉八圓。番不需錢。准折鹽布。再按開墾之田。定給穀石。番愚無知。但謂歸化獻圖。便可有租。延頸經年。今歲萬不可無穀。未召業主。不得不官墾。先給以慰番情。此撫綏之法也。分別調遣驅使當差。雜於熟番。俾其漸習漸馴。漸知禮法。更調強壯。以牽制全番。使不敢動。此馭治之法也。盡去東南北三面近山大樹叢林深菁密草。一望平坦。無可伏匿。分守各隘。礮臺募番設隘。隘勇多用熟番。以番防番。此備禦之法也。投誠歸命。盡屬懽忭。待哺之番。但須安置得宜。衣食有賴。便作良民。第一要籌。在於設屯挑丁。自相維制。一番以至萬番。若網在綱。雖多奚慮。然此事試辦已一年有餘。經道府再四籌商。事關重大。愼之又愼。非全局在胸。何敢孟浪。自去年正月至今。大局已成。部署悉定。入山試辦。又經數月。漢番安堵。並無事端。然而准辦則然。否則其情頓別。不知者謂辦則可慮。在後日。有識者謂不辦則可慮。在目前。窮番無以自謀。苦無生路。一旦輸誠薙髮。求改熟番。天下無不准歸化。不准爲百姓之理。峻拒驟絕。衆望俱空。是激之使怒。其變有不待智者而決。自古傾心內附。無不撫收安置。況歸化例題之件。雍正乾隆歷辦有案。熟番皆生。改設屯籌餉。不有閒田。則遵例安置之處。從何措手。故歸化與開墾。原係兩事。而別無曠土。不得不併案以辦者也。四月十五日。韻珂舟至鹿港。命淡水同知曹士桂。北路協副將葉長春。參將呂大陞及史密隨行。五月十三日。自南投入山。歷田頭水裡猫蘭沈鹿埔裡眉裡等社。群番聞總督至。扶老携幼。伏道懽呼。有獻鹿皮者。番布者。雖子者。番餑者。犒以鹽布使去。而北投之平來萬社南港之丹社吻吻社。野番也。亦前後獻物輸誠。先是熟番徐戇棋倡佔番地。掘番目改努妊墳。恃强焚刧群番。側目。韻珂聞其惡。檄密捕斬以狥。二十日出內木柵而歸彰化。八月十六日復上疏。曰我國家開疆拓土二百餘年。聲教所敷東漸西被遠邊僻壤。無不盡入版圖。幅員之廣。爲漢唐以來所未有。玆水沙連六社番地。不過蕞爾一隅。或禁或開。本屬無關得失。特以生番率衆來歸。由於不知耕耘生計日蹙。而招佃之熟番。又皆減租期曚。其所以欲得官爲撫治者。實藉此爲保護身家之計。若不俯順番情。則生番日益窮困。熟番日益肆橫。勢不至不盡戕其生而盡併其地不止。久之呼朋引類。日聚日多。無賴之徒負罪之犯。亦得以無官查察。潛跡遁藏。從此儔類互分。必致倚强凌弱。黨羽旣衆。更恐拒捕抗官。得逋逃之所。爲負隅之謀。其貽患殊難逆料縱熟番不難驅逐。而利之所在。人所必趨。能禁今日之不來。不能保異日之不往。從前樹碑立界。設隘分防立法何嘗不密。乃私墾者仍有二千人之多。禁令雖嚴。難期歷久無弊。則驅逐之後。厲禁迭增。無敢或有踰越。而被逐之熟番數至二千。旣無本社可歸。又無田廬可家。饑寒交迫。勢必流而爲匪。臺灣地狹人稠本多不靖。又何堪再益此二千流匪耶。若一經開墾。則分疆畫界計畝授耕。生番收其租息。熟番得以力田。而撫馭兼有文武巡查。又有兵役。則一切無賴之徒。負罪之犯。更屬無從託足。顧議者謂臺地民情浮動。械鬪豎旂。層見疊出。若再開墾番地。將來內地匪徒。竟與番類勾連。勦辦必更費手。不知匪徒與番聲氣本不相通。溯查歷年擋案。祇有官兵不敷派撥。酌調屯兵協勦之案。未有匪番勾結隨同附和之事也。或又謂生番世隸化外。罔知法度。現雖困苦來歸。迨衣食充裕。無所顧慮。安見不始順終悖。不知漢奸詐僞百出。每多首鼠兩端。而生番則不識不知。絕無機巧。縱使譎變無常。而所需之械與所習之技。又無一足恃。勦捕亦甚易易。且臺自鄭氏滅後。則爲中國所有。陸續開墾。無處非生番之地。百餘年來。涵濡帝澤。共安耕鑿之天。從未聞生番爲害。調兵征勦之舉也。或又謂臺地本屬外洋。現在閩省兩口通商。洋情或不無叵測。若六社番地一開。土地廣而財賦多。外洋之垂涎更甚。不知洋情祇在通商。並不貪圖土地。而六社僻處山隅。距海口甚遠。外人斷無垂涎之理。必謂外人之垂涎。專以六社之墾否爲行止。臣固未敢深信也。臣材識檮昧。非不知省事爲爲政之要。諉事爲便已之方。特以六社番地開之則易於成功。禁之竟難於弭患。以臣愚見。似不若查照前奏。仍援淡水噶瑪蘭改土爲流之例。一體開墾。設官撫治。俾六社生番均得優游聖世。附隸編氓。以昭盛治。疏上。大學士穆彰阿等仍執不可。奏請遵例封禁。而埔裡社開設之議復止。二十八年。徐宗幹任巡道。韻珂命籌善後之策。六社番目群至道署。環懇改熟。拳拳而不忍去。宗幹上書請設屯丁。略謂臺地情形與他省異。一經歸化。番即我民。地即我地。而番地能爲後患者。在漢而不在番。漢民日聚日多。稽查不及。小則爭鬭。大則攘據。數十年來。由彰化而闢淡水。由淡水而闢噶瑪蘭。跡似開疆。意實除害。今日之六社。即昔日之淡蘭也。禁則必有事端。不禁則轉可綏靖。故設屯之議。亦出於不得已。非以調停於目前也。而其議則以番養番。以番防番。無創建糜費之煩。無戍兵流弊之慮。韻珂從之。而埔裡社開墾之事始不廢。瑯嶠在臺之極南。或作郞嬌。番語也。歸化之番凡十八社。雍正初。曾禁越墾。林爽文之役。莊大田起兵應。大將軍福康安駐軍柴城以剿餘黨。而地仍荒蕪。閩粵之人相率開闢。鳳山熟番亦每遷其族。民番相訌。以是日多。而有司仍以化外視之。海通以後。洋船往來南嶠之外。又爲東西交通之途。遇風遭難。時起交涉。同治五年。英艦篤甫號至鵝鑾鼻。爲番所攻。翌年。美船那威號漂至其地。亦爲科亞爾社番所殺。事在外交志。於是巡撫李年鶴奏請開拓。設官駐兵。通飭省會司道及臺灣鎭道通盤籌畫。臺灣鎭總兵劉明鐙主議開設署鎭曾元福請照例封禁而巡道吳大廷則兩存其說而節取之以爲枋寮設官駐兵瑯璠柴城各駐屯丁選舉閩粤莊人爲總理與以防禦生番保護遭難洋船之責至於履田問稅應從緩議於是臺灣鎭道及護道梁元桂等疊次會議陳其大略省中司道亦有所議而尙未合宜乃飭本任平潭同知鄭元杰等往勘繪圖立說博采衆論以爲瑯璠之柴城風港民番雜處未便設官請照舊例沿山各隘設立隘寮分段防守而枋寮僻近番界擬將鳳山縣之興隆里巡檢移駐其他又於道標撥派千總一員兵五十名南路營兵五十名同往駐紮以衛地方閩人多居近海粤人多處沿山山內則多番人擬於三者之中各選正副總理兩人督同隘首幷隘丁各五十名分守要害而風港別選正副隘首兩名隘丁五十名均隸千總統轄至千總巡檢歲各津貼公費二百兩兵丁加餉外月給薪蔬銀四錢三年調換正隘首年給八十圓副六十圓隘丁八圓計加兵餉八百八十兩隘費七百二十圓均於臺府叛產之息按季支給從之十年琉球人遭風至臺東爲牡丹社番所殺翌年日本小田縣人亦漂至卑南被刼十三年夏四月日軍來伐淸廷以福建船政大臣沈葆楨視師臺灣及平詔命葆楨籌畫善後機宜十一月葆楨奏請開禁略曰全臺後山除番社外

無非曠土。邇者南北各路雖漸開通。而深谷荒埔人跡罕至。有可耕之地而無可耕之民。草木叢雜。瘴霧下垂。兇番得以潛伏狙擊。縱闢蹊徑。終爲畏途。久而不開。茅將塞之。日來招集墾戶。應者寥寥。蓋以臺灣地廣人稀。山前一帶雖經蕃息百有餘年。戶口尙未充裕。內地人民向來不准偸越。近雖文法稍弛。而開禁未有明文。地方官思設法招徠。每恐與例不合。今欲開山。不先招墾。則路雖通而仍塞。欲招墾。不先開禁。則民裹足而不前。臣等查舊例。臺灣不准內地人民偸渡。如拏獲偸渡船隻。將船戶等分別治罪。文武官議處。兵役治罪。又如有充爲客頭。在沿海地方引誘偸渡之人。爲首者充軍。從者杖一百徒三年。互保船戶及歇寓知情容隱者杖一百枷一個月。偸渡之人杖八十。遞回原籍。文武官失察者分別議處。又內地商人置貨過臺。由原籍給照。如不及回籍。則由廈防廳查明。取保給照。該廳濫發降三級調用。又沿海村鎭有引誘客民過臺。數至三十人以上者。壯者新疆爲奴。老者烟瘴充軍。又內地人民往臺者。地方官給照盤驗出口。濫給者分別數次罰俸降調。又無照人民過臺口岸失察之官。照人數分別降調。隱匿者革職。以上六條皆嚴禁內地人民渡臺之舊例也。又稱人民私入番境者杖一百。如在近番處所抽藤釣鹿伐木採棕者杖一百徒三年。又臺灣南勢一帶山口。勒石分爲番界。如有偸越運貨者。專管之官失察降調。該管上司罰俸一年。又臺地人民不得與番民結親。違者離異治罪。地方官參處。從前已娶者毋許往來番社。違者治罪。以上三條。皆嚴禁臺民私入番界之舊例也。際此開山伊始。招墾方興。臣等揆度時勢。仰懇天恩。請將一切舊禁盡與開豁。以廣招徠。俾無顧慮。許之。於是葆楨奏明開山。並請移駐福建巡撫於臺灣。以海防同知袁聞柝率兵三營。分二路。一自鳳山之赤山而至卑南。聞柝當之。計程一百七十五里。一自射寮亦至卑南。總兵張其光當之。凡二百十四里。是爲南路。以總兵吳光亮率兵三營。自彰化之林圯埔而至璞石閣。凡二百六十五里。是爲中路。以提督羅大春率兵十三營。自噶瑪蘭之蘇澳而至奇萊。凡二百零五里。是爲北路。軍過之時。沿途野番雖有狙擊。以阻前進。而或剿或撫。建壘駐兵。以警衛之。一年之間。遂告成功。而東西之途闢矣。臺東沃野數百里。可建一府三縣。葆楨以爲建城之地。應在奇萊。若新城三層馬鱗鯉浪。不過營汎之區。尤必截大淸水以南隸奇萊。以北隸大南澳。方足以資控制。十二月十三日。葆楨率知府周懋琦前署臺灣鎭曾元福至瑯嶠。駐柴城。查勘地勢。以柴城以南十五里之猴洞。可建縣治。擬名恒春。以其常燠也。巡道夏獻綸稟請南北兩路理番同知。

均應移駐番地各奏請部議核准。光緒元年。詔設臺北府。置卑南埔裡社兩廳。以南路同知駐卑南。北路同知爲中路。駐埔裡社。各加撫民。以辦民番交涉之事。設恒春淡水兩縣。改淡水廳爲新竹縣。噶瑪蘭廳爲宜蘭縣。令福建巡撫春冬駐臺。析疆增吏。撫墾竝行。而番政一新。當開山之際。募民隨往。與地使耕。至是乃設撫墾委員。分臺東爲三路。以總兵吳光亮辦之。南爲卑南。中爲璞石閣。北爲花蓮港。而恒春別設一局。以知縣兼之。廈門汕頭香港各設招墾局。立章程。任保護。凡應募者。與以便宜。日給口糧。人授地一甲。助以牛種農器。三年之後。始徵其租。當是時。閩粵之人多赴南洋。遠至澳洲。謂萬金可立致。故來者較少。恒春知縣黃延昭稟言。臺灣開拓後山。於玆三年。生番漸次受撫。而招墾尚無成效。今大軍分駐後山需糧較多。米糧價貴。輸運甚難。宜廣募農民。以開荒土。從之。於是招集臺人。假以農器。人月給口糧六兩。墾成之地。三年免租。以爲皷勵。然臺東土地雖肥。瘴癘尚盛。居者多病沒。故農功猶未大啓也。先是日軍撤退之時。獅頭社番乘虛出。戕殺兵民。元年二月。葆楨奏請進討。以提督唐定奎統淮軍三路而入。別募鄉勇千餘爲道。隨山刊木。二十日。中軍提督周志本副營提督章高元來入其地。番伏險拒。未能進。二十二日。志本督所部。自南勢湖而前。左巖右溪。徑窄不易行。番五百餘突起迎擊。官軍攀緣上。激戰兩時。乃敗之。直搗草山。燬其社。陣斬十數級。副營左哨官游擊束維清死焉。三月十七日。定奎進攻竹坑社。爲獅頭出入之道。以提督張光亮率武毅左軍爲中鋒。左軍游擊陳有元何廸華爲左。右軍副將宋先聘爲右。又以武毅營總兵章高元候補知府田勤生繞竹坑山後。以拊其背。殪番數十。遂破之。進攻龜紋。先聘軍其巔。以絕接濟。兼旬不雨。酷暑如蒸。光亮遂沒。德成高元亦病莫能興。四月十五日。定奎自督各軍。攻內獅頭。連破其卡。龜紋以二百餘人來援。遇伏而潰。斬其番酋之弟。而提督周志本率副將劉朝林以中軍前營進攻外獅頭。提督梁善明爲左。總兵余光德爲右。併進破之。各有斬獲。番窮乞降。定奎許之。示以七約。曰遵薙髮。編戶口。交兇犯。禁仇殺。立總目。墾番地。設社學。乃以龜紋社酋野艾爲總土目。俾率其衆改竹坑社爲永平。本武社爲永福。草山社爲永安。內獅外頭社爲內外永化。六月班師。歸勅建昭忠祠於鳳山。祀將士。是年北路統領羅大春通道奇萊。頻與番戰。至大南澳。番拒阻。輒殺行人。乃別闢一路。旁通新城。以避海濱懸崖。而阻兇番歧出之途。十一月。命千總馮安國率兵涉溪。番突出擊。衆可千人。官兵力戰。殪其數人。乃退。官兵亦略有死傷。十五日。行至谷中。高山壁立。忽聞銃聲。番大呼而至。鏖戰兩時。番至愈多。守備黃明厚語國安曰。彼傾衆而來。其中必虛可取之。遂分一隊搗其社。闃然無人。唯見髑髏滿架。燬之。番見火起。如鳥獸散。千總吳金標亦沿途招撫木瓜大巴壟等二十有九社。番丁一萬七千七百十九人。木瓜最悍。以窮來歸。乃以宣武左右兩軍分戍東澳大南澳大濁水得其黎新城加禮宛花蓮港吳全城等。以備不虞。唯中路一隊少遭番害而已。二年。太魯閣番亂。討之。太魯閣為臺東野番。負其險阻。輒出殺人。大春進兵破其社。番伏山上。下巨石。幸少死傷。乃戍兵於三棧溪畔。曰順安城。為久住計。番無可歸。介通事乞降。許之。獲兇首三人。戮於臺北。三年。奇密社番殺總通事林東涯以叛。八月。統領吳光亮檄林福喜往討。不克。乃自將合孫開華羅魁林新吉之兵伐之。番降。約以明春各獻米一擔。至期果至。光亮命閉門屠之。濺血聲喧。死者百六十有五人。僅餘五人幸免。自是遂弱。紅頭嶼在恒春海中。距縣東八十里。土番居之。性馴良。牧羊山中。翦耳為誌。無相爭詐。地沃。多椰樹。蒔雜穀。漁畜為生。周可六十餘里。山高至五六十丈。有社七。錯居四隅。男女不及千人。語言略似西洋。實莫測其所由。前時漢人曾與互市。然未隸版圖。是年。知縣周有基率船政學生游學詩汪喬年始至其地。撫之。又有火燒嶼者。橫直二十餘里。與紅頭嶼並峙。距卑南六十里。居民五百餘人。商船避風。間有至者。四年春正月。商人陳文禮至加禮宛墾田。爲番所殺。營官命贖罪。不從。且殺兵丁。與竹篙宛番謀叛。報至。六月。陳得勝率新城之兵討不利。光亮自將。以張兆連自花蓮港。列風順自吳全城。吳乾初自六合莊。吳孝祿自農兵莊。劉國志自濁水營進兵。合剿。七月二十六日。攻竹篙宛破之。乘勢擣加禮宛。番不能支。竄於東角山。會大風雨。多餓死。老番乞降。許之。以酒布賈其地。東至加禮宛溪。西至山。南至荳蘭。北至加禮宛山。凡荳蘭溪以北爲官地。南爲番地。各事開墾。毋相侵凌。改加禮宛爲佳落。竹篙宛爲歸化。番乃服命。十年。率芒社番亂。討之。法人之役。劉銘傳視師臺灣。及平。經畫善後。奏言辦防練兵清賦撫番四事。語在其傳。銘傳以經畫臺灣。必須開疆拓土。廣徠人民。庶足自爲一省。詔設臺灣府於臺中。改臺灣縣爲安平。置雲林苗栗兩縣。陞臺東廳爲直隸州。基隆通判爲北路撫民理番同知。十二年四月。銘傳任巡撫。奏設臺灣撫墾大臣。巡撫兼任。以在籍太僕寺正卿林維源爲幫辦。駐大嵙崁。分全臺番地爲三路。自埔裡社以北至宜蘭爲北路。以南至恒春爲南路。臺東一帶爲東路。置撫墾局。及其分局。設番市司事。以理貿易。振興茶腦。充其經費。以是拓地日多。租稅驟增。臺灣局面爲之一新。初開山之後。臺東埔裡社恒春鳳山各開義塾。教番童頌訓番俚言。俾之誦讀。將以陶鎔其蠻性。而吳光亮亦撰化番俚言三十二條。縷縷數千言。飭通事時爲講解。俾之同化。至是又頒教條五。教一曰正朔。二曰恒業。三曰體制。四曰法度。五曰善行。五禁一做饗。二仇殺。三爭佔。四佩帶。五遷避。設番學堂於臺北府治。擇土目之子弟而教之。一道同風。漸革頑陋。其不服者則移師討之。剿撫竝用。可謂能得其宜矣。當開墾罩蘭之時。移民日至。伐木治田。每遭番害。十一年四月統領林朝棟率棟軍三營。以鄭以金爲副。統領柳泰和亦率所部二營。進駐罩蘭。遣人說蘇魯馬臘邦兩社歸順。不從。且結東勢角大湖各番以抗。五月。分兵三路而入。相持數月。地險不可攻。翌年七月。朝棟進兵陷圍。報至。銘傳自將麾下百名及兵勇屯丁九千五百人。大舉以剿番懼而竄駐大營於埋伏坪。大隊什隻屋兩山各建礮臺。爲合圍計。然番每匿林中。以時狙擊。死傷頗多。九月。進兵擣其社。不見一人。歸途遇覆。又損數百。於是戍兵三百五十名。以絕其道。番困無所得食。介老屋峨社土目請款。十月。始撤兵歸。銘傳以土目有功。授六品銜。改名白麻鳳。先是屈尺番汚來社亦每出殺人。十一年九月。統領劉朝佑率銘軍三營討之。番降。十二年春正月。大嵙崁番亂。銘傳自將三營至甘指坪討之。番懼乞降。頒以衣食而鎮撫之。

己而盡文坪之番叛。八月。甘指坪亦動。頗不受約束。乃議剿之。分兵兩路。一自水流東以攻盡文坪。一自甘指坪而進。竹頭角。宜興社土目糾合各社。竭力以抗。山路危峻。瘴毒盛。未易進兵。官軍戰病而沒者數百人。相持四月。乃諭番約和。撤兵歸。十月。巡道陳鳴志統帶鎮海後軍副將張兆連先後禀請。後山番社尚多未撫。南至卑南恒春。北抵蘇澳奇萊。若由水尾適中之地。與前山彰化開通道路。聯絡聲氣。先撫後山中路。則南北望風向化。否則一撫之後。仍然隔絕。徒糜經費。難求實效。銘傳從之。檄署臺灣鎮總兵章高元率礮隊。並鎮海中軍前營定字左營及練兵七百。附以人工。由集集開山而東。兆連由水尾而西。尅期會辦。高元乃自拔埔社而至丹社嶺。計程一百二十有二里。兆連亦至。計程六十里。自冬徂春。一律開闢。當是時。兆連以管帶黃定國畢寶印招撫水尾南北川丁仔老二十有四社。次由花蓮港至蘇奇沿山一帶。又撫他良等十有二社。兆連以太魯閣木瓜等勢最強。若得內附。餘番可服。乃率兵三營。進駐山口。勸其納款。否則開礮以攻。土目懼。乞撫。而大馬鞍大巴壟等五十有三社亦就撫。移軍卑南。以次而進。平埔之南。以呂家旺爲最強。恃其丁衆。抗不奉命。附近各社多觀望。兆連進兵山麓。命通事米清吉讓之。土目知不敵。乃就撫。並約附近巴六凡等二十有六社歸化。而八栳等十有三社亦來。卑南與鳳恒地相毗連。危峯叠嶂。人跡不通。野番盤踞其間。其在鳳山者以三條崙爲大。在恒春者以牡丹灣爲雄。兆連督鳳山營都司藍鳳春管帶林維楨分道而進。招撫六儀等十有五社。阿眉等二十有二社。中心崙等四十有二社。管帶黃定國畢寶印亦撫大蘭大打臘等十有二社。地極深密。皆處山上。素不與人往來。至是乃出。先是銘傳檄統帶鎮海前軍副將陶茂森招撫鳳山前山各番。於是沙摩溪等六社柏葉等十八社龔箕等四社均內附。當高元開山之時。自水底藔至埔裡社。沿途招撫北港萬霧等五大社。眉加臘吻吻等四十有四小社。又自拔埔至丹社之時。亦撫卓大意東等六十有一社。嘉彰之交有番據焉。斗六門縣丞陳世烈設撫墾局於雲林坪。郡番巒番丹番等五十有三社。均內附。薙髮輸誠。此爲最悍之族。而跳梁於中路山谷者也。巡道陳鳴志檄鎮標中軍易豫俊以撫大喃等二十有四社。又以游擊劉智坤續撫大武壠內攸等四社。唯新竹五指山番凴其險阻。頗不受約束。叠戕墾戶。衆請討。十二月。銘傳檄統領林朝棟自十八孩兒社以攻石加碌之南。營官鄭有勤率副營攻其北。各以化番爲道。深入七十餘里。開路築卡。以壓迫之。石加碌五社及哇西熬等十有七社皆乞降。竝撫密拿栳等二十有四社而歸。十三年。銘傳奏言。臣自上年十月。親督大隊。剿撫中北兩路生番。歸化後。現在數月之間。所有後山各路生番二百十八社。番丁五萬餘人。一律歸化。前山各路續撫生番至二百六十餘社。番丁薙髮者三萬八千餘人。水尾花蓮港雲林東勢角等處可墾水旱田數十萬畝。不獨開疆闢地。且可免民番仇殺之禍。此皆朝廷威靈遠播。遐荒遂使深山幽谷茹毛飲血之類。咸知向化歸仁。化狉榛而登衽席。實非臣所敢逆料。唯撫招愈多。經費愈巨。現已捐輸截止。支絀異常。經飭各軍仍囘防所。籌畫設官分治。俟有經費。再行續撫。以期全臺生番。一。律。歸。化。初北港溪番就撫。後人民多往開墾。而林朝棟亦給墾內國姓乾溪灣抽藤坑等處。鋤耰竝進。可闢田園數百甲。然阿冷白毛兩社番輒出殺人。朝棟止之。不聽。請討。八月。以兵二千五百。分四道而入。扼要之地。各建礮臺。番不敢出。伏叢莽以狙。頗多死傷。稍來社土目乃爲斡旋。願受約。十月。撤兵歸。設隘於險。駐勇守之。是年埔裡社熟番水社田頭貓蘭沈鹿與卓大社合以叛。戍兵不支。退焉。中路之山。往來暫絕。十四年六月。臺東平埔番大社以有司暴歛。憤而謀叛。水尾溪南北各社俱起。大巴壠馬太鞍各番應之。勢頗猖獗。遂迫花蓮港營。李得勝邀擊之。番敗走。依其族七脚川薄薄二社。二社已歸順。佯許之。醉以酒而戮之。以其頭來獻。越二日。平埔番合亞米士之族。可數千人。大舉至卑南。環攻州署。統領張兆連督兵戰。防守半月。不退。適兵艦自臺北來。開礮擊。以兵上陸助戰。番不敵。始解圍去。八月。統領劉朝祜率兵四百。自宜蘭小坡塘坑入山。至凍死人坑。爲南澳番老狗社所襲。力戰免。十五年。銘傳議討。調福建兵艦來援。以同安水師副將傅德高爲先鋒。艤舟蘇澳。大軍繼之。游擊王冠英率鎭海前營。自小南澳上陸。以搗老狗社之背。總兵竇如田以銘字各營扼其前。定海永保兩艦爲運船。靖遠護之。游弋海上。備策應。銘傳自督全軍駐蘇澳。德高以數人偵察。爲番所殺。如田率兵二千。冞入其地。番懼而竄匿荒谷。不敢出。相持兩月。頗爲瘴毒所苦。乃班師。以鎭海前營駐蘇澳。是時呂家望社亦亂。張兆連討之。九月。大嵙崁馬速社殺隘勇二十餘人。銘傳派兵討。乃降。十六年三月。牡丹社土目率番丁數人至田中央莊。狙殺莊民三人。莊民亦殺其番。烹之。牡丹番怒。合高士滑加芝來等社。可五六百人。以攻柴城田中央二莊。莊民禦之。激戰數日。恒春知縣呂兆璜接報。命柴城把總以兵彈壓。番不從。且殺兵。乃請討。十二月。總兵萬國本率兩營至。聲言大舉。而按兵不動。嗣派通事與番和。各毋相仇殺。十七年春正月。兵退。番復跋扈。再請討。國本以兵千餘駐牡丹山下。不敢進。數月。再派通事。申前約。撤兵而去。十八年六月。射不力社番殺楓港莊民。民亦殺之。番遂夜襲。有衆千餘。莊民聞警。併力拒戰。赴縣請救。知縣高晋翰與恒春營游擊張世香率兵至。命和不從。晋翰病歸。未幾而沒。世香請討。總兵萬國本以兵千餘至。分戍各地。命通事入山說降。又不從。乃先攻老佛巴士墨二社。破之。燬其屋。又募楓港莊民六十爲道。進攻他社。汛官汪斌素有力。率壯士數人。入其內。猝禽土目。出斬之以狥。八月。大風雨。山水暴發。不可駐。新任知縣陳文煒謂國本曰。懸軍深入。空老我師。不如且約之和。以待後舉。派通事集土目。與莊民約。國本歸。而民番仍相仇殺。當是時。銘傳已去。邵友濂任巡撫。百事俱廢。然人民之墾番地者。前茅後勁。再接再厲。合力一心。以自成其都聚。二十年。遂設南雅廳於大嵙崁。二十一年春正月。臺東觀音山莊平埔番亂。殺大莊總理宋梅芳。十五日。花蓮港營官邱光斗平之。

鄭氏各鎭屯田表

參軍莊今鳳山長治二圖里爲參軍陳永華所墾

前鎭莊今鳳山大竹里爲中提督前鎭所墾

前鋒莊今鳳山仁壽上里爲前鋒鎭所墾

後勁莊今鳳山半屏里爲後勁鎭所墾

後協莊今鳳山仁壽上里爲先鋒鎭後協所墾

右衝莊今鳳山半屏里爲右衝鋒鎭所墾

中衝莊今鳳山仁壽上里爲中衝鎭所墾

援剿中莊今鳳山觀音上里爲援剿中鎭所墾

援剿右莊今鳳山觀音里爲援剿右鎭所墾

中權莊今鳳山小竹下里爲中權鎭所墾

角宿莊今鳳山觀音上里爲角宿鎭所墾

仁武莊今鳳山觀音下里爲仁武鎭所墾而嘉義鐵線橋堡亦有仁武埔與查畝營莊相近

北領旗莊今鳳山維新里爲侍衞領旗協所墾並有水圳

三鎭莊今鳳山維新里爲戎旗三鎭所墾

左鎭莊今鳳山興隆外里爲宣毅左鎭所墾

營前莊今鳳山長治一圖里必爲某鎭營前故名營後亦同

營後莊今鳳山長治一圖里

五軍營莊今嘉義赤山堡爲五軍戎政所墾

查畝營莊今嘉義鐵線橋堡爲凊查田畝之地

果毅後莊今嘉義果毅後堡爲果毅後鎭所墾

新營莊今嘉義鐵線橋堡鎭名未詳

舊營莊今嘉義鐵線橋堡鎭名未詳

中營莊今嘉義茅港尾西堡鎭名未詳

後營莊今嘉義蔴荳堡鎭名未詳

下營莊今嘉義蕭壠堡鎭名未詳

大營莊今嘉義新化北里鎭名未詳

二鎭莊今嘉義赤山堡爲戎旗二鎭所墾

左鎭莊今嘉義外新化南里爲折衝左鎭所墾

中協莊今嘉義赤山堡爲左先鋒鎭中協所墾

林鳳營莊今嘉義赤山堡爲參軍林鳳所墾
林圯埔莊今雲林沙連堡爲參軍林圯所墾林內亦同
統領埔莊今恆春興文里爲統領某所墾在柴城近附

臺灣撫墾局管轄表

撫墾總局光緒十二年設駐大嵙崁隸巡撫總理全臺撫墾事務
大嵙崁撫墾局隸總局掌理該管撫墾事務下設分局
雙溪分局
三角湧分局
咸菜甕分局
五指山分局
南莊分局
東勢角撫墾局
大湖分局

馬鞍龍分局光緒十四年裁
大茅埔分局光緒十四年設
水長流分局同上
北港分局同上
埔裡社撫墾局
蜈蚣崙分局
木屐蘭分局
叭哩沙撫墾局
阿里央分局
蘇澳分局
林圮埔撫墾局
蕃薯寮撫墾局
隘寮分局

枋寮分局

恒春撫墾局

臺東撫墾局

璞石閣分局

花蓮港分局

臺灣撫墾局局制表

總辦一員以三品文員任之總理局中一切事務

委員一員以七品文員任之或以營官兼任掌理撫墾事務

幕賓總局四員局二員隨時聘用處理文案等事

司事二名或四名分辦庶務會計

通事人數不等分任通譯

局勇人數不等保護墾務並監督隘勇

醫生各局置一二名以任醫務

敎讀各社置一名以敎番人讀書
敎耕各社置一名以敎番人耕田

臺灣通史卷十六

臺南　連雅堂　撰

城池志

易曰。王公設險。以守其國。是故有百里之封者。必有十里之城。有五十里之封者。必有三里之城。所以駐軍旅而衛人民也。連橫曰。臺灣之建城。古矣。澎湖虎井嶼之東南有沈城焉。天空浪靜。望之在目。繚垣相錯。周可數十丈。漁者常得其磚。色紅堅若鐵。然當沒水。鑿之上生蠣蚌。似千數百年物。或曰。隋代之所建也。而文獻無徵。搢紳之士難言之。明嘉靖末年。海寇林道乾亂。據澎湖。都督俞大猷征之。乃駐偏師。築城暗澳。其趾猶存。天啓二年。荷人來此。築城媽宮。周百二十丈。役死者千三百人。外建礮臺。分守海道。臺人謂之紅毛城。四年八月。入臺灣。築城於一鯤身。俯瞰大海。基廣二百七十六丈有六尺。高三丈有寄。爲兩層。四隅各置巨礮。駐兵以守。曰熱蘭遮。六年五月。西班牙人入雞籠。築山嘉魯城。嗣入淡水。築羅岷古城。

各戍兵爲犄角。已而荷人逐之。永歷十五年。延平郡王克臺灣。就荷蘭城以居。改建內府。臺人謂之王城。別闢一門曰桔柣。以春秋鄭國有此門也。官署市肆別建於永康下里。則今之臺南郡治。當是時。統治僅在承天。而雞籠淡水尚荒蕪。三十七年。聞清軍有伐臺之舉。三月。命左武衛何祐城淡水。增戍兵。六月。清軍破澎湖。克塽降。改承天府爲臺灣。設縣三。尚未築城也。朱一貴之役。既平。總督滿保議築城。僅圍衙署倉庫於中。總兵藍廷珍以爲不可。覆之曰。夫設兵本以衛民。而兵在城內。民在城外。彼蚩蚩者不知居重馭輕之意。謂出力築城衛兵。而置室家婦子於外。以當蹂躪。夜半賊來。呼城門而求救。無及矣。理宜包羅民居。爲是北從總兵大營後圍起。環臺灣縣署而東。跨溝爲水門。遂包東嶽廟臺灣縣學鳳山公館。南包郡庠防廳臺廈道公署。西包天后宮而北。環左營游擊署。計一週不過十里。北跨高坡。南瞰鬼子山。西俯海岸。東北當北路要衝。東南控南中二路。方得建郡形勝。幸卽具題請旨。開輸磚石城工事例。諸羅鳳山皆可尅日行之。不然。道旁築舍。偸安目前。寔非經國安邦之道也。書上。不行。雍正十一年。巡撫鄂彌達奏請築城。旨下大學士等議。覆總督郝玉麟等奏言。臺灣城工浩繁。或可因地制宜。先於城基之外。栽植刺竹。可資捍衛。再於刺竹圍內。建造城垣。

工作亦易。奉旨以郝玉麟等所奏。不過慮其地濱大海。工費浩繁。故有莿竹藩籬之議。殊不知城垣之設。所以防外患。如必當建城。雖重費何惜。而臺灣變亂。率皆自內生。非禦外寇比。不但城可以不建。且建城寔有所不可。臺郡門戶曰鹿耳門。與府治近。號稱天險。內設礮臺。可恃爲固。其法最善。從前平定鄭克塽朱一貴。皆乘風潮。舟行入港。故旬日可克。向使有城可據。收其府庫人民以自固。攻之不拔。坐守安平。曠日相持。克敵不易。蓋重洋形勢與內地異。固未可輕議建制也。今郝玉麟等所奏。因地制宜。甚有裨益。其淡水各處礮臺。務須建造。各屬幷應增修。不可惜費。於是植竹爲城。洎林爽文之役。再議建築。是爲今日之臺南城。先是乾隆四十年。知府蔣元樞以府城未建。而各屬之城易圮。乃率廳縣公捐一萬二千圓。分交四縣。各三千圓。置田收息。歲得租穀可八千石。以備修繕之費。謂之城租。然遇有大繇役。則由紳富捐出。或奏發國帑。以爲之用。光緒十一年。建省。擇地於東大墩之麓。命棟軍築之。以控制南北。而各縣亦以時建造。故得記其工事。次於篇。

臺南府城附郭安平

雍正元年。臺灣縣知縣周鍾瑄始建木柵。周二千六百六十有二丈。建七門。正東倚龍山寺。曰大東門。南抱山川壇。曰小南門。度南拱文廟之前。曰大南門。自東以北亘右營廳。曰小東門。北近城守營。曰大北門。西北逼烏鬼井。曰小北門。迤西外逼船廠。南折跨溝。爲水門。過媽祖樓之西而終焉。獨缺其西。十一年。巡撫鄂彌達奏請植竹爲城。乃自小北以至大南。計植一萬七千九百八十有三株。亦缺其西。而於小北小西兩門。各建礮臺一座。并設敵臺城門望樓焉。乾隆元年。發國帑斲石建七門。護以女墻。每門周二十五丈。高二丈八尺。又建窩鋪十五座。二十四年。知縣夏瑚增植綠珊瑚爲外護。四十年。知府蔣元樞修之。且建小西門於土墼埕。五十三年。大學士福康安工部侍郎德成巡撫徐嗣曾等會奏。改築磚城。以臺未燒磚。用土。進士鄭光策以臺地多震。不宜築城。請仍舊制。加鑿濠溝足以爲守。不從。是年十月二十七日起工。東南北三方。悉用舊址。唯西方近海。內縮一百五十餘丈。畫自小北以至小西。狀如半月。沈江。故謂之半月城。壁高一丈八尺。頂廣一丈五尺。基廣二丈。新建大西門樓。凡八門。東曰迎春。西曰鎭海。南曰寧南。北曰拱辰。置窩鋪十六座。以五十六年四月十一日告成。計費十二萬四千六十餘兩。蔡牽之亂。郡治戒嚴。郊商多在西城外。乃捐建甕城於新港墘。以防海道。道光四年。許尙之變。十二年。張丙之變。南北相擾。官紳議建外郭。不許。僅築東郭之門。旁植刺竹。設仁和永康二門以出入之。同治元年五月十一日。地大震。城壁多壞。修之。光緒元年。欽差大臣沈葆楨又發國帑大修之。十三年。移臺灣府縣於臺中。改稱臺南。而縣曰安平。

嘉義縣城

康熙二十三年。置諸羅縣於佳里興堡。則昔之諸羅番社。四十三年。遷今治。知縣宋永清始設木柵。周六百八十丈。建四門。雍正元年。知縣孫魯改築土城。周七百九十五丈有二尺。壁基厚二丈四尺。上廣一丈四尺。池深一丈四尺。濶二丈四尺。周八百三十五丈有五尺。五年。知縣劉良璧建城樓。東曰襟山。西曰帶海。南曰崇陽。北曰拱辰。各門置二礮。十二年。知縣陸鶴又於城外環植刺竹。用以爲固。林爽文之變。環攻數月。死守不下。事聞。詔改嘉義。其後屢遭兵燹。城半傾圮。道光十三年。紳士王得祿等捐款重修。并築礮壘。以九月起工。十六年二月告竣。用費十一萬九千三百六十兩。同治九年。大震復圮。光緒十五年。知縣包容與紳士林啓東等重修。

鳳山縣城

前在興隆內里前鋒莊。康熙二十三年建。以其地有鳳山故名。六十一年。知縣劉光泗始築土城。周八百有十丈。高一丈三尺。建四門。左倚龜山。右連蛇山。池廣一丈。深八尺。雍正十二年。知縣錢洙奉命環植刺竹。乾隆五十一年。林爽文之變。莊大田應之。城破。文武多死。乃移於埤頭店。環植刺竹。嘉慶十一年。蔡牽之亂。吳淮泗陷新城。將軍賽沖阿議復舊城。且建石。嗣以費大而止。道光三年。總督趙愼畛議建。飭知府方傳穟查復。翌年。巡撫孫爾準巡臺。奏請再建。而是時適有楊良斌之變。潛入新城。其議遂定。十一月。傳穟謀於紳民。捐欵十四萬兩。五年七月起工。以知縣杜紹箕爲監督。紳士黃化鯉、吳尙新、黃名標、劉伊仲等爲董事。擴其舊址。內包龜山。外接蛇山。壘石爲之。高一丈有二尺。廣一丈有五寸。上建雉堞。闢四門。東爲鳳儀。西爲奠海。南爲啓文。北爲拱辰。四隅各築礮臺。計費九萬二千一百兩。六年八月竣工。擇吉告遷。而紹箕忽死。衆以爲不祥。無敢移者。衙署漸就荒廢。於是乃建新城。積土以築。略具規模。則今之縣治也。

恒春縣城

同治十三年。欽差大臣沈葆楨至瑯璠。奏建縣治。擇地於猴洞。山勢廻環。左趨海岸。而右廓平原。似爲全臺收局。名曰恒春。以其地爲極南。四時皆春也。光緒元年起工。翌年告竣。

城高二丈有八尺。周九百七十二丈。用土石築之。建四門。

臺灣府城附郭臺灣

光緒十三年建省。移臺灣府於此。附郭亦曰臺灣。先是巡撫岑毓英來巡。擇地於藍興堡東大墩之麓。劉銘傳亦以爲可。十五年起工。先建八門四樓。東爲靈威。樓曰朝陽。西爲兌悅。樓曰聽濤。南爲離照。樓曰鎭平。北爲坎孚。樓曰明遠。而小東爲艮安。小西爲坤順。小南爲巽正。小北爲乾健。十六年。檄棟軍統領林朝棟督勇築城。以紳士吳鸞旂等董工。十七年二月略成。周六百五十丈。費款二十一萬五千兩。而銘傳一去。其事遂止。

彰化縣城

雍正元年建縣治於半線。十二年。知縣秦士望環植刺竹。建四門。林爽文之役。剪伐殆盡。嘉慶二年。知縣胡應魁再植。十四年。總督方維甸巡臺。紳士王松林文濬等請捐建。以城東倚八卦山。形勢不利。議包圍之。而工巨乃仍舊址。別建礮臺於山上。知縣楊桂森先捐款。衆從之。計得十四萬餘兩。以十六年起工。二十年告竣。周九百二十二丈二尺有八寸。

高一丈五尺。雉堞高三尺。基寬一丈五尺。爲門四。東曰樂耕。西曰慶豐。南曰宣平。北曰拱辰。樓二層高三丈九尺。礮臺十二。水洞六。堆房十六。先是林爽文之役。陽湖趙翼從軍。議移治鹿港。其後陳震曜亦有鹿港建城之議。皆不行。以城在山下。每攻必破也。

雲林縣城

光緒十三年建縣。擇地林圯埔之雲林坪。固鄭氏部將林圯所闢也。翌年二月。知縣陳世烈奉命築城。周一千三百丈有奇。寬六尺。外植竹三重。既成。建旌義亭以志工事。題曰前山第一城。然其地當濁水淸水兩溪之域。每逢汎濫。往來杜絕。十九年。知縣李烇請移治斗六。築城以居。周一千一百六十丈。高五尺。廣八尺。外植刺竹。闢四門。竹外環池。深七尺。寬八尺。

苗栗縣城

未建

臺北府城附郭淡水

光緒元年。欽差大臣沈葆楨奏建府治。擇地於大佳臘堡。四年。知府陳星聚謀於紳士。捐款二十餘萬兩。以五年正月起工。八年告竣。壘石爲之。周一千五百有六丈。池略大之。闢五門。東曰照正。西曰寶成。南曰麗正。北曰承恩。小南曰重熙。而東北兩門又築一郭。題曰巖疆鎖鑰。既成。聚者漸多。其後復建巡撫衙門。遂爲省會。

新竹縣城

雍正元年。設淡防廳於竹塹埔。固番社也。十一年。同知徐治民始植竹。周四百四十餘丈。闢四門。建樓。嘉慶十一年。蔡牽之亂。城民增築土垣。十八年。同知查廷華擴之。周一千四百有四丈。高廣各一丈。池深一丈。董事林超英吳國步等亦改建四門。且增窩鋪。道光六年。總督孫爾準巡臺。同知李慎彝從紳士鄭用錫之議。稟請改建。砌石爲之。周八百六十丈。高一丈五尺。堞三尺。基廣一丈六尺。上廣一丈。雖較舊略小。而既高且固。仍闢四門。東曰迎曦。西曰挹爽。南曰歌薰。北曰拱辰。樓二層。高一丈九尺。各建礮臺。以七年六月起工。九年八月告竣。計費十四萬七千四百九十八兩。均爲官民捐出。是役。巡道孔昭虔親勘其地。紳士鄭用錫林國華林祥麟等各董其事。其後疊圮疊修。光緒十九年四月。知縣葉意深再發國帑重修。凡支三千八百二十四兩。先是道光十九年。巡道姚瑩命同知龍大惇別建一城於西門之外。爲犄角。以地當港口。用以防海也。二十年英軍之役。同知曹謹乃擴之。周四百九十五丈。高一丈。建四門樓。東爲賓暘。西爲告成。南爲解阜。北爲承恩。又闢四小門。小東曰卯耕。小西曰觀海。小南曰耀文。小北曰天樞。城外植竹。鑿池。廣二丈。深一丈五尺。紳士鄭用錫等董之。二十三年修。同治九年。增建礮臺。今圮。

宜蘭縣城

宜蘭故蛤仔難也。嘉慶十五年建噶瑪蘭廳。擇地五圍。委辦知府楊廷理始築土城。周約三里。長六百四十丈。東西互均。南北相距一百八十丈。垣高六尺有奇。環種九芎。故曰九芎城。十七年。通判翟淦增植刺竹。并建四門。各以方向名之。二十四年。通判高大鏞重建。道光十年。薩廉修之。城內舊有水圳兩道。自西而東。乃引以爲池。深七尺。寬一丈五尺。光緒元年。改爲宜蘭縣。

臺東直隸州城

未建

埔里社廳城

光緒四年。改北路理番同知爲中路撫民理番同知。駐埔里社。總兵吳光亮以官帑四千圓建築廳署。壘土爲城。外植刺竹。爲四門。周二里許。曰大埔城。

基隆廳城

未建

南雅廳城

未建

澎湖廳城

鄭氏之時。置安撫司。駐暗澳舊城。歸清後。設巡檢。而城已圮。康熙五十六年。乃築小城。稱新城。雍正五年。改廳。猶未建也。光緒十一年。法軍之役。城陷。十三年十二月。總兵吳宏洛乃發兵築城。十五年十月告竣。周七百八十九丈有二尺二寸。高一丈五尺。堞高三尺。凡五百七十。基深三尺五寸。寬二丈四尺。闢四門。西南各增一門。皆建樓壯麗。東南臨海。西接金龜頭。北浚護濠。計費二萬三千五百三十七兩。爲臺灣善後局支辨。是年移廳署於今治。

衙署

延平郡王府在安平鎮王城內今圯

東都總制府在承天府治西定坊下大埕士名統領巷同治間陳氏子孫以陳永華曾爲總制改建宗祠

承天府在府治東安坊南向歸清後改爲臺灣府署

天興縣在府治鎮北坊米市今廢

萬年縣在興隆里卽鳳山舊城今廢

臺灣撫巡衙門在臺北府治撫臺街光緒十三年巡撫劉銘傳建

臺灣布政使衙門在臺北府治舊爲巡撫行臺光緒十三年布政使沈應奎建

滿漢兩察院在臺南府治東安坊雍正元年建今圯

臺灣撫墾大臣衙門在南雅廳治光緒十二年帮辨撫墾林維源就其別莊暫用

分巡臺澎道署在臺南府治西定坊康熙二十三年巡道周昌建

臺南府在府治東安坊原臺灣府署雍正七年知府倪象愷就明承天府改建

經歷司在府署東南

臺北府在府治光緒四年知府陳星聚建

經歷司在府署之南

臺灣府未建暫設彰化縣治以舊時北路理番廳署充用

經歷司在府署

臺東直隸州光緒十三年南路撫民理番同知袁聞柝建十四年秋番亂被燬十二月知州吳本杰乃就故址之南畔詳請築壘四圍各寬三十丈

臺灣海防廳舊在鹿耳門雍正八年移建臺南府治西定坊光緒十一年裁今廢

淡水海防廳原在竹塹士林莊雍正二年同知王汧建乾隆二十一年同知王錫縉移建於廳治光緒元年裁暫充臺北府署

澎湖海防廳原巡檢署在大山嶼西澳康熙二十三年建

北路理番廳原在彰化縣治乾隆五十三年移鹿港嘉慶二年同知汪楠建於粟倉南畔光緒九年裁

中路理番廳在埔里社大埔城光緒四年總兵吳光亮建

基隆海防廳原基隆通判署

南雅理番廳在大嵙崁莊光緒二十年建

噶瑪蘭通判署在廳治東街嘉慶十八年通判翟淦建光緒元年改爲宜蘭縣署

基隆通判署在廳治光緒元年建十三年改爲海防同知署

卑南州同署在卑南莊寄治於安撫軍營內

花蓮港州判署未建

安平縣署原臺灣縣署舊在臺南府治東安坊乾隆十五年知縣魯鼎梅移建鎭北坊

典史署在縣署之右

鳳山縣署原在舊城康熙四十三年知縣宋永清建乾隆五十三年移建今治埤頭街

典史署原在舊城後移今治縣署之右

嘉義縣署原在佳里興康熙四十三年移駐今治四十五年攝縣事同知孫元衡建乾隆二十七年知縣衞克堉重建

典史署在縣署之右雍正二年建

恒春縣署在縣治光緒元年知縣周有基建

典史署在縣署之右

淡水縣署在臺北府治光緒四年建

典史署在縣署之右

新竹縣署在縣治光緒元年建

典史署在縣署之右

宜蘭縣署原噶瑪蘭廳署

典史署在縣署之右

臺灣縣署在府治新莊仔莊光緒十四年建

典史署在縣署之右

彰化縣署在縣治之中雍正六年知縣湯啓聲建林爽文之役燬乾隆五十三年知縣宋學灝重建戴潮春之役復燬

同治十二年知縣孫繼祖再建

典史署在縣署之右乾隆十二年典史朱江重建

雲林縣署原斗六門巡檢署

典史署在縣署之右

苗栗縣署在縣治光緒十四年建

典史署在縣署之右
羅漢門縣丞署乾隆二十七年建五十四年改爲巡檢署
萬丹縣丞署乾隆二十六年移駐阿里港
笨港縣丞署原在笨港雍正十一年移建於坂頭厝
下淡水縣丞署原下淡水巡檢署
頭圍縣丞署嘉慶二十五年縣丞朱懋移建於烏石港之南
南投縣丞署乾隆二十四年縣丞張成器建林爽文之役燬五十三年縣丞徐英重建
新莊縣丞署乾隆五十五年建後移駐艋舺
大武隴巡檢署康熙間建
佳里興巡檢署雍正十年建
新港巡檢署康熙間建
斗六門巡檢署乾隆二十六年建後改爲雲林縣署
鹿仔港巡檢署雍正六年建

大甲巡檢署嘉慶十四年建

猫霧捒巡檢署在犁頭店雍正十年建乾隆五十三年重建今廢

葫蘆墩巡檢署光緒十一年建

枋藔巡檢署光緒元年建

竹塹巡檢署乾隆二十一年建

八里坌巡檢署雍正十一年建乾隆十五年風災圮移駐新莊

羅漢門巡檢署原縣丞署

八罩巡檢署光緒十一年建

鎮守臺澎總兵官署在臺南府治鎮北坊康熙二十五年總兵楊文魁建乾隆五年總兵何勉添築土城高一丈一尺周三百三十丈闢東西兩門

中營游擊署在臺南府治鎮北坊

左營游擊署在臺南府治鎮北坊光緒元年移駐恒春

右營游擊署在臺南府治鎮北坊光緒元年裁

城守營參將署在臺南府治鎮北坊

道標營都司署原鎮標右營游擊署

南路營參將署在鳳山縣治

北路營副將署在彰化縣治縣署之東雍正十一年建乾隆五十三年重建

噶瑪蘭營都司署在宜蘭縣治原守備署嘉慶十八年守備黃廷耀建

鎮守澎湖水師總兵官署在媽宮城內原水師副將署

左營游擊署在媽宮城

右營游擊署在媽宮城

安平水師副將署在安平鎮乾隆五年副將王清建

中營游擊署在安平鎮

左營游擊署原在安平鎮乾隆五十三年移建鹿港北頭六十年燬改建於土城內

右營游擊署在安平鎮

艋舺水師參將署在艋舺原淡水營都司署嘉慶十三年建

局所

全臺團練總局在臺南府治咸豐三年設自後凡有軍事則開辦焉法人之役臺北亦設各廳縣皆設分局

培元總局光緒七年臺灣道劉璈改團練總局爲培元總局仍委紳士理之以辦地方公事法人之役復爲團練

全臺籌防總局一在臺北府治一在臺南府治均光緒十年設二十年復設

保甲局各府廳縣皆設無事之時則辦冬防

臺灣通商總局在臺灣道署咸豐九年設以辦通商事務光緒十三年臺北亦設此局歸布政使督辦

全臺淸賦總局一在臺南府治一在臺北府治均光緒十二年設各廳縣皆設分局十八年事竣裁撤

全臺撫墾總局在淡水縣轄大嵙崁光緒十二年設各地多設分局

轉運局在上海光緒十年設委蘇松太道辦之以理臺灣軍械餉項轉運之事

支應局在臺北府治光緒十一年設由布政使督辦而臺南設分局

捐輸局在臺北府治光緒十一年設由布政使督辦而臺南設分局

善後局在臺北府治光緒十二年設由布政使督辦以理戰後之事

招墾局光緒元年設於厦門汕頭香港以辦閩粵人來臺開墾之事

招商局光緒十二年設於新嘉坡以辦南洋華僑來臺經營之事

鑄錢局在臺南府治東安坊康熙二十四年設後裁

官銀號同治二年設於滬尾以收解關稅其後旗後安平雞籠以次開辦

官銀局在臺北府治光緒十六年設

臺南官票局在臺南府治光緒二十一年設

法審局在臺北撫署內光緒十二年設

官醫局在臺北考棚內光緒十二年設十七年裁

軍器局在臺北大稻埕光緒十一年八月設翌年十月竣工費款十二萬餘圓以記名提督劉朝幹爲總辦聘德國工師以製軍器

電報總局在臺北府治光緒十二年設各地多設分局

釐金總局在臺北府治由布政使督辦先是通商之後奏設釐金局於滬尾安平以徵各貨釐金其後各處添設計有三十八分局

烙號局同治五年設於滬尾安平以烙阿片之號而徵其釐歸道督辦其後改由商人攬辦

金沙局在基隆廳轄瑞芳光緒十七年設而暖暖六堵七堵四脚亭頂雙溪各設分局
腦磺總局在臺北府治光緒十三年設由巡撫督辦而大嵙崁彰化恒春宜蘭各設分局其外又設支局十七年改
歸撫墾局兼辦
煤務總局在基隆光緒五年設聘用西人以機器開採煤炭
磺油局在苗栗縣治光緒十三年設十七年裁
鐵路總局在臺北府治光緒十三年設
軍裝局在臺北府治光緒十一年設而臺南設分局
火藥局在臺北大隆同莊光緒十二年設而臺南在小北門外
水雷局一在滬尾一在基隆均光緒十二年設
硝藥局在臺北大稻埕光緒十二年設歸軍器局兼辦以自製火藥
伐木局在臺北大稻埕光緒十二年設歸軍器局兼辦以機器切鋸材木配售上海並爲鐵路枕木之用
蠶桑局在臺北大稻埕光緒十六年設
臺北通商局在臺北東門外光緒十三年設以辦建築城內鋪屋之事

清道局光緒十三年設凡臺北及通商口岸各設一局以淸街道十七年裁

郵政總局在臺北府治光緒十四年設各地多設分局

通誌局在臺北登瀛書院內光緒十七年設各廳縣皆設採訪局以編纂臺灣通誌

臺南樂局在臺南府治奎樓內由紳士辦之以司文廟祀典歲收租穀數千石

臺灣通史卷十七

臺南　連雅堂　撰

關征志

昔禹平洪水。畫九州。任土作貢。賦稅之義始此。賦以足兵。稅以足食。國用既足。民亦安寧。而暴君汙吏。以天下爲私有。橫征倍斂。吸食脂膏。兆民怨怒。起而逐之。國亡身戮。爲天下笑。連橫曰。明以前尙矣。臺灣遠隔海外。爲古荒服。土番所處。海寇所踞。未有先王之制也。明季荷蘭人始闢斯土。以通東洋貿易之途。設官行政。制王田。募民耕之。而納其賦。語在田賦志。是時歸附土番。歲納鹿皮。視社之大小爲差。其後因之。每年五月初二日。主計官集公所。召民贌社。衆環視之。官歷舉各社餉銀之數。高呼於上。贌者應之。至最多者而畀之。乃具姓名及社餉於册。取殷戶爲保。以四季分納。謂之社商。社商時率夥記至番社貿易。夥主財物。記任會計。而社商領之。凡番耕獵之物。悉與社商。而以布帛鹽鐵烟草火藥易之。其令嚴密。番不敢私。社餉之入大社數千金小亦數百。是爲雜稅之一。當是時土地初闢。地廣而腴。一歲三熟。閩粵沿海之氓相率而至。以逐什一之利。歲率數千人。荷人課其丁稅。每丁年納四盾。領臺之初。歲收三千一百盾。其後二十年。增至三萬三千七百盾。蓋移殖者衆而歲入亦多也。臺灣之山多麋鹿。獵者領照納稅。月課一盾。逐犬入山。肆其捕殺。於是麋鹿漸少。其後增至十五盾。歲入三萬六千盾。少亦二萬餘盾。其脯皮販運中國日本。歲率十餘萬金。設關榷稅以稽市物。歲亦十餘萬金。若夫山林川澤之利。商工之所計。虞衡之所入。莫不權其輕重。以佐行政之費。荷官俸養所入。歲不足用。各自私賈。以罔市利。暴待細民。侵奪田宅。上下交爭。賄賂成習。甲螺郭懷一因民之怨。糾合同志。謀逐之。事敗被殺。株連數千人。亡命之徒。轉相嘯聚。以與抵抗。又聞延平郡王將興光復之師。荷人懼。乃請爪哇總督增兵戍臺。多課雜稅。以助兵食。而內訌不息。搶攘昏墊。以至於亡。夫國以民爲本。富則國富。貧則國貧。故曰。不患寡而患不均。不患貧而患不安。今荷人之有臺灣也。肆其橫暴。剪食我土地。侮虐我人民。剝奪我權利。而世之論者。曰是殖民之策也。烏乎痛哉。延平入臺。國用不足。多沿荷人舊制。及經嗣位。諮議參軍陳永華乃籌長治之策。盡心經畫。建保里之方。布屯田之制。開魚鹽之利。

伐林木之材。內課農桑。外興貿易。十數年來。移民大至。多至數十萬人。拓地遠及兩鄙。臺灣之人。以是大集。孔子曰。道千乘之國。敬事而信。節用而愛人。使民以時。故民皆勤功樂業。先公而後私。故曰衣食足而知榮辱。廉讓生而息爭訟。夫自延平入臺以來。與民休息。而永華又咻噢之。道之以政。閑之以誼。教之以務。使之以和。漸之以忠。厲之以勇。勸之以利。嚴之以刑。民於是乎可任也。二十年間。臺灣大有。取其有餘。以供國用。民亦樂輸不怠。善乎德化之入人深也。洎永華亡。政教偷薄。而雜稅之徵濫矣。清人得臺之際。議遷其民而墟其地。靖海將軍施琅力陳不可。乃設一府三縣。田賦之制。略同行省。而雜稅仍舊。或更立之名目。繁多。變本加厲。其設於陸者曰陸餉。麗於水者曰水餉。厝餉始於荷人。大小有差。歲徵銀一千四百六十六兩有奇。雍正元年五月。有司查驗府治家屋。除破壞者。凡得大厝七千七十四間。間徵一錢五分一釐九毫。小厝一千七百零三間。徵半之。按戶給照。納餉。後有倒壞者。許繳照註銷。而新建者餉亦如之。著為例。磨餉者。鄭氏所立也。一首徵銀五兩六錢。蔗車新餉也。一張亦徵銀五兩六錢。當舖者以權子母者也。年徵五兩。謂之官典。官保護之。雖收贓不罪。然多勢豪所設。而地方官稍分潤焉。不徵餉者為小典。則武營弁兵以薄資而弋重利者也。

瓦窑也。菜園也。檨宅也。檳榔宅也。亦以大小徵餉。其稅徵不足道。此陸餉之大略也。塭養魚也。潭亦養魚也。而塭之出息優於潭。其後塭視下園徵稅。而編於田賦焉。澎湖產魚盛。以海爲田。琅入臺後。據爲私有。歲收規費千二百兩。及許良彬至。奏請歸官。以充提督衙門公費。而行家任意苛求。漁民多受剝深。以爲苦。乾隆二年。下諭禁革。命總督郝玉麟飭地方官照例。編列魚舟號數。以時稽查。夫魚舟有大小。計擔徵餉。每擔七分七釐。次曰尖艚。每隻八錢四分。次曰杉板。每隻四錢二分。網一張則三兩五錢。小者一兩七錢五分。箔者削竹如簾。長十餘丈。立海坪。乘潮汐以捕魚也。每張一兩二錢六分。滬者築土圍高尺餘。缺其門以入潮水。而置網以捕魚也。每口八錢四分。繚垂餌以釣也。每條五兩八錢八分。縺亦釣也。餉與滾同。罟也。䍐也。罾也。均用以捕魚。而得魚之多少不同。故徵餉之輕重亦別。罟一張十一兩七錢六分。䍐五兩八錢八分。罾四兩二錢。烏魚旗者。亦謂之藏。每冬至前。烏魚自北而南。多以萬計。漁戶先時領旗。旗徵餉一兩二錢。鈐蓋縣印。列號備查。鳳邑最多。此水餉之大略也。同治十三年冬十二月。欽差大臣沈葆楨奏言。舊例臺灣鼓鑄鍋皿農具之人。須向地方官舉充。由藩司給照。通臺祗二十七家。名曰鑄戶。其鐵由內地漳州採買。私販者治罪。邇來海口通商。鐵舫載在進口稅則。昔杜內地之出。今自西洋而來。情形迥異。而不肖兵役人等。往往藉端勒索。該鑄戶亦恃官舉。任意把持。民甚苦之。又臺產竹竿。向因洋民不靖。恐有接濟。因禁出口。以致竹竿經過口岸。均須稽查。不知海船蒲布。皆可爲帆。無須用竹。立之厲禁。徒爲兵役留一索詐之端。民間多一受害之事。應請無庸查禁。詔可。光緒三年春。巡撫丁日昌旣視臺灣。親見雜稅之苦。奏請蠲除。其言曰。查臺郡當鄭克塽歸誠時。僅有臺灣鳳山嘉義三縣之地。其彰化縣淡水噶瑪蘭兩廳。皆係後闢之土。東至內山。西至海地皆淺狹唯南北袤長。計臺鳳嘉三縣合長二百九十里。共額徵供穀十三萬餘石。而後闢之一縣兩廳合長五百八十里。僅徵供穀五萬六千餘石。核計彰淡蘭之地。比臺鳳嘉幾多一半。而所徵之穀反不及一半。何也。蓋臺鳳嘉開闢之地較早。所徵稅則皆沿鄭氏之舊。而彰淡蘭新墾之地。則由朝廷新定科則。故賦課較輕也。然其爲民累者。則莫如雜餉。查雜餉名目繁多。內如歸化生番。無畝可計。無糧可科。以納鹿皮爲餉。而所謂塭餉者。則徵於畜魚之所。所謂廍餉者。則徵於熬糖之所。雖謂苛細。而稽其贏利。酌取一二。以益正供。於民尙無大損也。他如海水支流曰港。窪深積水曰潭。凡可養魚之所。則如塭餉徵收。而小道可通之處。竹筏小艇運貨往來。亦接照徵收。又如建屋之基。磨麪之場。瓦窰菜園檳榔番樣之類。莫不按數徵餉。若其徵諸漁戶者。曰罟曰罾曰䍡曰縺曰箔曰滾曰網曰滬曰烏魚旗。吏役勒索。橫取窮民。而傭戶漁人又多去來無定。官役不能盡悉。假手土豪。出爲攬辦。豫納承充之費。壟斷浮收。舐糠及米。輸於官者十。取於民者百。民奈何而不困耶。臣到臺後。查悉各弊。則擬稍爲釐剔。而各項名目瑣碎。影射牽連。非盡斷葛藤。終難以絕弊竇。除番餉塭餉廍餉之外。其港潭等項雜餉。統計各屬。共徵銀五千二百二十三兩九錢六分五釐。均應豁免。以除民累。伏查臺鳳嘉三縣正供。徵收既重。而雜餉名目猶繁。小民終歲勤勞。所得無幾。而一經吏役隳突叫囂。遂有枷棒在手。雞犬無聲之歎。民困何由而蘇。元氣何由而復乎。且此項雜餉徵收不過數千餘兩。就地支發。歸入奏銷。臺灣近年出產茶葉樟腦等釐稅。均屬新徵。較此多至數倍。而臺北現議開鑛。則地利更可勃興。謹將前項雜餉查列清單。請自光緒三年起。永遠一律蠲除。詔可。臺人大說。至今猶稱頌焉。契稅爲入款之一。亦雜稅也。舊例每百圓繳稅幷費共十三圓。人民以爲過巨。多不投稅。光緒二年。郡紳蔡霞潭囑御史某出奏。旨下部議。定自三年起減爲一半。卽百圓徵稅六圓五角。外費悉裁。然經辦者猶不能盡廢。每宗加繳司單六角。若在千兩以上者。由縣送府加印。或由業戶自送。每宗規費二三十圓。而稅額之中。以三圓解府轉藩。知縣例得一圓八角。餘由書吏家丁房總差役分肥。故知縣下車之後。則示民稅契。按期輪比。而私其利。多者數萬圓。少亦數千。已稅之契曰紅契。未稅者白契。衆不以爲憑。故人民亦自知爲要也。安平爲府治通商之口。向由臺防同知管理。徵收船費。謂之文口。派員查之。凡內地商船來臺者。應驗牌照。出口之時。船上須掛紅旗。巡丁到船。丈量擔位。報明無差。乃由委員給照收費。每百擔五圓六占六瓣。歲約五千餘圓。不換照者以爲走私。船貨充公。光緒元年。臺防同知移駐卑南。仍歸收費。至十四年。改由安平縣收之。以抵津貼一半之額。其時帆船漸少。歲約三四千圓。而輪船則由海關收之。又有武口。歸安平水師副將管理。亦派弁兵以驗出入。詰盜賊。每船徵費二圓。歲約二千餘圓。天津之約。許開臺灣互市。咸豐九年。兩江總督何桂清奏准美國先在潮州臺灣通商。福州將軍東純閩浙總督慶端福建巡撫瑞璸會奏在臺開設海關。已而英法兩國請照美國徵稅。復奏准一律辦理。其稅項仍解關庫。歸將軍督辦。統併南臺廈門兩口奏銷。十年。奏派道員區天民會同臺灣鎭林向榮兵備道孔昭慈知府洪毓琛等商辦。議以淡水八里坌爲通商馬頭。而於對岸滬尾設關。其北路之雞籠香山後壠中港南路之鹿耳門打鼓大小各口。一律禁止洋船貿易。同治元年六月二十二日。滬尾開關徵稅。二年正月。奏派道員馬樞輝接辦。適彰化亂。各地俶擾。未到。乃委淡水同知恩煜代之。恩煜請設關渡驗卡。以查洋商進出。巡邏仍用關船。稅務司又禀總理衙門。請於雞籠旗後安平三處照例通商。部議許之。八月十九日。雞籠開口。派副稅務司以辦。三年四月。安平旗後亦開辦。以滬尾爲正口。雞籠安平旗後爲外口。徵稅銀冊均由總口轉繳關庫。歸福州將軍督辦。四年春二月。旗後稅務司以安平徵收洋稅。遞年加多。各商赴旗完納。諸多不便。請於安平添設銀號。管出入。將軍慶麟調查原案。以安平僅爲驗口。祇准洋船寄碇起貨。不許開設。而打鼓委員德協領復以此擧。是爲華商之便。嗣經戶部核准。以六年十月開辦。既又設船政廳。理港務。徵船鈔。其時貿易未盛。稅項亦少。蓋以中國協定稅率甚輕。而土貨之往來者。別課釐金。釐金之設。始於道光之季。時當軍事旁午。徵賦爲難。故爲權宜之計。取以助軍。凡貨物出入。照擔徵收。不論粗細。故謂之釐。咸豐十一年。知府洪毓琛奉飭遵辦。省中亦派候補知府程榮春至淡水。設局開徵。以阿片爲大宗。分局之外。又有驗卡。徵釐如前。而胥吏舞文弄弊。格外苛求。以飽私橐。商賈病之。夫釐金之設。爲救一時之急。而非可以永遠也。故自事平之後。士大夫多請裁撤。歸併海關。而淸廷不聽。然自通商以來。地利日闢。物產日興。糖米茶腦之出口。歲率數百萬圓。米爲民食之本。供給福建。故無釐。糖每擔二錢。以天津上海爲銷路。香港日本次之。茶別徵釐。設局於大稻埕。樟腦之利。或歸官。或歸民。其釐較多。而煤炭金沙之利。前後以興。故其詳可得而聞焉。光緒十八年。旗後商人以波羅蔴一宗。每百斤徵釐六角。合銀四錢三分二釐。而海關向徵稅銀七錢。自十六年三月。併入苧蔴類。一律改徵。減爲三錢五分。是前本稅重釐輕。今反稅輕釐重。故請核減。波羅麻者。卽鳳梨絲。配至汕頭。以績夏布。其額頗多。全臺釐金局以爲出口貨物。如土茯苓百斤。洋關稅徵銀一錢三分。釐金定章爲一圓。牛皮膠百斤。洋關一錢五分。而釐金爲五角。此稅輕而釐重也。又如芝麻百斤。洋關徵一錢三分五釐。而釐金爲一角四瓣。樟腦洋關徵七錢五分四釐。而釐金爲五角五瓣。此稅重而釐輕也。是則關稅之與釐金。原有參差。不得以百貨釐金。俱照關稅減半徵收。其子口半稅。原指洋商請領之三聯票。運貨到最後子口。完納半稅而言。若華商則逢關納稅。遇卡抽釐。何得援出口半稅爲例。但該商人近來市景蕭條。銷路尤滯。旗後波羅蔴出口。每年徵釐約二三百金。爲數甚少。姑准核減。併入苧蔴章程。每百斤改徵四角二瓣。合銀三錢二釐。以恤商艱。夫稅釐之設。所以供國之用也。而民間亦有私徵。城廂之市。村落之墟。牛豚之畜。蔬菓之場。凡至此販者。每收其費。以充廟祀義舉之款。然必稟官出示。以杜分爭。故人肯樂輸也。初道光間。郡中商務繁盛。牛車入城日數百輛。城兵欺其鄉愚。勒索規費。每輛收錢百文。多至數百文。鄉人不堪其苦。群籲郡紳鎮道合示禁止。違者治罪。而弊稍革矣。

鄭氏徵收雜稅表

厝稅	每間六錢二分凡六千二百七十間半年徵三千八百八十七兩七錢一分
贌社	凡二十七所年徵三千六十兩
港潭	年徵一萬九千三百八十八兩
樑頭牌	每擔一錢一分凡一萬三千六百三十七擔年徵一千五百兩七分
澎湖船隻	凡一百十一隻年徵七十三兩八錢
安平鎮渡船	凡三十四隻年徵四百兩
牛磨	每首二十四兩凡二十七首年徵六百四十八兩
蔗車	凡一百張年徵一千九百七十六兩

大小網箔　凡八十張年徵二百零八兩四錢
罟罾繩縺等　年徵八百四十兩
烏魚旗　凡九十四枝年徵一百四十一兩
入港貨稅　年徵一萬三千兩
出港鹽稅　年徵二百兩
僧道度牒　僧每名二兩道士五兩年徵二百兩

清代陸餉徵收表據乾隆二十九年臺灣府志

廳縣＼款目	厝餉	牛磨	蔗車	檨宅	檳榔宅	菜園
臺灣	一、二五六、一九三	二二五、二〇四	二七四、四〇〇	七〇、〇〇〇		
鳳山			五六二、八〇〇	六、〇〇〇		
諸羅	二〇〇、五〇〇		八七一、九〇〇		六〇、〇〇〇	三、〇〇〇
彰化		一〇〇、八〇〇	三四七、二〇〇			
淡水		五、六〇〇	一一、二〇〇			
澎湖（終位釐）						

廳縣	瓦窰	當鋪
臺灣		五〇、〇〇〇
鳳山		五、〇〇〇
諸羅	一二、五〇〇	一一五、〇〇〇
彰化		
淡水		
澎湖		

清代水餉徵收表據乾隆二十九年臺灣府志

款目／廳縣	漁船	渡船	港潭	魚塭	大小網	箔	滬	罾	罟
臺灣	六四五、六四一		四二五、六二四	一六、五〇〇				三二、四〇〇	七〇、五六〇
鳳山	三八七、九二六	七六、一五三	四四二、九七四			一一、七六〇		八、四〇〇	一二九、三六〇
諸羅	二二六、六六九		三五一、四一七	一〇〇、〇〇〇				八、四〇〇	五、八八〇
彰化	一五五、八八五		四四、五三八						五、八八〇
淡水									一一、七六〇
澎湖（絡位釐）	二二三、〇二〇				一五四、〇〇〇	三、一五〇	三二、一三〇	二八、五六〇	

罟	縺	蠔	縼	烏魚旗
一七、六七〇	五二、九二〇	五二、九二〇		
五、八八〇	六四、六八〇	四七、〇二〇		九八、七〇〇
	二九、四〇〇	四七、〇四〇	一一、七六〇	

臺灣海關徵收稅鈔表

年分	淡水及基隆	安平及旗後	合計（兩）
光緒七年	三二〇、四六九	二一八、三九五	五三八、八六四
八年	二八五、三二〇	一八六、九六一	四七二、二八一
九年	二九六、九三一	一九四、八九五	四九一、八二六
十年	二九七、八七九	二一〇、二一四	五〇八、〇九三
十一牛	三七二、七二〇	一五二、三七五	五二五、〇九五
十二年	三八二、一五六	一五四、〇八八	五三六、二四四

十三年	五三四、五二三	三三七、五七六	八七二、〇九九
十四年	五九八、三八三	四〇四、二〇五	一、〇〇二、五八八
十五年	五九〇、九四四	三九九、二〇二	九九〇、一四六
十六年	五八四、二四一	四六一、〇三一	一、〇四五、二七二

臺灣海關徵收船鈔表

年分	淡水及基隆	安平及旗後	合計（兩）
光緒八年	一、八九七	五、〇六七	六、九六四
九年	二、二八三	四、九三九	七、二二二
十年	一、九六一	五、四九一	七、四五二
十一年	六五六	二、五四八	三、二〇四
十二年	一、四四二	二、四一五	三、八五七
十三年	七〇七	二、四七五	三、一八二
十四年	四、八六九	三、四二二	八、二九一

十五年	三、一九一	二、七二四	五、九二三
十六年	一、六三〇	四、〇五九	五、六八九
十七年	二、〇六五	一、七二七	三、七九二

臺灣通史卷十八

臺南　連雅堂　撰

榷賣志

連横曰。昔者太公治齊。官山府海。以殖其利。管仲因之。齊以富强。故能覇諸侯。攘夷狄。功傳數世。漢興至武帝時。拓地用兵。軍旅歲動。國計不足。設鹽鐵之官。榷酒酤之稅。文學之臣以爲聚歛。而功利者且以爲富國焉。臺灣榷賣之制。始於淸代。初理鹽磺。後及煤腦。蓋此爲天地自然之利。苟振興之。足以裕國而益民焉。先是臺灣鼓鑄鍋皿農具之人。例由地方官擧充。藩司給照而納其稅。全臺定二十有七家。名曰鑄戶。其鐵由漳州採辦。私販治罪。蓋以臺灣孤立海上。慮造兵器。故官督之。然自通商以來。洋鐵入口。載在稅則。而舊例遂成虛文。同治十三年。欽差大臣沈葆楨奏請廢止。用者便之。夫榷賣之制。各國皆有。大小輕重。或有不同。而臺灣之所行者。則此記曰。百姓足。君孰與不足。旨深哉。

鹽

臺灣濱海之地。煮水爲鹽。其利甚溥。前時鹽味苦澀。不適於用。多自漳泉運入。永歷十九年。諮議參軍陳永華始教民晒鹽。擇地於天興之南。則今之瀨口也。其法築埕海隅。鋪以碎磚。引水於池。俟其發滷。潑而晒之。卽日可成。色白而鹹。用功甚少。許民自賣。而課其稅。歸淸以後。鹽戶日多。消路愈廣。爭晒競售。市價不一。雍正四年。春奏歸官辦。由府管理。分設鹽場四處。曰州南曰州北爲臺邑武定里曰瀨北。爲今附郭之鹽埕莊。曰瀨南。則鳳邑之大竹里。而毗於打鼓山麓也。每場設管事一名巡丁十人或八人或六人。視其大小。以防私漏。鹽戶晒鹽。例於春冬。春曰大汎。冬曰小汎。以夏秋多雨也。鹽成運納於場而發其價每石時銀一錢二分。瀨南稍遜。減二分。歲收約九萬石。或至十萬石。府中設總館一。市鎭各設分館販戶赴館繳課。領引而出。其鹽石銀三錢。水運陸載。視路遠近。以定市價。故各地不均。鹽課所入。每月支發鹽戶及經費外。悉存府庫造册申報。以充兵餉乾隆二十年。增設瀨東。爲嘉邑之井仔脚。而布袋嘴北門嶼亦先後分設。蓋以彰淡設治墾戶日進。故由此給之五十五年。議定臺灣定額之外。所有埕底泥鹽。歲約二萬石。分撥各廳縣銷售。每年徵課一千八百十八兩餘。入册奏銷。嘉慶十五年。設噶瑪蘭廳。鹽用瀨北。歲消七千石。歸廳採運。每石售銀三錢三分。共徵二千三百十兩。除原價及折紋銀外可得盈餘紋銀一千三百三十七兩。先是興化惠安魚船每當春夏之交。遭風收泊蘭屬。運鹽散賣。斤錢七八文。間有收積居奇。至秋冬時。價至二三十文。及設官後。禁私販。議照汀州行銷廣潮鹽引。募雞籠小船。給照至莆田惠安就場購運。以資民食。蓋以蘭地僻處北東。府鹽運至淡水。又須待風而入。費大時久。或虞斷絕。故其價昂。而司道不許。以蘭爲臺屬。行銷府鹽。可杜私販。且緩急足濟。乃議定歸廳。自十八年三月爲始。每斤價十六文。用者便之。道光四年閏七月。省議以南靖長泰二縣鹽引阻滯。奏請臺灣代銷。於是歲課一萬七千石。合以臺灣自晒者十三萬石。入款頗巨。自是以來北部日闢。淡屬住民幾數十萬。而仍行銷府鹽。採配不便。咸豐中始許於虎仔山自晒。一時私鹽充斥。課項銳減。同治六年二月。改歸道辦。嚴緝捕。虎仔山場亦歸官。七年移府。九年二月復歸道。十年仍歸府辦。而鹽引愈多矣。澎湖四面皆海。小島錯立。其地斥鹵。可以自晒。仍銷府鹽。每銀一圓售八十斤。色灰稍苦。澎人以海爲田。需鹽較重。一旦不至。人受其病。光緒初。議設鹽場。不許。十一年建省。十四年整飭鹽務。南北兩府各設總局。以攬其事。南歸兵備道。而北歸布政使。基隆艋舺宜蘭新竹大甲鹿港嘉義鳳山恒春澎湖各設總館。各地仍置小館。由民攬辦。其館主多鄉紳宦戚。獲利不少。大者歲盈萬金。小亦一二千圓。臺灣消鹽約按人口。每人日用三錢。年須六斤十二兩。以三百萬人計之。則當鹽二千二十有五萬斤。斤勻銀一分。爲二十萬二千五百兩。寔歲入之一大宗也。生番渾噩。僻處內山。茹毛飲血。需鹽孔亟。其歸化者由官給之。或以互市。而舊志載崇爻山有鹹泉。掘地汲之。編竹爲鑊。內外塗泥。爨之成鹽。若中壢後壠各地熟番。有以挑沙瀝鹵自爨者。官不徵課。蓋歸化時曾經奏准者也。

硫磺

硫磺產於淡水。爲今北投之地。當西班牙人據臺時。曾掘取之。而瘴毒披猖。蟲滋水惡。工人多病。歸淸後。康熙三十五年冬。福州火藥局災。典守者負償。欲派吏往。無敢至。仁和諸生郁永河適在省。慨然請行。三十六年春二月至郡。四月北上。先命淡水社通事張大入北投築屋。既至。集番酋飲。告以採磺事。與約一筐易布七尺。番喜。各負磺至。命工爨之。磺有黃黑二種。質沉有光。以指燃之。颯颯有聲者佳。反是則劣。先碎爲粉。暴日極乾。鑊中置油。徐入土以兩人持竹桿攪之。土既得油。則磺自出。油土相融。而後成物。一鑊可得四五百斤。或一二百斤。唯視火候之純疵爾。產磺之地。爲內北投。石作藍靛色。有沸泉。草色萎黃。無生意。山麓白氣縷縷。如雲乍吐。是爲磺穴。風至。磺氣甚惡。更進。半里。草木不生。地熱如炙。白氣五十餘道。皆從地底騰激。怒雷震撼。地岌岌欲動。所以不陷者。熱氣鼓之爾。穴中毒焰撲人。觸腦欲裂。左傍一溪。聲如倒峽。卽沸泉所出源也。永河著稗海記游。其所言略如此。當是時。淡水未闢。而北投又在番境。奸宄潛至。私製火藥。乾隆中。出示禁止。嗣命屯丁守之。每年四季。北路營副將派弁入山。焚燬草木。以杜私煑。同治二年。福建巡撫徐宗幹奏請開採。以俾軍務。六年。淡水同知嚴金淸稟請不可。以採之有四可慮。八年。盧壁山奉南洋通商大臣之命。來臺採辦。募工煑之。旣而閩浙總督英桂。飭總兵楊在元。兵備道黎兆棠。派員會勘。蓋以其時整軍經武。多用火藥。故議開採。然以所產未巨。恐耗經費。九年。復封。及劉銘傳任巡撫。謀殖地利。光緒十三年。奏設腦磺總局。與樟腦皆歸官辦。而所產日盛。以至於今。

煤

煤爲礦產大宗。臺灣多有。而基隆最盛。當西班牙據北時。則掘用之。其跡猶存。爲今之仙洞。

歸淸以後。仍事採掘。乾隆中。移民漸衆。以其有傷龍脈。請官禁止。然尙有私掘者。道光十五年。淡水同知婁雲再示禁。十七年。同知曹謹復禁。而是時海通已啓。東西往來。以臺爲徑。各國遂多注目。禁烟之役。英艦窺基隆。及平。英人輒來臺灣。謀通商。二十八年。英國水師游擊吳倫至基隆。查勘煤層。歸報其國。三十年。英公使請准英人開採。不許。咸豐四年。美國水師提督彼里亦來勘。以煤層豐富。謀據此地。建軍港。以開美國貿易之途。而臺人不知也。天津之約。許開基隆通商。同治三年。福州稅務司上書。陳採煤之利。請准英商租地開辦。淡水稅務司亦爲是言。巡撫徐宗幹奏言不可。而紳民亦立公約曰。雞籠山一帶。爲合境來龍。靈秀所鍾。風脈攸關。近有沿海奸民。訛言山根生有煤炭。難保無人偸掘。一經損傷。全臺不利。如遇偸挖。卽行圍捕送官。倘敢抗拒。格殺勿論。有不遵者。公議懲罰。然其後私掘愈多。勢不能禁。九年春正月。總督英桂命署道黎兆棠派員查勘。乃委江蘇候補道胡斌與淡水同知會勘。據復海港東邊之深澳八堵土地公坑竹篙厝偏坑田寮港后山石梗港暖暖四脚亭大水堀等處。皆屬旁山。無碍正脈。遠隔民居。且於田園廬墓。亦無妨碍。計得九十二洞。閉歇者二十三洞。其煤已竭。地歸山主。停辦者二十一洞。以價賤滯銷。流淺難運。現開者四十八洞。

而中如四腳亭四洞。夏秋之間亦流淺難運。俟八九月方可配出。於是傳集山主及鄉人士。妥定開採章程。立石爲界。不許租與外人幷私相典賣。各洞相距南北二十五里。東西五六里。閉者不得再開。以七十洞爲限。而煤戶須本地人。又有親族廬墓者。互相環保。其曾爲洋行辦事者不許。煤工亦須土著。家在五十里以內者方可用。每洞不得過二十人。煤戶具保所出之煤。投行仲賣。官爲督辦。違者照罰。禁約雖開。而約束尙嚴也。當是時基隆滬尾已爲通商之口。輪船出入。用煤日多。或運至福州廈門。每年出產多至三四十萬擔。少亦十餘萬擔。其煤三等。上曰角煤。擔値錢二百。次中煤。稍降。又次煤粉。最賤。僅得五六十文。此爲在山之價。若運出市上。則視路之遠近而差。照例每擔徵稅五釐。唯船政局採用者豁免。而煤戶亦無稅。光緒元年。欽差大臣沈葆楨奏言。臺灣之地。病於土曠。而土曠之病。由於人稀。重洋遠隔。勢必獲利三倍。而後內地力食之衆。不召而來。然墾田之利微。不若開煤之利鉅。墾田之利緩。不若開煤之利速。南北各省。按日以煤炊爨。入冬以煤禦寒。若出口暢旺。煤價必昂。於民間不無窒礙。而臺灣則炊爨禦寒。均無需此。除出口外。別無銷路。雖其煤質鬆脆。不敵西洋之產。而較之東洋。尙去不遠。然臺煤雖富。年來開採。仍不甚旺。其故由於滯銷。西洋之煤。金山最夥。從前船隻皆繞金山而來。貨物之外。以煤壓載。煤佳價平。固非臺煤所能敵。自埃及紅海開通以後。洋船無須繞道金山。而金山之煤遂稀。價亦日昂。而臺煤仍不暢銷。則必減輕稅率。以廣招徠。此後稅率雖減。而入款仍不懸殊。則於民間生計。當有起色。至船局所用臺煤。向係免稅。不在定則之內。今擬將出口之煤。每噸減爲稅銀一錢。如蒙天恩允准。伏懇飭下總理各國事務衙門。札行總稅務司。言明臺煤無關民間日用。爲洋船所必需。是以減稅惠商。南北洋各口均不得援以爲例。詔可。三年。聘英人臺札爲礦師。并購機器裝置八堵。大爲開採。出口亦多。而經費繁雜。不敷開用。委員浮冒。積弊日深。八年二月。臺灣道劉璈稟請督撫。略曰。臺北煤務爲臺灣漏卮。中外疑議。已非一日。職道履任以來。亟思設法整頓。以期除弊興利。蓋以煤務事屬創辦。職道又未親履其地。遠觀懸揣。漫議章程。失剡失疏。均慮未協。然屢奉鈞批。又不敢以月耗巨帑。責歸臺防之事。置諸後圖。從前張升道深知其難。請由船政主辦。寔由於此。嗣後黎星憲復稱統歸船政辦理。蓋以煤務之壞。壞於歷辦不得其人。浮費過多。成本過重。隨處浮冒。任意報消。爾鄭倅接辦以來。自稟牘觀之。較前諸員似有把握。然以冊報論之。似其不寔不盡之處。仍所不免。八堵以總炭一萬九千八百五十餘石起解。基隆祇收一萬六千五百五十餘石。十餘里間。少去三千三百餘石。已屬不解。而八堵以粉炭九千零十石起解。基隆僅收三千四百三十石。竟少去五千一百八十石。基隆收發之時。又各有失耗。大較又去一成。既減成色。又失斤重。一轉移間。一月之內。耗至八千餘石。揆之於理。似欠圓通。又工匠等聽燒官煤。月至數千石。洋人三名月燒官煤九千斤。路旁三燈月燒官煤四萬斤。其間不應濫支之處。不可勝數。此煤斤濫耗之情形也。至於銀錢數目。採煤工價。浮於所收之額。多至三千四百餘石。車運之價。亦難寔按。種種縻費。悉難枚舉。今擬委補用同知史悠棻。候補通判李嘉棠。會同辦理。不過欲於臺灣漏卮。稍求補苴爾。於是妥定章程八條。竭力整飭。時有畢德衛洋行攬消總炭船局。以爲不可。乃於上海自設臺灣煤務分局。又於汕頭香港廈門託商代售。統計每年出煤一百四五十萬石。可得二十餘萬圓。而局費不過數萬圓。入多出少。漸有起色。若能擴充銷路。尤足以興其利也。法人之役。基隆失守。煤局被燬。及平。巡撫劉銘傳奏設煤務局。委張鴻祿辦之。投貲四十餘萬兩。新置機器。又聘外國礦師。召工開採。至十三年。每日出煤可百噸。而辦理未得其宜。銘傳委用粵商代辦。衆多訾議。部議以爲不可。復歸官辦。及邵友濂至。遂裁撤之。

煤油

煤油或稱石油。其利溥。而前人未知也。臺人燃燈多用豆油。及西人發見煤油以來。運入臺。其始僅見於城市。不十數年。遍村野。以其價廉而光倍也。油煤之用。以美國彗星標者爲最多。次爲俄墺之產。歲率數十萬圓。然臺自有煤油。而未知採法。爲足惜爾。咸豐末年。粤人邱苟通事也。勾引生番殺人。官捕之急。遁入山。至猫裡溪上流。見水面有油。味殊惡。時乏燭。燃之絕光。竊喜。以告吳某。某以百金贌之。而不知用。苟復贌寶順洋行。歲得銀千餘兩。遂互爭權。集衆械鬬。久不息。九年二月。淡水同知逮苟治罪。又以外商無在內地開礦之權。封之。及沈葆楨巡臺。聞其事。光緒四年。聘美國工師二人勘驗。以後壠油脈最旺。乃購機器取之。其始多鹽水。堀至百數十丈。達油脈。滾滾而出。日得十五擔。久之。工師與有司不洽。竟辭去。遂廢。光緒十三年。巡撫劉銘傳乃設煤油局。委棟軍統領林朝棟兼辦。而出產未多。入不敷出。十七年。巡撫邵友濂撤之。聞礦學家謂臺灣油脈甚長。自苗栗而至安屬之噍吧哖。蜿蜒千里。如能取之。足以供用而有餘。又臺多火山。間有瓦斯。質若炭。光勝於煤。其用尤宏。

樟腦

樟腦爲臺灣特產。當鄭芝龍居臺時。其徒入山開墾。伐樟熬腦。爲今嘉義縣轄。配售日本。以供藥料。其法傳自泉州。歸清以後。封禁番地。犯者死。康熙五十九年。曾逮熬腦者百數十人治罪。其業漸廢。而山麓細民猶有私熬者。雍正三年。閩浙總督滿保奏准臺澎水師戰船令於臺灣設廠脩造。以臺道臺協監督。於是南北二路各設軍工料館。採伐大木以爲船料。而檄匠首任之。臺灣產樟北路較盛。樟有兩種。香者可熬腦。臭者僅爲器具。故匠首率衆入山。并許熬腦。以私其利。而他人皆禁也。道光五年。始設軍工廠於艋舺。并設軍工料館。兼辦腦務。內山所熬之腦皆歸所收。而後配出。禁烟之役。英船輒至雞籠。潛以阿片易腦。奸人牟利。私熬日盛。法令幾不能禁。咸豐五年。英商德記洋行始與臺灣道訂約購腦。每擔價十六圓。配赴歐洲。而發腦戶僅八圓。利入道署。十年。臺灣開港。外商漸至。樟腦爲出口之貨。歲約二十萬圓。臺灣道陳方伯議歸官辦。設局收之。同治二年。艋舺料館改爲腦館。竹塹後壠大甲等處均設小館。以理其事。其時艋舺大甲所出特多。歲各一萬二三千擔。竹塹後壠亦各有一二千擔。而噶瑪蘭彰化之內山且有熬者。消用日廣。然爲官辦。故外商不能獲利。五年。安平英領事請歸民辦。兵備道吳大廷不許。駐京英公使以爲有阻通商。遂向總理各國事務衙門交涉。六年。閩浙總督派興泉永道曾獻德至臺。與英領事議。八年。廢官辦。新立購腦章程。凡外商入內地採腦。須先向總稅務司請給護照。塡明行號姓名。完納出口稅之半。以代內地稅。運至口岸。報明海關照章納稅。而後出口。若無護照者。將腦充公。人亦治罪。然非通商口岸。外國商船不得入泊。亦不得私自貿易。九年。始設釐金局。徵收腦釐。每百斤課銀五錢。初由商人攬辦。其後歸局。光緒十三年。巡撫劉銘傳奏言。樟腦一項。近來日本出產甚多。而香港腦價日落。如歸官辦。每石可獲利二三圓。臺灣產腦每年約出萬石。硫磺則臺產最佳。前兩江督臣沈葆楨奏請開禁。採備官用。歷年辦有舊章。每石成本洋一圓。官買每石洋三圓。每年出產六七千石。上等硫磺每年祗出千石。均歸官用。其次積聚三千餘石。官既不用。商禁未開。不能出口。日久月聚。愈積愈多。不獨糜費棄置可惜。且香港年銷硫磺至萬餘石。運至江南天津一帶。薰炙葵扇草帽蒸炊餑餑。製造爆竹。銷路甚廣。臺灣硫磺既佳。奸民私熬販運。出口不少。夫以自採之磺。禁不出口。既聽日本暢銷。又不能禁止私熬。若設法經理。獲利雖尙未多。而於撫番經費。不無少補。等因。臣查樟腦硫磺兩項。民間私熬私售。每多械鬬滋事。懇請歸官收買。出賣發給執照。出口以目前情形而論。年可獲利三萬餘圓。以後若能出產較多。銷路較暢。經理得人。日漸推廣。以自有之財。供無窮之用。寔於國計民生。兩有裨益也。詔可。乃設全臺腦磺總局。隸巡撫。而於北路之大嵙崁。中路之彰化。各設腦務總局。若南莊。若三角湧。若雙溪。若罩蘭。若集集。若埔里社。皆設分局。以委員辦之。又有司事。執秤。查竈。勇丁。分任其職。而宜蘭。恒春別設總局。以獎勵腦務。按照竈數。徵收防費。以充撫番之款。製出之腦。悉歸官局。每擔八兩。售之商人。爲十二兩。年可獲利百餘萬兩。時爲臺北德商公泰洋行攬辦。配赴香港。每擔可售二十兩。多至二十餘兩。十六年五月。臺北改歸蔡南生。而彰化由林朝棟繳價三十圓。釐金防費在內。以十二圓給腦戶。餘入官。是年出口六千四百八十餘擔。十七年爲一萬五千九百八十餘擔。十八年爲一萬三千一百二十餘擔。而腦價亦漸起。蓋以歐美市場消用愈巨。化學日精。藉以製器合藥也。初德人晦寔祿在南開設瑞興洋行。先至集集設館熬腦。自配香港。數年之間。獲利不貲。及歸官辦。頓失其益。去之汕頭。以腦業交英商怡記洋行承辦。十六年五月。怡記自集集運腦七百餘擔至鹿港。九月又運五百四十擔。彰化局丁以爲走私。要而奪之。安平英領事照會巡撫。索還不聽。彼此相持。勢將決裂。駐京英公使乃與總理各國事務衙門交涉。而各國亦以有礙通商。請撤官辦。

旨下戶部議覆奏曰。熟考古今律例。鹽硝硫磺均歸官辦。嚴禁私販。除此三項之外。未常別有所禁也。臺灣內山今以出產樟腦之多。奸商貪緣賄賂。挾謀其間。不准他人售賣。寔屬無謂。今英商收腦數萬斤。爲巡察委員所沒。是則奸商之故意而後至此。卽臺灣巡撫亦難辭其責。況樟腦一物。原係藥材。未可禁止私販。如英國地多蟲蟻。以腦薰屍。可免蟲蝕。此消用之所以較多也。此後各省新出。不論利益多寡。應先奏明而後舉辦。方爲得策。伏乞諭飭臺灣巡撫劉銘傳。則將樟腦一項。改爲民辦。官府但可徵稅。詔可。十一月。廢官辦。撤防勇。生番乘隙出草。燬寮殺人。沿山紛擾。腦務大損。於是請設隘勇而納防費。凡腦百斤徵稅八圓。腦丁每竈一粒。月徵八角。以十竈爲一份。其出口者則海關稅一圓一角五分五釐。釐金五角五分。所入仍屬不少。十七年。改腦磺事務隸布政使司。仍於北路之大嵙崁。中路之彰化。各設腦務稽查總局。下設分局。悉以撫墾分局委員兼之。以其事相關連也。二十一年。裁竈費。每百斤改徵釐金四圓。其時外國消用愈宏。香港每擔至七八十圓。或至百圓。

沙金

臺灣採金始於三百年前。舊志稱。鄭氏末葉。遣官陳廷輝往哆囉滿採金。老番訝之曰。臺其有事乎。或問之。曰日本採金而荷蘭來。荷蘭採金而鄭氏至。今鄭氏又採。其能晏然耶。已而清軍果入臺。語雖不經。亦足以知採金之古。海上事略曰。鄭氏時。上淡水通事李滄請取金自效。監紀陳福偕行。至淡水。率宣毅鎭兵。將至卑南覓。土番伏莽以俟。曰吾輩以此爲生。漢人來取必死戰。福不敢進。歸至半途。遇土番泛舟販。福攻之。禽其酋。獲金二百兩。令道取。不從。又曰金出山後。其番爲傀儡種。人跡罕至。自淡水乘蟒甲。自西徂東。返而自北而南。溯溪進。匝月方至。土番善泅者。從水底取之。如小豆。藏之竹籠。或秘之瓿甊。間出交易。番境補遺曰。哆囉滿產金。淘沙出之。與瓜子金相似。土番鎔成條。藏巨甓中。客至每開甓自炫。然不知所用。近歲始有攜至雞籠淡水易布者。臺灣志略曰。港底金在蛤仔難內山。港水深且冷。生番泳入。信手撈之。亟起。口噤不能言。爇火良久乃定。金如碎米。據此數說。則臺之產金已久。而多在東北。乾隆三十六年。波蘭人麥禮荷斯奇謀拓臺東。與馬波奧時科番戰。番降。獻金二十斤。銀八百斤。皆此地之產。其地爲今之瑞芳附近。然則臺之產金。早爲外人所涎矣。光緒十一年。法事已平。巡撫劉銘傳築鐵路。十五年。架八堵車站之橋。工人入水造礎。偶見沙中有金。取出淘之。其時造橋監督爲都司李家德。廣東順德人。曾游美國。而路工亦多閩粵人有至新舊金山者。聞之爭取。居民亦從之。各獲利。每兩易銀八兩。十六年九月。採者三千餘人。地亦日廣。十七年八月。出示禁止。而逐利之徒。昏夜偸取。犯者多。基隆同知黎景嵩議歸官。巡撫邵友濂許之。十八年二月。奏准開辦。設金沙總局於基隆。瑞芳暖暖四脚亭六堵七堵頂雙溪各設分局。派員理之。採者領照納稅。駐勇彈壓。是年冬。商人金寶泉稟請承辦。每年認繳二萬兩。一切費用及勇餉。悉由支理。許之。以十九年起。撤局歸商。而自十八年二月至歲終。計收釐金二萬七千一百十二兩餘。除開局費一成。幷新勇一哨薪糧衣器帳房等款。寔剩一萬七千六百六十二兩餘。以此劃入海防費內。奏明存案。未幾金瓜石大石坑亦發見金苗。採者日盛。時金價頗廉。每兩在山易銀十八圓。後漸貴。歲可値銀一百數十萬圓。而臺東之新城秀姑巒花蓮港。得其犁。宜蘭之蘇澳叭哩沙等。橫亘六十餘里。亦有金苗。然以開闢未久。野番出沒。居民輒遭害。取之尙少。

阿片釐金

臺灣之有阿片。始於荷蘭之時。荷人貿易。以此爲巨。消售閩粤兩省。漸乃及於內地。當明之際。華人已有吸用。然僅以爲藥。故本草綱目謂之合敷融。或曰阿芙蓉。則以罌粟實之漿而熬之也。阿片出於印度。以此爲國課之大宗。而突厥埃及波斯皆有產。上者曰公班。則黑土也。味濃力大。次曰白皮。又次曰金花。則紅土也。臺灣之銷阿片。其始多用黑土。繼乃合用紅土。價較賤。故吸之者衆。乾嘉以來。宇內無事。上自士夫。下至走卒。莫不以此爲樂。及道光十八年。下詔禁止。以林則徐督兩粵。燬英人阿片一萬三千六百餘箱。英人不服。遂至搆兵。臺灣道姚瑩亦奉旨禁止。初犯者刑。再犯死。一時阿片幾絕。然英人輒以夾板至雞籠。潛與奸民授受。而易樟腦。山陬海澨。猶有吸者。及媾和後。徐宗幹任兵備道。著防夷論。又謀禁止。其言曰。銀何以日少。洋烟愈甚也。民何以日貧。喫烟愈多也。以每日每人約計之。須銀二錢。就臺地富貴貧賤良莠男女約略喫烟者不下數十萬人。以五十萬計之。每日耗銀十萬兩矣。而臺人亦自立禁烟公約。吸烟者幾不以人齒。雷厲風行。一時殆盡。咸豐元年。洋商始來貿易。照例徵稅。十一年。設釐金局。以阿片爲大宗。謂之洋藥。同治五年。淡水同知王鏞詳請入口阿片。不論內地已徵與否。每箱徵釐五十圓。大吏許之。歲率十餘萬兩。而安平之入款亦如之。光緒五年。改歸道署。召殷商攬辦。各地設局。按枚烙號。始得出售市上。否則以私貨論。充公而重罰之。然走私者時有所聞。而局員防不勝防也。十年。法人之役。南北禁港。商船杜絕。阿片不至。市價日昂。每箱漲至千圓。兵備道劉璈奏言。臺灣通商。以洋藥爲大宗。每年進口售銀四五百萬兩。今法人封口。洋藥不通。曾經紳耆公請從權。劃出官莊。准民自種。照例納稅。於是嘉彰各屬多有種者。其味較淡。而雲南四川福建亦有產。然臺灣銷者以印土爲多。洋人運來易貨。臺商亦自採辦。臺南販土之商合設一會。曰芙蓉郊。輪年值理。每箱徵費二圓。以充義舉。售烟者曰芙蓉舖。亦有公會。銷用之廣。幾於粟米麻絲矣。先是商人陳郁堂攬辦臺南阿片釐金。欠款四萬六千兩。防務之時。軍費浩大。疊催不繳。巡撫劉銘傳札飭撤辦。提轅訊究。而璈仍任之。銘傳大怒。以其通同作弊。奏請革職。璈遂以此獲罪。

臺灣阿片進口表

年分	滬尾及基隆	安平及旗後	合計（箱）
光緒四年	一、八四八	二、八五三	四、七〇一
五年	二、一六五	三、三八七	五、五五二
六年	二、一四九	三、六四七	五、七九六
七年	二、一四二	三、七三九	五、八八一

八年	一、五八四	三、〇一二	四、五九六
九年	一、二六五	二、七五二	四、〇一七
十年	一、二七〇	二、三〇八	三、五七八
十一年	一、四三六	二、三三九	三、七七五
十二年	一、六三三	二、九一三	四、五七六
十三年	一、六二二	二、六二六	四、二四八
十四年	一、九七四	二、六七二	四、六四六
十五年	一、九八三	二、七五二	四、七三五
十六年	一、九六七	三、〇七六	五、〇四三
十七年	二、一八一	三、四〇一	五、五八二
十八年	二、一〇三	三、〇三六	五、一三九

臺灣徵收阿片釐金表

年分	滬尾及基隆	安平及旗後	合計（兩）
光緒十三年	一三一、二八〇	一六八、〇〇八	二九九、二八八

十四年	一五七、九五七	二一三、六〇八	三七一、五六五
十五年	一五八、八〇九	二一九、九〇三	三七八、七一二
十六年	一五七、六〇三	二四六、二〇〇	四〇三、八〇三
十七年	一七四、五五三	二七二、〇八七	四四六、六四〇
十八年	一六九、一五八	二四二、九〇二	四一八、〇六〇

臺灣通史卷十九

郵傳志

臺南　連雅堂　撰

連橫曰。臺灣海國也。四面皆水。荒古以來。久不與世接矣。而高山摩漢。平野生雲。獸蹄鳥跡之交。爲土番盤踞者。又不知幾千載。夫臺與閩粵比鄰。順風揚帆。尅日可至。隋代既鎮撫東番。宋人又從而貿易。而皆不隸版圖。則以交通未便也。明季葡船發見此土。荷西二國遂分據之。各主其地。中間數百里。抑未有往來者焉。當是時。臺灣之名遠播歐土。而日本之八幡船亦出沒海上。瀛壖片壤。遂爲東西洋人交接之區矣。延平相宅。萬衆偕來。閩粵之人扶攜而至。閩居近海。粵處山陬。守望相助。出入相友。而交通闢矣。歸清以後。拓地日廣。南船北馬。昔昔往來。而陸輸海運。仍從舊轍。尚未足以促群治之進也。及劉銘傳任巡撫。乃立富強之策。購輪船。築鐵路。設郵遞。通電綫。經營布置。面目一新。惜功未全成。而解任去。寧不可恨然銘傳之功。固宜特書而不容泯者。記曰。登高自卑。行遠自邇。今試著於篇。曰陸運。曰海運。曰郵電。而燈臺附焉。

陸運

臺灣當鄭氏之時。統治僅及承天。半線以北。尚委荒蕪。唯巡防一至而已。淸人得臺。沿用舊法。置驛戍兵。漸及北鄙。康熙三十六年。仁和郁永河始至北投採磺。其時斗六門以上。猶是未闢之地也。中葉以後。至者日多。南達瑯璚。北及三貂。而臺東之遠。且有至焉。然自極南以至極北。計程幾八百里。行者須十三四日。急亦八九日。而溪流廣漠。每逢大水。阻遏不前。或至浹旬不渡。且臺之陸運。僅藉人力。未曾以車馬往來。其駕牛車者。但爲載糖輸穀之用。日行二三十里。牛車之制。夾以兩輪。輪徑幾二丈。每輛可載十石。笨重難行。其有溪流者。則多用筏焉。臺人謂之渡。曰官渡。由官司之。不取其賃。曰義渡。由鄉司之。而收其稅。以充善舉。或爲寺廟香火。請官准給。曰私渡。由民司之。以載客貨。而時有勒索之弊。有司示禁。其風稍息。溪之小者。多架竹橋。或積石爲杠。深山大谷中。則多縛藤橋。兩旁繫於巨樹。長十數丈。人行其上。如步虛空。搖蕩殊甚。懦者至不敢過。然山居谷飲之民。趨之若夷。習險故也。近則多附鐵線。行者便之。臺地無車。故用轎。轎制略同漳泉。日行可五六十里。漢書淮南王諫伐南粵。謂乘轎踰嶺。其時南粵之道路未治。猶臺灣也。同治十三年。欽差大臣沈葆楨奏請開山撫番。以總兵吳光亮帥中軍。同知袁聞柝帥南軍。提督羅大春帥北軍。分兵三路而入。自前山以達後山。測地繪圖。建標計里。而獸蹄鳥跡之區。始爲行旅往來之道矣。葆楨之疏曰。南路一帶。自九月間袁聞柝率綏靖一軍。越崑崙坳而東。張其光隨派副將李光領前隊繼之。十月初一日。李營至坳東。袁聞柝乃拔營前進。自崑崙坳至諸也葛。計程不過數十里。而荒險異常。上崖懸升。下壑習墜。山皆北向。日光不到。古木慘碧。陰風怒號。相顧失色。不能不中途暫駐。以待後隊之來。當袁聞柝駐營諸也葛之日。正張其光內埔辦理兇番之時。有老鴉石者。崑崙坳之西境也。初八日。張其光左營有勇丁五人。暮經該處。突有數番殺傷二人。都司張欣守備周恩培等。卽派隊追趕。該番逃散無踪。隨傳內埔社頭人查係七家蛋社兇番。二十四日。參將周善初出哨雙溪。途見無首勇丁橫臥血漬。旋見兇番多人執械狂竄。麾勇追之。適周恩培出哨。橫截坡前。槍斃其一。擒其三。餘悉散走。俱爲陳阿修社番。卽將三人就地正法。二十日。都司張朝光率兩哨營於大石巖。都司張天德亦率隊至諸也葛。袁聞柝乃得拔營前赴卑南。諸也葛以下。地略平坦。然榛蕪未剪。焚萊伐木。頗費人功。聞柝露宿。空山染病甚重。輿疾率旅。逕抵卑南。張天德一軍亦已趨紮大貓裡。與之犄角。辰下卑南一帶。業已開通。崑崙坳左近。雖有兇番出沒。已分別懲儆。諒無敢生心。惟山道險遠。糧運殊艱。而卑南一帶海口。波濤拍岸。船不能泊。自內埔至卑南。均已派營分布。聲勢尚能聯絡。此南路近日開山之情形也。臺北一帶。提臣羅大春自九月十八日。派都司陳光華為首隊。守備李英千總王得凱為次隊。游擊李得升為三隊。前赴新城。別遣軍功陳輝煌率兩哨赴大清水溪。總兵戴德祥以三哨紮大南澳。二哨紮大濁水溪。時正風雨。連山諸軍阻不能進。二十五日天晴。陳輝煌先至大濁水溪。旋有兇番抗拒。擊斃二人。遂即走散。李得升李英陳光華等踵至。會勘形勢。近溪荒壤。周圍約寬數十里。惟地皆砂石。不及大南澳之膏腴。溪岸南北約距三十餘丈。波流陡急。副將周維光等連日趕造正河支河木橋各一。工程既竣。各軍乃得越溪而前。自大濁水溪以往。前者曰小清水溪。後者曰大清水溪。十月初八日。陳光華一營紮小清水。而陳輝煌等進紮大清水。即有新城通事李阿隆等率太魯閣番目十二人來迎。願為嚮導。隨至新城。營於溪東。又有符吻豆蘭等社番目來迎。我軍遂進駐奇萊花蓮港之北。為後山橫走秀姑巒之道。自蘇澳至新城。計山路二萬七千餘丈。自新城至花蓮港。計平路九千餘丈。統計二百里有奇。而沿途碉堡。除蘇澳至大南澳已設者不計外。應添建十有二處。均已興工。惟大南澳至大濁水溪一帶。兇番充斥。狙殺行人。乃於大南澳山腰。再闢一路。旁通新城。一以避海濱懸崖之險。一以塞兇番歧出之途。經派千總馮安國帶勇往辦。涉溪五重。方開十餘里。十一月十一十三等日。正在開路。突有兇番千餘。分伏放槍。我軍竭力抵敵。擊斃四人。始退。而我軍陣亡者四人。傷者十八人。十五日。行至崇山之麓。我兵正在峽中開鑿。忽聞槍聲四起。抵禦兩時。至者愈多。黃明厚馮安國以該番傾社而至。其中必虛。分兵繞擣闌其無人。惟見新舊髑髏。每寮或數十顆。或百餘顆。乘風縱火。燬寮十數。陣番始散。是日計亡兵勇四名。重傷二十名。其駐大濁水溪之勇。由小南澳運糧而歸。於十三日途過石壁。突遇兇番蜂擁包抄。陣亡二人。溺死四人。重傷一人。經守備朱榮彪馳隊赴救。始各駭散。羅大春以番族肆擾。難疏提防。而山地遼濶。不敷分布。飛函商請添兵。臣等即檄駐彰化之宣義左右兩軍。馳赴。日內可到。惟新城奇萊一帶。應如何設立營汛。建造墩臺。俟羅大春親至相度。再籌布置。此北路近日開山之情形也。又曰。羅大春以本年正月初五日。自蘇澳起程。

初九日。至新城履勘三層城馬隣溪等處。旁繞加禮宛南勢直抵花蓮港之北。中界得其黎。得其黎以北百四十里。山道崎嶇。沙洲間之。而大濁水大小清水一帶。峭壁揷雲。陡趾浸海。怒濤上擊。眩目驚心。軍行束馬捫壁而過。尤稱險絕。以南六十里。則皆平地。背山面海。如悉墾種。非無良田。然地曠人稀。新城漢民僅三十餘戶。外盡番社。自大濁水至三層城。依山之番。統名太魯閣。曰九宛。曰寔仔眼。曰龜女。曰女沙。曰符吻。曰崙頂。曰寔空。曰寔亞八眼。凡八社。譃高恃險。野性靡常。奇萊平埔之番。居鯉浪港之北者。曰加禮宛。曰竹仔林。曰武暖。曰七結仔。曰談仔秉。曰瑤歌。凡六社。統名加禮宛番。其性畏強欺弱。而居鯉浪港之南者。曰根老爺。曰匏干。曰薄薄。曰斗難。曰七腳川。曰理劉。曰脂屘屘。凡七社。統名南勢番。男女共七千七百有七人。雖悉就撫。而薄薄理劉二社旣順復貳。除薄薄能兼鹽加禮宛頗耕種。餘則茹毛飲血。叛復不常。時當防範。他日建城之地。宜在奇萊。若新城三層馬鄰鯉浪。不過營汛之區。然必截大清水以南隸奇萊。以北隸大南澳。方足以資控制。羅大春自率大隊入新城。添設碉堡。該番驟生疑慮。呼聚悍黨。晝則伏莽。夜則撲碉。疊經奮擊。時有斬獲。自蘇澳之五里亭起。至秀姑巒之鵲子埔止。計地三百四五十里。擬分五段。沿途建硼三十有二。各派營哨屯之。俾得一氣聯絡。卽以宣義左營駐三層城。策應鵲子埔以北。宣義右營駐加禮宛。策應鵲子埔以南。此花蓮港以北籌辦之情形也。其南爲走秀姑巒之道。固木瓜番游獵之場也。登高一望。平沙無垠。茅葦盈丈。人跡不到。該番兇悍不亞斗史。故沃壤曠如。南北溪道濶及三十餘丈。欲造木橋。苦無巨材。乃先建支河一道。陳輝煌業率所部結筏以濟。直趨吳全城。距秀姑巒祗數十里。卽有成廣澳番目來營乞撫。別有大巴壟社馬達唵社皆近附強番。亦就撫。平埔之番鬨已盡。此平埔旣附。以之專圖高山。事勢較易。此花蓮港以南籌辦之情形也。中路原派前南澳鎭總兵吳光亮帶兩營駐集集埔一帶。嗣經臣等奏派臺灣道夏獻綸督理開山撫番諸事。吳光亮以本年正月初九日率勇由林圯埔社寮分開兩路。至大坪頂合爲一路。進向大水窟。至頂城。計開七千八百三十五丈有奇。二月初七日復開工。直抵鳳凰山麓。躋半山。越平溪。經大坵田。跨扒不坑等處。而入茅埔。又開三千七百七十五丈有奇。兩處凡建塘防八所。沿途橋道溝渠。木園宿站。俱漸興修。分派兵勇。自集集至社寮大水窟大坵田茅埔南仔脚萬東埔各隘。逐節配駐。幷招撫水裡沈鹿等三十九社。男女七千二百九十有二人。現方循途漸入。斬棘披榛。以出秀姑巒之背。倘能因勢開通。將與北路諸軍聯爲一氣。此又中路一帶開山之情形也。又曰吳光亮以三月初九日起。至四月初八日止。自茅埔越紅魁頭經頭社仔坪。過南仔脚萬。至合水。計開四千六百八十丈。遞建塘坊四。營壘一。茶亭木圍公所各二。以便往來。自初九日至於五月初八。大雨兼旬。工程稍滯。然自合水歷東埔社中。走霜山至東埔坑頭。又開三千七百九十丈。公所兵房隨地建置。當再陸續前進。別以人工從牛轀轆旁開一道。側接茅埔。俾得分達埔裡集集社寮南投各處。以便商旅。時通。於是中路自東埔坑頭越八通關而過。爲群山之最高者。與臺東秀姑巒對峙。氣象雄偉。喬木蔽天。亘古以來。不通人跡。光亮名之。摩崖刻字。至今尙存。過關而東。爲雉公關。爲先鋒印。爲雷風洞。地皆險峻。遂經黃祈山。以光緒元年冬十一月至璞石閣。而南路自恒春之四林格經牡丹灣吧塱衛卑南覔而至大莊。北路自宜蘭之蘇澳。經新城花蓮港而至大巴壟。均以是年秋竣工。南北相通。東西可達。理番開墾。爲之一進。是役開路八百五十有九里。爲時幾一載。而經費不過三萬餘圓。多藉兵勇之力。然以山谷深峻。瘴癘披猖。生番剽殺。頗多損失。而乃臨危遇險。不屈不撓。困苦備嘗。奮邁前進。以闢此曠古未闢之道。可謂勞矣。於是葆楨奏請獎敘。羅大春以革職提督開復原官。吳光亮袁聞柝各進一級。餘亦嘉賞。光緒七年。福建巡撫岑毓英巡臺。以大甲溪爲南北要道。溪大流急。每苦難涉。乃勸紳富捐款。助以官帑。築隄架橋。以鐵桶積石爲礎。橋長百五十丈。費款二十萬圓。越年六月十七八日。山水驟漲。奔流挾木而下。橋礎斷絕。隄潰六百丈。巡道劉璈擬脩飭臺北府查勘。費須數萬圓。璈再集紳富議捐。衆以溪險流大。恐無益。其時秋漲方盛。驟難施工。遂止。璈以臺南爲首善之區。而道路湫隘。市廛櫛比。非以安民居而興商務也。乃議開運河。導水入城。東引五空橋之水。南引二層行之水。北引柴頭港之水。以出於海。宣積穢。利運輸。河之兩旁改築大道。植樹列屋。爲郡之表。前時安平之水可達郡中。其船至大井頭街。而河道漸淤。水多溷濁。故璈欲疏之。而郡人以折屋多損。持不可。其議又止。安平距郡治六里。中隔帶水。往來乘舟。璈命防兵築之。旁樹榕柳。於是始有馬車。行者稱便。十三年。巡道陳鳴志鎮海後營副將張兆連合請巡撫劉銘傳。別闢後山之路。自彰化之集集以達臺東之水尾。尅期進工。東西並舉。自正月以至三月。大功告成。而前後山之連絡較縮矣。先是光緒六年。銘傳上疏請造鐵路以圖自強。略曰。臣嘗私患竊歎。以爲失今不圖自強。後雖欲爲。終恐無及。夫自強之道。練兵製器固宜次第舉行。然其機括莫急於築造鐵路。夫鐵路之利於漕務賑務商務鑛務釐捐行旅者。不遑殫述。而於用兵之道。尤急不可緩之圖也。查中國要道。南路宜開二條。一自清江經山東。一自漢口經河南。俱達京師。北路宜自京師。東通盛京。西通甘肅。惟是經費浩繁。急切未能盡舉。擬請先修清江至京師一路。與本年議修之電線相爲表裡。事關軍國安危。繁之若輾轉遷延。視爲緩圖。徒託空言。永無自強之日矣。旨下內外大臣議奏。李鴻章劉坤一均贊其議。而駐德公使劉錫鴻方歸自歐洲。亟言不可。議遂寢。及銘傳任臺灣巡撫。十二年。奏請試辦鐵路。略曰。臺灣既爲我國海防之要。當此建省之時。宜速振興殖產。招徠工商。以爲富強之計。而欲行其事。必先利其器。曩者奏派革職道張鴻祿候補同知李彤恩等。考察南洋商務。今既歸臺復命。新設輪船公司。以往來淡水新嘉坡西貢等港。然以臺灣內地運輸未便。遂致沿山貨物。不能配至港口。據該委員稟稱。南洋僑商素聞臺灣土地肥沃。出產繁盛。官府又竭力鼓勵。多欲來臺經營。然荊棘滿地。道路崎嶇。欲期工商聚集。貿易勃興。寔非易事。擬請築造鐵路。起自基隆。以達臺北。與各港連絡。不特可以振全臺之商務。而亦大有裨於海防也。又據該委員等稟請。當此國家財政困難之秋。官辦非易。請招募商款壹百萬兩。發行鐵路股票。以其得利。攤還母息。則不動公款。而鐵路可成。誠計之善者也。臣愚以爲臺灣不獨海外之孤島。實爲東南七省之屛蔽。將來通商惠工。開闢利源。全臺經費。足以自給。而臺北駐防之兵。調轉自在。永保巖疆。如練軍淸賦以及架設電線。次第舉辦。本年內外當可陸續告竣。至如築造鐵路。臣已深信不疑。唯以經費之故。躊躇至今。玆幸該委員等。請以商款措辦。唯由官府保護。將來坐收其利。其議甚善。似可舉行。至如築造鐵路之利。除驛遞。開墾。商務之外。尚有益於現今臺事者三。請略陳之。臺灣四面皆海。防不勝防。基隆滬尾安平旗後四口。現雖建造礮臺。駐兵防守。而新竹彰化沿海一帶。港汊分歧。一旦有事。敵兵上陸。南北隔絕。全臺立危。若築造鐵路。則調撥軍隊。朝發夕至。是其便於海防者一也。臺灣旣建一省。選擇省城。控制南北。其地襟山帶海。最爲適當。然距海較遠。將來建築衙署廟宇。鳩工治材。運輸不便。若鐵路開通。則商業可致繁盛。是其便於建省者二也。自臺北至臺南計程六百餘里。中多巨溪。春夏之際。山水暴漲。行旅遏絕。臣今擬於大小各溪上流窄處。架設橋梁。通算工費。須銀三十萬兩。今若許准建築鐵路。則此橋梁二十餘條。一齊興工。可爲朝廷節省巨款。是其便於臺灣工事者三也。疏上。下旨照議。於是設鐵路總局於臺北。以記名提督劉朝幹爲總辦。從事招股。應者甚多。以德人墨爾溪爲監督。英人馬禮遜爲工程長。

測量路線。自臺北至基隆二十英里。是年六月。自大稻埕起工。以余得昌所帶昌字四營爲工役。中經獅球嶺。開鑿隧道長十八鎖。翌年由臺北而南。涉淡水河。架橋以渡。長千五百二十英尺。以時啓閉。下通舟楫。越龜崙嶺。經桃園中壢大湖口而至新竹。計長四十二英里。中有巨橋三。如紅毛田溪之七百五十英尺。鳳山崎溪之六百八十英尺。荳仔埔溪之六百十七英尺。此工事之難者。而臺北至基隆以十七年十月開車。臺北至新竹則至十九年正月告竣。路廣十一二尺。軌條濶三尺六寸。重三十六封度。其機關車十五噸或二十五噸。列號之外。又錫以名。曰騰雲。曰御風。曰超塵。曰掣電。言其速也。分上下兩等。設備頗簡。每車長約二丈。貨車略同。凡設車站十六處。均以土造。曰火車房。其驛長曰司事。顧當草創之時。站中不設信號機。亦無昇降場。其始每日開車六次。後乃減爲四次。然途中遇車。隨時可以搭乘。故時刻不定。每逢大稻埕致祭城隍之日。臨時增駛。以便往來。而歲首臘底以及五節均停車焉。乘車之費。自臺北至基隆者四角四尖。而至新竹者八角六尖。上等倍之。每里約當二尖一。釐貨物則擔抵一人。平均一日之客。臺北基隆五百人。臺北新竹四百人。顧是時民用未慣。物產未盛。而基隆河之水尚深。舟運較廉。鐵道未足與競。以是入款尚少。每月搭客一萬六千圓。貨物四千圓。收支不足相償。然銘傳又欲達至南路。以速全臺交通。而自新竹以南。溪多且廣。非可易過。乃命德國工師測量大安大甲兩溪。籌架鐵橋。其策果成。臺人之福也。當是時。銘傳以勵行新政。淸賦加稅。民怨其苛。而政府又多方掣肘。物議沸騰。工事遲進。十七年。遂稱病辭職。邵友濂繼之。疏言經營鐵路之難。略曰。臣查臺灣爲海外孤島。港汊分歧。欲爲居中控制之策。固宜建築鐵路。然經營七年之久。僅得臺北竣工。從前籌劃不爲不善。而卒未能相副。何也。臺灣土地鬆浮。田園漫衍。培築不密。隨見崩塌。又或坡陀參差。巒壑倚伏。曲直不定。高下靡常。北穿獅嶺洞。墜百尋。南度龜崙坂。踰九折。路工之難如此。又或谿澗縱橫。宜臨宜束。水流湍急。因勢築防。矗址重淵。搆基陡岸。洪波方迅。壘石旋傾。積沙旣深。揷椿亦陷。橋梁之難又如彼。加以工銀料價。共須倍加。此後增進。計難逆料。奉旨批准。而臺灣鐵路爲之一挫矣。顧自基隆至新竹。計程六十二英里七十鎖。用欵壹百二十九萬五千九百六十兩。每英里僅二萬六千五百七十五圓。較之他國所築。工費較省。蓋以使用兵役之故。而所雇路工。其資亦廉。每名日給三角。工師多用粵人。如淡水鐵橋。則張家德所築者。技亦巧矣。鐵路所過之地。大小橋梁七十四。溝渠五百六十八。其軌條雖購之英國。而枕木則皆用臺產故別設伐木局以統領林朝棟辦其事入山採取凡松一片爲價三角五尖樟四角五尖由溪運往而樟較耐用且取之不盡友濂既奏准停工乃由福建藩庫借撥壹百零四萬兩贖歸官辦裁伐木局併鐵路局於通商以縮小之而臺灣鐵路遂不進

前山道里表

自恆春十五里柴城十八里柴寮十五里楓港十五里枋山十三里嘉鹿塘四里率芒溪五里枋寮十二里蘆竹塭十四里東港七里王爺宮十六里芎蕉脚八里鳳山東門

自鳳山九里大將廟十一里楠梓坑十里橋仔頭十里阿公店二十里大湖七里二層行溪十里大林莊三里安平南門

自安平三里柴頭港四里三崁店十里看西街十五里曾文溪九里茅港尾十五里火燒店十五里下茄苳莊十八里水堀頭十二里嘉義西門

自嘉義五里牛稠溪八里打猫街七里大莆林十里他里霧十二里虎尾溪五里刺桐巷二十里寶斗街十五里二抱竹莊十二里茄苳莊八里彰化南門由他里霧別行十里至雲林城

自彰化五里茄苳脚七里大肚街十五里沙轆街八里牛罵頭八里大甲溪五里溪北五里大甲街十里

房裡街十里呑霄二十里後壠十五里中港十七里香山八里新竹西門

自新竹十三里鳳山崎十里大湖口十五里楊梅壢七里土牛溝十三里中壢新街十五里桃仔園十里龜崙嶺十五里新莊十二里淡水南門

自淡水十二里錫口十五里水返脚十六里八堵九里暖暖街二十五里三爪仔莊八里龍潭堵十五里三貂嶺十二五里三貂溪

計七百九十三里

後山道里表

自三貂溪九里牡丹坑八里草嶺頭十五里大里簡二十一里北關九里頭圍十五里礁溪十一里宜蘭北門

自宜蘭十五里溪洲渡五里羅東十二里猴猴莊十八里蘇澳二十里東澳三十里大南澳三十五里大濁水二十五里大清水三十五里得其黎十里新城五十里花蓮港

自花蓮港二十里吳全城三十九里大巴壠二十二里周塱社二十二里水尾三里璞石閣二十四里石牌莊四十五里卑南草

寮五十里卑南寶桑

自卑南二十里知本二十五里大猫裡三十三里干仔關二十里巴塱衛十里阿郎壹溪二十七里牡丹灣二十五里八瑤灣二十里萬里得二十里射蔴裡十三里恒春東門

計八百零八里

前山至後山道里表一

自林圮埔十七里大平頂七里大水窟七里鳳凰山麓十八里茅埔十八里南仔脚十九里東埔社十里東埔坑十五里鐵門洞十八里八通關十三里八母坑十八里雙峰仞九里大崙溪二十五里雷風洞三十一里打淋社四十里璞石閣

計二百六十五里

前山至後山道里表二

自楓港十里射不力十五里雙溪口二十里大雲頂十五里英華嶺二十里阿郎壹溪十里巴塱衛二十里干仔關二十里干仔崙十三里大猫裡二十五里知本二十里卑南

計二百三十六里

前山至後山道里表三

自下淡水十二里赤山十五里雙溪口二十里崑崙坳十里大石巖四十里諸也葛二十里干仔崙十三里大猫裡二十五里知本二十里卑南

計一百七十五里

前山至後山道里表四

自艋舺八里梘仔尾九里樟腳六里深坑十二里崙仔洋十八里銃櫃十一里頭圍十五里礁溪十五里宜蘭北門

計一百零三里

中路道里表

自鹿港十二里馬鳴山五里三塊厝三里彰化西門五里大竹圍十里內快十里本縣莊十里營盤口五里南投二十里集集街十里風谾口二十里頭社十里水社十里新城十里白葉嶺十里埔里社

計一百五十里

航運

荷蘭爲海上之覇。侵略臺灣。以拓商務。夾板之利。遠曁東西。而以安平爲碇泊之口。其時港道深廣。可至熱蘭遮城。小者且及赤嵌樓下。樓固海中小島也。安平之北謂之臺江。舳艫千艘。聚會於此。今則變爲平陸矣。荷人旣據安平。駐兵戍守。開鑿運河。至柴頭港。又北至看西。以通蕭壠蔴荳諸社。故道猶存。則今之鹽水溪也。安平之南爲七鯤身。港汊紛錯。今亦淤爲平陸矣。當是時航運之利。西至閩粵。東及日本。南遍爪哇。安平一口。遂爲交通之紐矣。延平克臺。亦恃航運。故能橫厲重洋。以凴天塹。而清人莫敢抗。永歷十八年。英人來請通商。二十年。呂宋總督派使來聘。二十八年。命戶都事李德赴日本。又造巨舶。往賈暹邏呂宋葛拉巴。其後輙相貿易。皆有航運之利。當是時清廷方嚴海禁。凡入海者殺無赦。而閩粵人之往南嶠者已數百萬人。均以臺灣爲內府。故得獨操通海之利。清人來後。雖開海禁。而商船渡臺者須領照。由厦防廳司之。至則臺防同知驗之。其船皆漳泉富人所造。有糖船橫洋船。材堅而巨。大者可載六七千石。南至南洋。北曁寧波上海天津牛莊。販運之利。頗操其奇。故郡中商務一時稱盛。其後派運臺米。配載班兵。船戶苦之。積穀日多。遂有雇船官運之議。語在糧運志。續以蔡牽之亂。假擾海上。凡十數年。商船多毀。於是至者日少。而漁船愈衆。然漁船輕小。向不配差。口員照例僅查出入。積滯公文。數月不至。道光三十一年。巡道徐宗幹議定漁船兼配公文。以免阻遏。前時郡中有太平船二艘。專以運送兵丁骸骨幷附客柩。招募郊商舉充。廢棄殆將十載。至是議興之。通商以後。外貨紛至。於是始有輪船。設船政廳以理之。同治七年十一月二十二日。總理各國事務衙門咨稱。本年九月初十日。據赫總稅務司將引水章程十五條。改爲引水新章十條。申送本衙門。於九月十五日。照會布俄英法美日各國駐京大臣。去後。除日本國未接照復外。玆據布俄英法美各國駐京大臣先後照復。允飭各口領事試辦等因前來。除札知赫總稅務司遵照外。相應抄錄總稅務司所改章程十條。咨行查照。總督接後。卽飭巡道遵辦。於是復訂臺灣各口引水分章十條。與專條略有更改。十年。英船海輪始定臺灣航路。以往來安平淡水厦門汕頭香港。每兩星期一回。其船尙小。載重僅二百七十七噸。而貨客繁夥。獲利厚。乃設得忌利士公司。以爹利士航行香汕厦安。科摩沙海龍海門行於汕厦淡水。而臺灣航業。遂爲所攬矣。光緒七年。巡撫岑毓英巡臺後。以臺地孤懸海外。非舟莫渡。諸船政大臣。派撥琛航永保兩輪船。循環來往。以速文報。幷准商人配貨。是爲官辦之船。其搭客自安平至廈門。或自基隆滬尾艋舺至福州。每人三圓。自安平至福州及由臺北至廈門者五圓。又自臺南至臺北者亦三圓。貨物之儎。則照招商局所定。酌減二成。一時頗殺外船之利。其後又增伏波萬年清兩船。以速郵遞。而載煤至上海者亦較多。法人之役。沿海被封。出入杜絕。唯帆船時得偸渡。然每遭擊沉。往來殊險。十一年。巡撫劉銘傳以飛捷威利萬年清航行臺灣及中國各港。十二年。設招商局於新嘉坡。又以三十二萬兩購駕時斯美兩船。往來上海香港。遠至新嘉坡西貢呂宋。而外船之載糖茶者多至日本美國。太古輪船亦時一往來。於是航業漸盛。先是光緒二年。帆船之至淡水者百十一艘。而輪船僅四十四艘。至十六年。則帆船減爲八艘。而輪船增至百二十六艘。計有十七萬七千五百餘噸。蓋自銘傳治臺以後。物產大興。商務日盛。而航運亦受其利。初銘傳既築鐵路。籌疏基隆港。以連陸運。十三年。以林維源爲總辦。測量港道。擬自牛稠港至蚵殼港。括鱟嶼於中。塡平海岸。以建車站。又自小基隆至鱟嶼。新築市廛。建埠頭。以接車站。其中按造鐵橋。長十有二丈。爲車馬往來之道。惜功尚未竟。而解任去矣。旗後爲臺南商埠。港道稍隘。歷任稅務司疊請開鑿。巡撫丁日昌。亦奏請開浚。兵備道夏獻綸稟請遵辦。而日昌以開浚之時。慮有三難。港底有石。一也。形勢有礙。二也。經費太巨。三也。獻綸復曰。開港與挖煤不同。祇將浮沙挖去。幷無石隔。一免慮也。地方形勢旣建礮臺。可以防守。二免慮也。經費一途。可由臺餉提用。似可裕如。三免慮也。且通商以來。中外遭風船隻。時有所聞。如不開浚。設有洋船遭風之事。藉此要求。反落後着。故獻綸以爲開之便。未行而獻綸卒。張夢元接任。仍不欲辦。遂以籌款未定。照會稅務司。幷稟總理衙門。以前開浚估價五萬三千餘圓。續估二十萬四千餘圓。爲數太巨。擬照吳淞之例。暫止。九年。安平英領事霍必瀾以港道日塞。易致膠舟。遞年險惡。現有浚港之船。爲價不上五千圓。願自發價疏浚。或由中國自辦。不從。及銘傳任巡撫。十六年夏五月。命英人馬禮遜查勘。將大興工事。以張貿易。未行而銘傳去矣。安平至府之運河。例由三郊自浚。數十年來。日形淤塞。而安平港口。又以沙汕之阻。自夏徂秋。波濤澎湃。輪船不能入口。多泊於四草湖外。一遭大風。駛避旗後。遠或繫碇澎湖。貨物起落。以是困難。商務之興。爲之頓挫。夫臺灣處大海之中。又有澎湖隔之。黑潮所經。其流甚急。澎之四圍多礁石。舟觸輒破。故自通商以來。輪船遭難者。凡數十次。雖有巡洋哨船。以爲救護。而事起倉卒。慮有未周。光緒二年夏六月。福建巡撫札飭各廳縣。選舉沿海地甲頭目。分擇地段。責成保護中外船隻在洋遭風之事。并頒行圖冊章程告示。委員前往各海口確查。由各廳縣給發號旗。以爲憑。准俾其督率鄉民。寔力救護。十年秋八月。英船某自旗後遭風。漂至草湖。時適法人犯臺。沿海戒嚴。莊人見之。以爲敵船也。者持械禦之。躍登船上。刃傷船長。并奪貨物。鹿港同知鄒鴻漸趣往彈壓。北路營游擊郭發祥署彰化知縣蔡祥麟亦至。救其船人。追還所失。兵備道陳鳴志乃與領事霍必瀾商議賠款。而船主不從。旋委鳳山知縣李嘉棠再與領事交涉。往返數次。以七兌銀七千圓賠之。事始息。十一年夏六月。琉球漁人陳文達等十二人。遭風至基隆。莊人救之。給以路費。并修船費六圓。送之歸。十二月。復有日本駁船漂至後山高士佛。恒春知縣派人救之。資遣回國。十四年十一月。英船威定在洋遭難。澎湖右營都司李培林率兵救起五十餘人。十八年八月。澎湖大風。海水群飛。英船卜爾克自上海航行香港。觸礁沒溺。斃洋人一百三十餘名。澎湖官民赴救。得二十三名。載至府治。知府唐贊袞禮之。水師總兵王芝生餽金三百。英人大喜。救護之人各有賞給。初紐西蘭海上保險公司來臺開辦保險事務。委瑞興洋行理之。已而華洋保險公司亦分設南北。商務日興而航運往來亦日盛。

郵電

置郵傳命。其來久矣。明制十里設一鋪。每鋪設鋪長一名。鋪兵要路十名。僻路四五名。卽於附近有丁力田糧五斗以上二石以下點充。必須少壯正身。每鋪設十二時晷一個。以驗時刻。鋪首置牌門一座。牌額一方。簿歷二本。鋪兵各備夾板一副。鈴欅一副。纓鎗一把。棍一根。回歷一本。凡遞送公文。照古法以一晝夜合爲一百刻。每三刻行一鋪。晝夜須行三百里。公文一到。不問多少。隨時遞送。無分晝夜。鳴鈴疾走。以交前鋪。卽於回歷附寫到鋪時刻。以憑稽考。鄭氏因之。南北各設鋪兵。故臺人謂十里爲一鋪。清代沿用明制。乾隆二十一年。乃裁驛丞。而臺灣以遠隔重洋。向未設立。僅置鋪兵以事遞送。軍務之時。兼用塘兵。顧此爲公家之用。民間私信必覓長足以寄。市鎭繁盛之區。或設信局。以代傳命。信資之數。按道爲差。而每多阻滯。或致遺失。不能朝發夕至也。同治十三年。牡丹之役。欽差大臣沈葆楨治軍臺南。奏請架設電線。以速軍情。乃由丹墨國人德勒耶攬辦。光緒三年。巡撫丁日昌議由臺南府城至鳳山之旗後。先行開辦。飭游擊沈國先率福州船政電報學堂學生蘇汝灼等。以七月初十日自郡起工。九月初五日告成。凡二線。一自郡治達安平。一達旗後。計長九十五里。是為南路電線之始。十年。法人來犯。軍書旁午。巡撫劉銘傳以南北電報未通。不足以輔戎機。十二年。飭通商局委員李彤恩與上海德商泰東洋行立約攬辦。凡兩線。一自臺北郡治分歧而至滬尾基隆。一至臺南。與舊線接。計長八百里。而於新竹苗栗彰化雲林嘉義各設局辦理。十四年四月竣工。以候補道張維卿為總辦。是為南北交通之線。十三年八月。又自淡水沉設至福州之芭蕉島。而安平亦接至澎湖。是月二十一日。輪船飛捷自福州起工。翌日達滬尾。與陸線連。乃赴澎湖。以接安平。海陸兩線既成。自臺灣可通福州。遠而至於東西各國。莫不瞬息萬里。而臺灣不至孤立矣。當是時。銘傳既築鐵路。以利交通。又以鋪遞遲緩。奏請改設郵政。十四年。置郵政局於臺北。各地皆設分局。郵票兩種。一為官用。不徵其費。一為民用。按站計費。每站長百里。凡信一函重二錢以內者。徵錢二十。付郵之時交納。自臺南至臺北凡十三站。每函須二百六十文。郵路以外之地。別加其費。其發中國外洋者。則以輪船代遞。又有郵船兩艘。曰南通。曰飛捷。按期往來於上海福州及臺之各港。以遞送之。唯郵票之式。彫印頗粗。上繪一龍。國徽也。下繪一馬。驛也。所以示中國之郵傳也。十五年十一月。奏頒臺灣郵政章程。歸巡撫管理。以候補道任其事。每年入款達一萬兩。而民間信局仍開設。頗奪公家之利。使得逐漸更改。臻於至善。必有可觀。是年又設電報學堂。聘西洋教習。以授臺人子弟。而英國醫士梅威令既在旗後自設醫館。傳授醫術。十六年九月。復請架設電話。以廣學業。通商局不從。及邵友濂至。而電報學堂亦廢矣。乙未之役。劉永福駐臺南。安平稅務司麥嘉林請設郵政。其制略同前時。半取歐州成法。以稅務司兼辦之。票印一虎。民主國之章也。凡三種。分爲三十文五十文一百文。以兵遞之。當是時。戎馬倥傯。私信斷絕。故民間多用。乃未幾而臺南亦陷。其制遂止。

燈臺

臺灣爲南海之邦。而東西洋交通之道也。船舶往來。以是爲的。然而礁石隱現。風濤澎湃。稍一不愼。舟輒破碎。往時船舶自廈來南。過澎湖後。遙望王城之老榕。以取航程。漸近漸現城在安平海隅。址高而望遠。荷人所建也。然當天昏月黑時。四顧茫茫。東西莫辨。則於巡道署內立一燈竿。高可三丈餘。每夜燃燈。用以照遠。是爲燈臺之濫觴。舊例船舶出入巡道管之。故以是爲航路之準。雍乾之間。商務大盛。帆檣相接。北至天津牛莊。南至暹羅呂宋。皆以澎湖爲門戶。而澎湖錯立大海。群島相望。沉舟之禍。時有所聞。乾隆三十四年。臺灣府知府蔣元樞檄澎湖通判謝維祺。擇地於西嶼之杙仔尾。建造石塔七級。座約五丈。每夜燃燈。光照海上。是爲燈塔之始。道光八年修之。光緒元年。乃倣洋式爲燈臺。先是同治六年三月。美國商船那威號遭風。至鳳山之鵞鑾鼻。觸礁而沒。事後美領事請建造燈臺。以利航海。政府許之而未設也。已而日本來討牡丹社番。駐軍瑯璚。亦請速建。八年。聘英人爲工師。費款七萬兩。規模宏大。光照二十餘海里。臺成。照會各國。以地邇番界。駐兵守之。

安平燈臺　在安平海關之側。以磚建之。形圓而色白。距水面七丈七尺。燭光三百五十燭。可照遠十四海里。每四秒發光一次。爲第六等閃光白色。光緒十七年建。

打鼓燈臺　在鳳山縣打鼓哨船頭。以石造之。爲四角形。距水面十六丈四尺。燭光三百五十燭。可照遠十海里。爲不動白色。光緒十八年建。

鵞鑾鼻燈臺　在恒春縣鵞鑾鼻莊土名船帆石之南。以石造之。形圓而色白。距水面十八丈。燭光二萬六千燭。可照遠二十餘海里。爲第一等不動白色。

淡水燈臺　在淡水海關之側。以石建之。爲四角形。色白。距水面三丈三尺。燭光一百燭。可照遠九海里。或紅或綠。以分別之。而滬尾街上別建燈竿。火用瓦斯。色白。每二秒間發一閃。光燈高三丈五尺。距水面十四丈二尺。燭光三百五十燭。可照十五海里。均爲光緒十四年建。

西嶼燈臺　在澎湖廳西嶼。則漁翁島也。厦門航行臺灣之船。均以此爲表幟。乾隆三十四年。始建燈塔。道光八年。修之。光緒元年。改燈臺。其燈爲第四等不動白色。距水面十五丈八尺。燭光五百燭。可照遠十五海里。

臺灣通史卷二十

臺南　連雅堂　撰

糧運志

連横曰。臺灣爲宇內奧區。土沃宜稻。初闢之時。一歲三熟。故民無饑患。鄭氏養兵七十有二鎮。諮議參軍陳永華乃申屯田之制。以足兵食。又能以其有餘。供給漳泉。以取其利。故國用無匱。清人得臺。分駐戍兵。皆調自福建。三年一換。乃賦其穀。曰正供。以備福建兵糈。凡商船赴臺貿易者。須領照。準其樑頭。配載米穀。謂之臺運。其事由廈門海防同知司之。福建水陸官兵五十營。與駐防旗兵不下十萬。歲徵糧米。唯延平建寗邵武汀州興化五府產米之區。足給兵食。而福州福寗泉州漳州四府。則兵多米少。協濟猶不足。半給折色。督標金廈漳鎮銅山雲霄龍巖南澳諸營。且有全折者。雍正間先後奏請半支本色。以臺灣額徵供粟內撥運。謂之兵米。嗣增戍臺兵眷米。亦以臺穀運給。於是臺灣歲運福建兵眷米穀八萬五千二百九十七石。遇閏加運四千二百九十八石。乾隆十一年。巡撫周學健奏定分配商船。運赴各倉。此臺運之由來也。臺灣商船皆漳泉富民所造。渡海貿易。以博贏利。一時商務繁盛。故皆急公樂運。自五十九年水災之後。械鬭又起。續以蔡牽之亂。騷擾海上。軍興幾二十載。漳泉之民困焉。臺灣亦然。百貨蕭條。泛海日少。於是臺穀不能時運。而福建兵糈孔亟。廳縣皆借用備儲。而倉穀空矣。商船大者載貨六七千石。小亦二三千石。定例樑頭寬二丈以上者。配運一百八十石。一丈六尺以上者。一百三十石。石給運費六分六釐。初無所苦。既而倉吏多方挑剔。遷延時日。而民貨一石運費三錢。或至六錢。多於官運者數十倍。夫誰肯樂爲哉。且臺船載貨。多赴寗波上海膠州天津。遠至盛京。然後還閩。往返數月。官穀在艙。久懼海氣蒸變。倉吏不收。故多私易銀買貨。其還也。亦折色交倉。不可。乃買穀以應。官吏持以爲利。久之遂成陋規。如江浙之漕焉。嘉慶十四年。總督方維甸以臺穀積滯。奏開八里坌港。與鹿耳門鹿港一律配運。於是鹿耳門應運四萬九千餘石。鹿港二萬二千餘石。八里坌一萬四千餘石。初部議按照樑頭。每船配運自一百石至三百石而止。乾隆三十七年。詳定糖船應配百六十石。橫洋船八十石。四十八年。又奉部議。逢閏加運。及開二口之後。議定鹿耳門糖船配三百六十石。橫洋船百八十石。鹿港之廈船亦百八十石。蚶江船百四十石。蓋以蚶船較小。而八里坌漁船之渡海者。亦令配運自三十石以至八十石。然有司奉行不謹。商人又巧爲規避。而臺穀之積滯猶故也。十六年。總督汪志伊奏請自運。飭廈門蚶江兩廳封僱商船二十艘。每艘各載一二千石。照例給費。每石別給銀二分。派丞倅游守各一員監運以三回運歸十萬石。二十二年。復僱運七萬。商人雖勉強應命。而臺灣一聞專運。米價躍貴。民食被害。彰化知縣楊桂森議請改徵折色。奏罷臺運。省議不可。鹿港盧允霞聞之曰。此奇貨也。謂所善商人。我能革陋規。衆信之。以爲謀主。設館徵各船戶錢。爲訟費。然郡中及泉廈商船未從也。二十五年。巡道葉世倬至鹿港。諗商困。歸欲革之。議造官船自運。以語臺灣縣姚瑩。瑩曰。未可。臺穀歲十萬石。舟以二千爲率。當用五十艘。一艘以五千爲率。當費二十五萬圓。弁兵管駕舵工水手。每舟不下數十人。歲費又數萬圓。海舟駕駛三年一修。費又數萬。而重洋風濤不測。一有沉失。舟穀兩亡。是漕艘之外。又增國家一病也。世倬疑其有私。及爲巡撫。力持前說。未及改制而去。已而趙愼軫孫爾準爲督撫。患商運不前。命臺灣府方傳穟籌之。傳穟以鹿港口門淤淺。商舶不至。道光四年。乃開五條港。以利出入。而是年奉旨運米十四萬石至天津。免配兵穀者六十艘。配運之船益少。傳穟曰。今雖極力疏通。不足運本年之額。計來歲積欠當十萬以上。勢又必需僱運。然非善策也。重洋險阻。歲有漂沉。平時配運。祗百餘石。糖市倍之。失水責償。爲數無多。故行之可久。若僱船專運。每船何止十倍。設有不虞。官商難賠。雖前已三次行之。而未可恃也。昔時商本豐厚。船料堅固。今則商船薄小。沉碎較多。民間買貨千石。猶必分寄數船。以防意外。而官穀豈可不重乎。積穀十三萬。用船六七十艘。廈蚶二廳僱撥。當爲四起。或五六起。每起必有文武正副委員護送。弁兵供應犒賞。取諸四縣。賠累已甚。而內地各倉。既失商運之利。則必多所挑駁。此累之在官也。官穀運費每石六分六釐。較之民貨。僅爲十分之二。每船以二千石爲率。船戶僅得運銀一百餘兩。不敷費用。其船本及修整篷索桅碇之需。皆於何出。每逢僱運。行商及通港之船。皆科派津貼。而商戶仍不免賠。此累之在商也。臺灣三口來往商船。祗有此數。既運積穀。則明年新穀必有短配。是疏積欠。反增新欠。亦非計之得者。況臺地近年米貴。一聞專運。市價忽騰。是官商既病。復以病民。計唯有漸停新穀。折色支放。請飭廳縣查明積穀。照舊配運。其新穀悉易銀。按中平市價。每石折番銀一圓三角。分四季解至內地。有穀廳縣領回。折放兵食。內地番銀一圓可易制錢八百餘文。以二穀一米計之。每米一斗可折放制錢二百文。俟積穀運竣。仍配新穀。再有屯積。亦可仿此而行。則免僱運之害。而臺之積穀可淸。內地之倉儲可補矣。愼軫韙之。而水師提督許松年以爲不可。適盧允霞入京上控。求罷商運。事下督撫議。司道乃採楊桂森之說。停止商運。請臺地供粟。半折本色。以給臺營。半收折色。每穀一石征銀一兩二錢。以給內營。卽全數劃抵臺灣兵餉。可免一領一解之煩。每年又可省運費六千餘兩。愼軫曰。閩省漳泉諸府。負山環海。田少民多。出米不敷民食。臺地產米之區。故令征收本色。運給內營兵糈。原以臺地之有餘。濟內營之不足。今如改解折色。已失立法之意。臺郡各屬征收供粟。向無半本半折之例。方守所議暫解折色一年。猶屬一時權宜之計。尙可由官酌辦。若改征半折。則臺民有穀之家較多。紛紛糶穀完銀。必有平水火耗之加。更滋流弊。是利商以病民也。更易舊章。未可草率。其再議之。於是臺灣道孔昭虔臺灣府方傳穟臺防同知杜邵祁鹿港同知鄧傳安淡水同知吳性誠臺灣縣李愼彝嘉義縣王衍慶會議。皆謂商運不可罷。臺人聞將改折。大譁。紳士咸曰。民間完納正供。已百餘年。雖今昔情形不同。私有折色。亦皆按時價之低昂。無有一定。若改征折色。每穀一石征銀一兩二錢。轉成定例。行之日久。勢必又有加征，平水火耗，受累更深。且臺民市易，皆用番餅，并無紋銀，全賴每年兵餉散布民間，紋番兩便。故錢價得平。若大餉永停，則紋銀斷絕，番餅增昂，必致民商兩病，大不便爾。準亦以改折抵餉之說，密訪於傳穟傳穟復書曰：今之紛紛言商病者，皆務虛名，未計其寔。商船往來臺洋一次，販貨之獲利，與船戶之水脚，所得凡數千金，以數千石之船，而僅運百餘石之官穀，復給以每石六分有奇之運費，國家恤商，可謂厚矣。何病之有？所謂病者，有司之陋規爾。有國法在，罪之可也，裁之可也。若改易舊章，設有他弊，又何以處之？自古無不弊之法，利之所在，弊卽生焉。苟鑒於末流，遂并亡其本，是爲因噎廢食，烏可不察？夫商船運穀，雖以養兵，其端原於正供。臺地產穀之區，頗艱銀貨，故昔人因地定賦，有供粟而無地丁，雖有匀丁雜稅，爲數無幾。而漳泉福州兵民繁庶，產穀不足，故以有易無，運臺穀以濟各地之兵糈。發帑金以給全臺之兵餉，各得其所，民便久矣。雖近時臺屬正供不無折收，內地兵米不無折放，船戶運穀不無折交，然名存法在，每有需穀之時，猶可立備。一經改制，則內地永無得穀之期，臺地永無見銀之日。一旦需用，反費周章。其不便者一。臺屬貿易，俱用番餅，官民收用紋銀，皆仰給於臺餉。給兵之後，散布民間，舍此則海外紋銀斷絕矣。其不便者二。全臺兵餉歲發銀二十一萬一千有奇。逢閏發銀二十二萬六千有奇。又加餉銀六萬七千有奇。臺屬額征鹽課叛產官莊雜項錢糧捐款。盡數劃扣。歷年司中尙應發銀十四五萬有奇。今以通臺運穀折價。卽使年淸無欠。裁十萬爾不足抵大餉之數。設歲又歉收。民欠積累。立形支絀。海外兵餉攸關。貽誤匪細。其不便者三。自古三代不廢力役之征。國有徵發。里出車徒馬牛。惟所用。唐定租庸調之法。史猶稱善。蓋軍國之需。不能不資民力。匪特賴以濟事也。亦陰以維持上下。使民知趨事赴功。尊君親上之義。故民安其分而忘其勞。今西北直省猶有車馬差徭。故其民情愿樸。以奉公爲分所應爾。東南諸省民俗澆偸。一切便民。猶謗其上者。不知分與義也。海船無他徭役。官使往來。皆予僱値。獨過臺配載軍士。同棹配載運穀。此二事尙有奉公之意。爾然亦有水脚之給。雖稍有賠費。亦由船戶自圖巧利。爲口員胥吏之所挾持。遂成陋規。非無故而致也。若裁去運穀。則商船自此不識奉公之義。設一旦有意外之徵發。反與嗟怨。以爲不當役使之意。履霜堅冰。由來有漸。其不便者四。盧允霞一無賴訟棍。爾昔嘗以唆訟擬遣。逢恩赦歸。又盤踞鹿港。煽惑商民。假控革陋規之名。設立公館。每船抽費數十。是以奸民暴斂也。各商船戶唯泉郊數人稍稍附之。餘皆已悟其奸。有赴廳控其假公者。此前歲鄧丞所以往毀其館也。彼挾此恨。又爲衆船戶所歸。尤故冒死叩閽以塞衆人之責。始因歛費而控陋規。繼因陋規而陳改制。是以一奸民而敢橫議變亂祖宗成法矣。雖停罷商運之議。啓自楊桂森。然桂森之議。昔已不行。今則因盧允霞之控而行之。是奸民舞智。反優於邑令之建言也。其不便者五。州縣親民之官。必使有力辨公。乃可不形竭蹶。臺穀陋規。不但內地各屬賴之。卽臺屬廳縣亦有折半征收之利。每穀一石折收番銀二圓。或一圓八角。可當紋銀一兩四錢。或二三錢。今使以半折抵給臺餉。則官無絲毫餘羡。而廳縣從此大困矣。海外經費無一不倍內地。幕友脩金歲常四五千圓。捐賠之款又一二千兩。廉俸無幾。何以供之。非盡爲私肥之計也。其不便者六。雖有廉吏。亦必俾能自給。然後不侵國帑。不朘民膏。陋規既盡。勢必虧空。倉庫否則詞訟案牘。掊克贓私。民間受禍更烈。海外隱憂自此深矣。其不便者七。夫病商之弊。其寔猶小。若以便商之故。而病官與民。因以病國。則害更巨。古之爲政者。利均。則權之以義。害均。則權之以大小輕重。不可不謹也。爾準納之。愼軫亦與書傳穟曰。比閱陳議。所見正同。事關國制。不可不盡言。然已違衆議。不能商運。傳穟所云運舊停新之策。亦遂置之。明年仍罷運焉。傳穟復議停運眷米。每米一石抵與紋銀一兩。藩司於臺餉扣發臺屬以折色納府。抵大餉焉。是時愼軫已去閩。議雖暫行。未及咨奏。傳穟亦改調矣。道光七年。議定不計樑頭之大小船之名目。凡廈船配穀百五十石。蚶船大者百石。小者八十石。橫洋船百八十石。糖船三百六十石。務欲以淸積滯。而積滯猶如故也。於是奏請折色。自是年起。每石易紋銀一兩。令各兵眷自行買米。商船便之。

鹿耳門應運兵眷米穀表 米從△ 穀從▲

運出之地	收用之地	兵米兵穀	眷米眷穀
嘉義	廈防廳倉	▲二四、一五四	▲一、九二〇
臺灣	龍溪縣倉	▲二、三七〇	
臺灣	龍溪 同安 平和		▲三、八〇六
鳳山	福州府倉	△一、五〇〇	
鳳山	南澳廳倉	▲三、六三八	
鳳山	漳浦縣倉	▲五、九一四	
鳳山	海澄縣倉	▲九八三	
鳳山	漳浦 詔安		▲三、四七六

鹿港應運兵眷米穀表

運出之地	收用之地	兵米兵穀	眷米眷穀
嘉義	福州	△五、五〇〇 ▲五、五〇〇	
彰化	福州	△八七五 ▲八七五	
彰化	莆田		▲三、七二七
彰化	晉江		▲五、四一四
彰化	南安		▲四六五

八里坌應運兵眷米穀表

運出之地	收用之地	兵米兵穀	眷米眷穀
彰化	閩縣	▲一、〇四〇	▲五、五〇〇
彰化	羅源	▲二、二〇五	▲四六〇
彰化	福安	▲二、〇七三	
彰化	侯官	▲二、三八一	

彰化	彰化
連江	長樂
▲	▲
四五六	六四八

倉儲

倉儲之制。倣於成周。所以充兵糈裕民食。而平市價也。漢時始建常平倉。由官主之。穀賤則糴。穀貴則出。以時調劑。故曰常平。唐時又設義倉。則由官民合置。以備凶年之需。及宋朱熹復立社倉之法。後世行之。民以稱便。臺灣爲宇內奧區。土田肥美。一歲三熟。以其有餘供給福建。漳泉之民賴焉。鄭氏之時。曾建天興萬年二倉。其址猶存。歸清以後。各縣增設。一曰文倉。儲供穀也。前時正供多完本色。故以此收之。或時以撥平糶。一曰武倉。備兵糧也。戍臺之兵按月發米。故以此存之。一曰義倉。官民捐設。而人民之自建者。曰社倉。大淸會典曰。凡民間收穫時。隨其所贏。聽出粟麥。建倉貯之。以備鄉里借貸。謂之社倉。公舉殷寔有行誼者一人爲社長。能書者一人副之。按保甲印牌。有習業而貧者。春夏貸米於倉。秋冬大熟。加一以償。中歲則捐其息之半。下歲免息。社長社副執簿檢校。歲以穀數呈官。經理出納。惟民所便。

官不得以法繩之。豐年勸捐社穀。在順民情。禁吏抑派。有好義能捐十石至百石以上者。旌獎有差。社長社副經理有方。亦按年給賞。制甚善也。又有番社倉。以貯熟番口糧。制略同。康熙四十三年。議定福建倉穀存留發糶之數。各州縣照額存留。而常平之穀。則依時價悉糶。唯臺灣孤懸海外。現在捐穀八千六百餘石。常平倉穀十一萬餘石。每縣照例應存之額。餘悉發市易銀。以備荒年振濟。又臺鳳諸三縣所存供穀。現有七十餘萬石。爲數旣多。積久易腐。應留二十萬石。以供三載兵糈。餘亦悉賣充爲兵餉。雍正四年。議定臺灣歲運福建平糶之米五萬石外。別以正項購運十萬石。分儲沿海各處。若臺灣年豐。可酌情形加運。七年。總督高其倬奏言。臺灣之穀。祇可存備全臺及金廈兩處兵糈。若漳泉平糶之米。請將官莊之款採辦。從之。乾隆十一年。省議以福興漳泉之米。不能不藉資臺灣。而臺灣歲有豐歉。又不能不豫爲籌備。乃定臺灣各廳縣買穀四十萬石。永爲定例。存儲臺倉。如逢福建乏糧之時。撥往接濟。卽以藩庫之款。發還買補。越二年。議定福建常平積穀之數。而臺灣應存四十萬石。夫臺灣爲出穀之地。拓地日廣。收成愈多。非遇兵燹水旱之災。粒食無缺。卽有其災。而人民尚義。業戶輒出平糶。樂善之士。亦多捐振。故無道饉之慘。道光十七年。淡水同知婁雲又勸各莊合設社倉。衆多踴躍。後先設立。而正供以改徵折色之故。其後又裁班兵。文武各倉。遂多虛設。漸就傾塌。唯義倉尙存。今舉其所知者。著於表。

臺灣官倉表

臺灣府倉 一在府治鎭北坊縣署左計七十六間 一在東安坊舊縣署右計三十七間儲穀二十萬石其不足額則由臺鳳諸三縣撥倉收存

臺灣縣倉 一在舊縣署左計五十七間 一在縣署右計十四間 一在安平鎭計二間 一在羅漢門計三間儲穀三萬石又有監倉在縣署左計二十間乾隆二十四年奉文建

鳳山縣倉 一在府治錢局計二十八間 一在東安坊計二十一間 一在大埔街計二十間 一在安平鎭計二十五間 一在舊縣治計八間乾隆五十四年知縣常明脩儲穀五萬石又監倉在舊縣治倉後計五間乾隆二十四年建

嘉義縣倉 一在府治東安坊計一百三十六間 一在縣治計八十間 一在笨港計一百零九間 一在斗六門計九間乾隆五十五年知縣單瑞龍脩儲穀五萬石監倉未建

彰化縣倉 一在縣治半線堡計十五間康熙五十四年諸羅知縣周鍾瑄建以儲半線至竹塹兵米則武倉也雍正二年移歸彰化縣嘉慶十六年知縣楊桂森改建城內 一在鹿港米市街計十六間 一在猫霧捒堡計三間俱雍正年間建儲穀五萬石監倉未建

淡水廳倉一在竹塹計十二間康熙五十五年諸羅知縣周鍾瑄建以儲淡水至南崁兵米雍正二年歸淡水廳嘉慶二十二年同知薛志亮修一在八里坌計十二間旋圮移於艋舺一在後壠計一間一在南崁計一間均經薛志亮修儲穀二萬石又有監倉二所一在竹塹計五間一在廳署內計六間

澎湖廳倉在廳治媽宮雍正七年議定撥儲倉穀五千石飭臺諸二縣各先撥運正供穀一千五百石候冬收後各再運千石以足其數嗣通判王仁以澎地潮濕貯穀恐爛請飭寄儲原地如遇歲歉乃運至大府不肯始先運到二千石尚缺三千石久不補足其後通判胡建偉詳請知府查照舊案飭臺諸二縣各再撥運一千五百石以敷原議之數乾隆二十四年正月諸羅縣運到其額而臺灣縣仍缺故額存三千五百石以備平糶此外又有官捐之穀每年三石然今已無存倉亦多塌又有武倉亦在媽宮卽從前碾支兵米之倉向例澎營赴臺運米每年七千二百石儲倉支給乾隆二十年通判王祖慶稟稱澎不產穀唯藉客米販濟民食然風信靡常每值市上缺乏時幸賴月運兵米六百石照期散給互相調劑而年來每至逾期查媽宮現有武倉十間緣澎地潮濕儲米易爛請改爲穀以一米二穀計之凡七千二百石貯存武倉令文員管之按月碾給則於常例無違而兵民兩益奏准議行其後改穀爲米由澎湖廳向臺灣縣支領米價自行採辦同治年間因接濟遲延戍兵索餉始歸臺灣縣採辦仍由澎湖廳發票監放各兵自向船艙支領而武倉遂虛設近亦多圮

噶瑪蘭廳倉一在廳治一在頭圍嘉慶二十一年通判翟淦建儲穀二萬石

臺灣社倉表

臺灣社倉原在鎭北坊計四間康熙五十年臺厦道陳璸建乾隆十五年知縣魯鼎梅改建縣署因就縣倉以貯社穀其後移建於龍王廟左據同治六年紳董黃應清彙造淸册計倉十二間貯穀一萬六千二十一石

鳳山社倉康熙四十四年知縣宋永淸捐建一在興隆里一在下中洲一在內土庫一在半路竹一在下埤頭一在崁頂一在萬丹其中多圮

嘉義社倉一在諸羅山一在安定里一在斗六門一在茅港尾一在新化里一在打猫社各一間至今多圮道光十五年紳士王得祿倡建一所於縣治貯穀二萬石

彰化社倉在縣治小西門計十九間道光十四年臺灣府周彥彰化縣李廷璧勸諭紳士羅桂芳等捐建一在沙連堡林圮埔街乾隆十六年莊民捐穀公建

淡水社倉道光十七年同知婁雲創設勸各業戶捐穀尙未建倉業經奏奬在案同治六年署同知嚴金淸復捐廉俸一千圓購穀千石並諭業戶林恒茂鄭永承等計捐四萬九千石另撥捐穀三千六百石爲義塾經費乃於竹塹艋舺兩處各設明善堂以理其事而竹塹係購地新築費款二千九百七十二圓餘艋舺舊倉久圮則就址重建又以大稻埕捐穀較多議設總倉未行此外各地亦多捐設一在大甲文昌祠內之左有倉五間一在後壠一在猫裡一在桃仔園捐穀各未詳一在北埔業戶江大賓等捐穀五百五十石續捐八十五石一在九芎林業戶詹國和

等捐穀五百七十一石一在中港業戶葉廷祿等捐穀八百四十石一在新埔業戶陳朝綱等捐穀八百五十石一在大湖口業戶張阿龍等捐穀八百五十石一在大溪漘業戶葉從青等捐穀九百石倉俱未建暫由捐戶存儲

澎湖社倉雍正八年福建督撫奏辦社倉飭各屬官民捐穀自九年起至乾隆十六年文武共捐二百五十九石是年八月臺灣知府陳關以澎湖係屬臺邑應將社穀歸入臺邑撥貯三萬石內造報通判何器遂將存穀二百十五石碾米移營抵作撥臺之額又於十八年再將八石撥縣尚存三十六石奉文改作溢捐以入官倉存貯道光十一年通判蔣鏞始自捐俸七百千文副將吳朝祥亦捐二百千文乃勸諭紳富陳均哲黃寬紀春雨等各捐四百二十千文餘亦樂捐計得三千五百八十五千文自十三年起分發各澳總董生息如逢歲歉豫購藷絲雜糧以濟民食俟有盈餘建倉存貯出陳易新以垂永久總理五年一換由紳董舉充以杜私弊光緒十九年鹹雨爲災候補知府朱上泮奉委至澎考察情形以社倉不可終廢稟明撫藩撥款爲倡通判潘文鳳捐俸百圓勸諭紳民黃濟時蔡玉成等共捐一千四百三十五兩三郊合捐一百六十三兩而署總兵王芝生亦捐三百兩並諭將弁兵勇共捐九百二十四兩計得銀三千兩以爲社倉資本乃就舊文倉修理三間新建三間以儲之舉濟時玉成等爲董事凡捐五十兩以上者給與義舉襄成之匾以嘉之至是而澎湖義倉始成

臺灣番社倉表

臺灣縣番社倉一在大傑顚社一在新港

鳳山縣番社倉一在放縤社一在茄藤社一在力力社一在上淡水社一在下淡水社一在搭樓社一在武洛社一在阿緱社各一間

嘉義縣番社倉一在羅山社一在打猫社一在他里霧社一在柴裡社一在蕭壠社一在大武壠頭社一在加麥社一在芒仔芒社一在哆囉嘓社一在阿里山社一在蔴荳社一在灣裡社

彰化縣番社倉未設

淡水廳番社倉一在搭搭攸社一在蜂仔峙社一在擺接社一在雷裡社一在武勝灣社一在圭柔山社一在大浪泵社一在八里坌社一在毛少翁社一在北投社一在奇里岸社一在小雞籠社一在金包裡社一在大雞籠社一在三貂社一在南崁社一在龜崙社一在坑仔口社一在霄裡社一在竹塹社一在後壠社一在中港社一在猫裡社一在新港社一在加志閣社一在吞霄社一在宛裡社一在房裡社一在猫盂社一在德化社一在大甲社一在雙寮社一在南日社一在蔴糍舊社

臺灣通史卷二十一

臺南　連雅堂　撰

鄉治志

連橫曰。古之治民也。築城郭以居之。制廬井以均之。開市肆以通之。設庠序以敎之。士農工商。各有其業。故朝亡廢官。邑亡敖民。地亡曠土。理民之道。地著爲本。是故五家爲隣。五隣爲里。四里爲族。五族爲黨。五黨爲州。五州爲鄉。鄉萬二千五百戶也。隣長位下士。自此以上。稍登一級。至鄉而爲卿。故其政不令而擧。其敎不勞而齊。其兵不養而備。其稅不歛而足。此則鄉治之制也。連橫曰。泰西之政。其知此道乎。故能强其國而富其民。臺灣當鄭氏之時。草昧初啓。萬庶偕來。廣土衆民。蔚爲上國。此則鄉治之效也。當是時。布屯田之法。勵墾士之令。徠避難之民。拓通海之利。故能以彈丸之島。收亡國。擁諸王。奏群賢。建幕府。以與淸人爲難。此固已得覇王之道矣。經立。委政勇衞陳永華。改東都爲東寧。分都中爲四坊。曰東安。曰西定。

曰寧南。曰鎭北坊置簽首理民事制鄙爲三十四里。置總理。里有社。十戶爲牌。牌有長。十牌爲甲。甲有首。十甲爲保。保有長。理戶籍之事。凡人民之遷徙職業婚嫁生死。均報於總理。仲春之月。總理彙報於官。考其善惡。信其賞罰。勸農工。禁淫賭。計丁庸。嚴盜賊。而又訓之以詩書。申之以禮義。範之以刑法。勵之以忠敬。故民皆有勇知方。此則鄭氏鄉治之效也。淸人得臺。沿用其制。而有司奉行不謹。漸就廢弛。朱一貴旣平之後。地方未靖。總兵藍廷珍上書總督滿保。請行保甲。就各縣簽擧一幹練勤謹家殷品端者。使爲鄉長。就其所轄數鄉。以聯守望相助之心。給之游兵。以供奔走使令之役。如有一家被盜。則前後左右齊出救援。堵截各處。協力獲禽。又設大鄉總一二人以統轄之。督率稽查。專其責成。鄉長如有生事擾民。縱容奸匪。而大鄉長不報者。則罪同。是雖無鄉兵之名。而不啻有鄉兵之寔。今臺灣中路擬設鄉長六名。南路鳳山八名。各立大鄉總一名。北路諸羅十二名。分立大鄉總二名。以統率之。鄉長准給養游兵四名。而大鄉總與以外委千把總銜。准給養游兵十名。每兵月給銀一兩。米三斗。就官莊內支之。而鄉長大鄉總則酌量給之。凡地方有竊劫之案。則飭鄉長限期緝獲。初限不獲。比游兵。再限不獲。罰其身。三限不獲。重懲之。凡三次不能獲者。革之。而大鄉總銷其銜。其有勤謹辦公。三年無過者。量行擢用。以示鼓勵。從之。於是設大鄉總四名。鄉長二十有六。廷珍慮其未備。復請權行團練。以爲今日郡治雖有協防之兵二千。足供調遣。然分派南北。所存無多。宜急訓練鄉壯。聯絡村莊。以補不足。無事則農。有事則兵。所謂急則治標。不可順臾緩者也。其後遂立爲例。每有兵事。則舉辦之。乾隆五十一年林爽文之變。南北俱陷。郡治戒嚴。各鄉多辦團練。出義民以資戰守。而鹿港郊商亦募勇自衛。故無害。顧此爲防內之事。而禦外則尤烈。道光季年禁烟之役。英艦輙窺伺海口。臺人大憤。與之開戰。和成。詔開五口通商。遂倡攘夷之論。且公約曰。曩者英人犯順。罷兵議撫。准其通商。而不通商之地。則不許登岸。違者送其領事治罪。此人人共知者。臺灣非英人應至之地。我等知朝廷寬大許其和約。不與抗拒。非畏之也。彼既俯首恭順。我等豈敢生事。且所謂和者。但見之不殺爾。非聽彼之使令也。彼先侮我。我豈讓彼。我百姓如爲所用。是逆犯也。是犬羊之奴也。餓死亦不肯爲。我百姓自爲義民。報國。地方官亦不得牽制。如彼本無異心。而奸徒從中指引。則我等不殺其人。而殺勾通之人。於撫洋之道。固並行而不悖也。風聞英人欲於臺地貿易。如果成事。貽禍無窮。習敎惑衆。是子弟罹其害也。占地蓋房。是居民遭其殃也。覇攬貨稅。是商賈絕其生計也買用男婦是子女受其荼毒也。臺地孤懸海外。無可徙避。亟宜及早圖之。一曰勤瞭望。沿海城鄉居民隨時於高處探望。但見洋船蹤影。卽飛報該管文武衙門。一面探其駛入何口。再行阻截。不得專恃口岸吏胥。一曰聯聲勢。洋船如來停泊。竝無逞强情形。我百姓多至千人。少數百人。暗藏刀棍。排立港岸。阻其深入。不與鬬狠。靜以待之。久則自退。一曰查奸細。洋人不足慮。慮土匪勾結爾。如有私與交接者。公同拿送文武衙門。若查出確有勾通證據。或造謠乘間搶刼。應報地方官殺斃。一曰選壯丁。無事之時。各街鄉除鰥寡孤獨及家無次丁外。每家各出一人。年約在五十以下二十以上。殷寔紳商各自添備。不拘定數。先造名冊。存於各義首處。一旦有事。呼之卽至。違者公罰。至有事動支口糧。或由官給。或由民捐。臨時定議。宜從優厚。卽有一二死傷。定邀褒䘏。一曰籌經費。防堵軍需自有帑項。我百姓仍須備儲。同保身家。每街鄉公議以公正紳耆爲義首。查明現在經商及田產較多者。每家每日捐錢數百文或數十文。一月一支。零星積存。俟有成數。再議生息。除却防洋不准動用。一曰備器械。刀鎗牌銃。家家俱有。人執一器。卽成勁旅。所慮者洋人之礮爾。然彼礮在船。遠不能及。我礮在岸。近而易攻。但令大礮不能登岸。則其技已窮。我不必用礮。唯禦彼之礮。而其技亦窮。每家或三兩家各置遮牌一面。以木版高與身齊。或編竹爲之。內安鼻紐。外釘牛皮鋪棉紙。或加網絲。或塗蔗糖。此臺地所易辦者。得壯士千百人。持此爲前。則礮火不能傷。人人膽壯。有進無退。則一鼓而殲之矣。當是時。徐宗幹任巡道。尤爲鼓勵。故敵愾愈深。宗幹以欲禦外侮。須淸內奸。通飭各屬總理。凡所管莊內向來爲匪之人。非無畏法改悔者。許其將功折罪。如願作線緝捕。卽赴附近分防衙門。代爲稟請。願當差者。考其技藝。留充壯勇。願在鄉者。記其姓名。派守村莊。酌給口糧。俾資養贍。其有怙惡不悛者。卽率衆捕拿解送。自應從優獎勵。又以書諭各社家長曰。查姚前道任內。諭各社家長以各莊丁口萬人千人最少數百人。賊雖多不過數十。少僅十餘人。爾族丁十倍於賊。賊雖强。焉敢伺夜深入。此必有與賊通者。通賊者非他。卽本族本莊貧乏之人。爾若輩無業忍饑。富者不肯贍給。故怨而通賊。爾社內富家可出公費若干。將社中貧乏無業而年壯者。悉召歸之。日給飯錢。使爲壯丁。大社四十人。中社三十。小社二十。分爲兩班。每夜一班巡社防守。一人執鑼不鳴一人擊梆餘執大梃。不許持刀鎗鳥銃。自三更起。繞行社外。向明而止。見賊則鳴鑼大呼。一社之人群起應之。賊必不敢入社。一社鳴鑼。則隣社皆應。不逐賊者罰之。賊既走。不可遠追。擊捕。恐其窮迫傷人。此法一行則各社貧者有以自養。皆自保其社。不但不通賊。亦不復出而爲外盜矣。姚前道任內。各社遵行。立見安謐。至隆冬以後。平日各須妥議章程。以期閭里益臻清靜。凡子弟爲非。父兄同罪。當綢繆於未雨。期任䘏之可風。各社內一人興訟。衆人牽連。一家滋事。大家破費。官兵至則妻孥移散。壯勇來則雞犬皆驚。典田鬻產。爲無益之虛糜。積怨深仇。遭不測之禍患。與其爲難於事後。何如早籌於事前。人無愚智。各具天良。境處饑寒。易成地棍。各社家道殷富者公議按捐地畝若干。各家分收近支族中貧苦孤獨子姪若干人。或借給糧食。傭工出力。按年抵扣。或支付銅錢。小本營生。餘利歸還。或祠堂公提生息。或本社捐置贍田。幼而慧者設義塾以免游閒。壯而鈍者習技勇以防奸宄。如怙惡不悛。公請族長責懲。逐出本支。聯名送官究處。不准回社。如改過自新。或保送衙門充當壯勇。爾等同心協力。庶幾有安享太平之日。其各勉旃。宗幹爲治。每致意於公務。整剔利弊。循名核寔。而紳民亦相觀感。一時士氣丕振。風俗純美。至今猶稱道焉。淡水據臺之北鄙。地大物溥。閩粵分處。閩居近海。粵宅山陬。各擁一隅。素少來往。而閩人以先來之故。稱粵籍曰客人。粵人則呼閩籍曰福老。風俗不同。語言又異。每有爭端。輒起械鬭。閩粵鬭則漳泉合。漳泉鬭則粵人陰持其後。搶攘昏墊。蔓延數十村落。而有司莫能止也。道光十一年。淡水同知婁雲乃立莊規四條。禁約八條。飭民守之。澎湖爲海中群島。居民好訟。其時亦立鄉約。曰毋非時而賭。以新春六日爲限。毋爲竊盜。毋放牛蹊人之田。毋侵人漁界。毋演淫戲。毋怠公役。毋健訟。違者罰錢一千。其不從者請官治之。初林恭之亂。宗幹以淡水林占梅辦北路團練。彈壓地方。及戴潮春起事。淡水同知秋曰覲遇害。全臺俶擾。占梅又集紳士籌守禦。時宗幹已任福建巡撫。命以辦理全臺團練事務。須發鈐記。通飭所屬。然鎭道俱駐府治。籌兵籌餉。須設總局。乃由巡道委派紳士任之。劃城中爲五段。設總簽首。東段二員。一轄六合境。一轄八協境。西段二員。一轄六和境。一轄六興境。南段一員。爲八結境。北段一員。爲十八境。中段一員。爲二十一境。而小西門內外亦設一員。轄四境。大西門外爲商務繁盛之區。分爲南北。各一員。而三郊別有大簽首三名。理其事。三郊者。糖郊。南郊。北郊也。其辦事處在水仙宮。曰三益堂。每有交涉。開會平斷。不假於官。凡地方有大繇役。輒捐餉助軍。集貲振濟。爲一方之重。蓋其時商務發達。貿易多利。而當事者又能急公好義。故人多尙之。其後乃稍凌夷焉。初各縣紳商均爲義民首。領義民隨軍出戰。則各街鋪戶派出壯丁。每境十名或二十。謂之鋪民。每夜登城巡警。及旦始歸。

僅留一人守之。每名夜給點心錢六十文。油燭十文。五日一發。屆期各街簽首向局支領。事平之後。尙存其名。坊里之人每有爭執。輒向總簽首論其曲直。而有司亦每循其意以興除利弊。光緒七年兵備道劉璈。改爲培元總局。以理一切善擧。其總辦由道府札委。下置紳董凡清溝修道救郵施醫等。歲率數萬圓。悉由洋藥釐金項下開支。其所以整齊市政者至矣。及法人之役。再辦團練。璈手定章程十七條。以布之。旣又刊漁團章程二十條。通飭紳民暨沿海漁戶遵行。頗收指臂之助。語在軍備志。時福建巡撫劉銘傳駐臺北。亦辦團練。奏簡林維源爲團練大臣。十二年奏辦清賦。飭屬先辦保甲。查造戶口。十戶爲牌。牌有長。十牌爲甲。甲有長。十甲爲保。保有正。均隸於保甲局。總局在臺北。以補候知府爲總辦。各廳縣皆設分局。札委丞倅任之。按季彙報。先送按察使司查核。乃詳巡撫彙題。登其民於戶部以知戶口之盈虛。而銘傳尤勵精圖治。欲置臺灣於富強。然以經費之故。未能竟行其志。惜哉。乙未之役。復辦團練。以進士邱逢甲爲團練使。先是臺南府治每年應辦冬防。以詰盜賊。嚴水火。光緒十年。知縣俞鴻詳請道府。以抄封公款庫平六千圓。發各當舖生息。每千圓月利十圓。歲收七百二十圓。又以外新豐里魚潭賤租二百圓。以充其費。尙有不足。則由鹽課盈餘撥用。

夫保甲之制。所以衛民。使之相安而無事。然而民不能永安也。水旱之不時。疫癘之間作。鰥寡孤獨之無告。則必爲之盡心力。先事而防之。後事而循之。而後得遂其生。夫均是人也。均是一鄉一縣之人也。出入相友。守望相助。疾病相扶持。則百姓親睦。是故建義倉以平之。開醫局以治之。設養濟以卹之。而後可以收鄉治之寔。而後可以爲治國平天下之道。臺人重宗法。敬祖先。故族大者必立家廟。歲時伏臘。聚飲聯歡。公置義田。以供祭祀。又爲育才婚嫁恤孤振乏之資。其大者則聯全臺之子姓。建立大宗。追祀始祖。深得親親之義。臺灣戍兵多來自福建。瓜期而代。各建公廳。以爲集議之所。故郡城之中。有福州公廳。有詔安公廳。有雲霄公廳。均在鎭北方。糾其黨羽。肆爲不法。道光間。巡道徐宗幹移鎭。禁毀其風始息。而外省之居臺者。有兩廣會館。有浙江會館。亦爲仕商集議之所。聯鄉誼。萃衆志。其有流落不歸者。則資遣之。故無窮途困苦之悲。是亦枌榆之義也。南郡大西門外。有五大姓。蔡爲衆。郭次之。黃許盧又次之。各踞一街。以相憑陵。莫敢侵犯。蓋以其地爲郊商屯集之處。貨物出入。資之輸運。故爭擁其利。夫以一郡之中。而族自爲族。黨自爲黨。能不仳離。且因之而生私鬭。然能善用之。亦足以資其力。朱一貴之變。粵人不附者。以省界也。林爽文之變。泉人不應者。以府分也。若夫蔡牽之亂。協力同袍。爭趣殺敵。卽以寇自外至也。詩曰。兄弟鬩於墻。外禦其侮。爲此詩者。其知鄉治之義乎。故曰日月食於外。而賊在其內。

臺灣善堂表

臺北官醫局在臺北城內考棚光緒十二年巡撫劉銘傳設以候補知縣爲總理招聘西人爲醫生以醫人民之病不收其費並設官藥局於內

臺北病院亦在考棚光緒十二年巡撫劉銘傳設以醫兵勇之病

臺灣養濟院在縣治鎮北坊康熙二十三年知縣沈朝聘建

臺灣普濟堂在縣治縣城隍廟內乾隆十一年巡臺御史六十七范咸命臺灣縣李閶權建凡十二間撥公款千餘圓充用以收養窮民

臺灣棲流所在縣治聖公廟街光緒十二年知縣謝壽昌稟設以收流民其款由普濟堂撥用

臺灣育嬰堂在縣治外新街咸豐四年富戶石時榮倡建自捐家屋充用並捐五千圓生息以爲經費又勸紳商集款數千圓稟官批准凡安平出入商船抽稅充用而富戶亦各捐田園鋪屋入款頗多其後巡道黎紹棠以爲義舉更勸紳士辦理並以洋藥釐金提撥充用及光緒八年巡道劉璈乃廢其例以司庫平餘及鹽課餘款千餘圓撥

爲經費

臺灣邺嫠局在縣治同治十三年欽差大臣沈葆楨倡設自捐千圓命巡道夏獻綸提撥公款竝勸紳富捐款九千圓購置田園生息以卹嫠婦凡年三十以內家貧守節者鄉右保結每名月給二圓

嘉義養濟堂在縣轄善化里東堡康熙二十三年諸羅知縣季麒光建

嘉義育嬰堂在縣治城隍廟內同治七年紳商捐設額收二十名

鳳山養濟院在縣轄土墼埕康熙二十三年知縣楊芳遠建

彰化養濟院在縣治八卦山下乾隆元年知縣秦士望建以收養痲瘋殘疾之人約四十名

彰化留養局在養濟院之左乾隆二十九年知縣胡邦翰建以收養窮民一百名捐置田園歲收租銀一千二百八十四圓以爲經費

彰化育嬰堂在縣治道光年間官紳合建久而荒廢光緒七年知縣朱幹隆乃勸紳富重設以抄封家屋充用

淡水留養局原在竹塹城內乾隆二十九年設以收養窮民及同治元年之亂佃册紛失收租漸減僅養七十名光緒十五年分治之際重設此局以舊時局產撥充竝捐經費額收四十名

淡水育嬰堂在縣治艋舺學海書院後同治九年官紳合建詳撥三郊洋藥抽捐每箱四圓之半以充經費

淡水保嬰局在縣轄擺接堡枋橋莊富紳林維源倡設自捐五千圓並勸富戶集款二千圓置田生息以充經費

新竹棲流所在縣轄樹林莊以收孤老窮民百餘名同治三年爔嗣築

新竹育嬰堂在縣治龍王廟之右

澎湖普濟堂道光六年通判蔣鏞籌建捐款四百圓交媽祖宮董事生息嗣以貧民尚可棲身無庸建屋九年澎湖紳商合捐二百十圓交鹽課館生息續捐制錢四萬七千五百文生息又詳准徵收小船之費歲入一萬九千八百文以充口糧額定三十名每名月給三百文

澎湖棲流所在媽宮嘉慶二十四年郊戶德茂號等捐款置屋以爲難民棲宿稟官存案

澎湖育嬰堂在媽宮紳商捐設後歸廳辦理歲收租息三十二萬四千文每月又於鹽課撥銀五十兩以充經費約收女嬰三十餘名每名月給八百文又分卹養濟院窮民每名月給三百文如病故者別給四百文

臺灣義塚表

臺灣縣義塚一在縣治大南門外魁斗山歷年已久一在新昌里康熙五十九年監生陳仕俊捐置與魁斗山毗連一在水蛙潭一在北壇前一在海會寺前俱乾隆十七年知縣魯鼎梅購置又一亦在大南門外俗稱師爺塚爲江浙游幕人士公置並建一堂春秋祭祀公舉一人爲董事

嘉義縣義塚一在縣治附近計七所一在打猫堡計六所一在鹽水港堡計五所一在他里霧堡計四所一在下茄苳堡計三所一在哆囉嘓堡計三所一在茅港尾堡計二所一在蔴荳堡計二所

鳳山縣義塚一在縣治西門外蛇頭埔雍正二年知縣錢洙置一在府治南門外魁斗山後

彰化縣義塚一在縣轄內快官莊知縣蘇渭生置一在八卦山及番仔井山等知縣胡邦幹置一在各處官山歷任知縣秦士望劉辰駿胡應魁吳性誠等出示聽民安塟嘉慶十六年紳士王松等請官詣勘各處官山塚地示禁侵墾又一在鹿港街外乾隆四十二年紹興魏子鳴與巡檢王坦倡建購地充用曰敬義園以其餘款置業生息歲舉泉廈郊商爲董事

新竹縣義塚一在縣南巡司埔尾一在中塚傍俱道光十六年紳士捐置一在枕頭山一在土地公埔一在鼻頭莊均爲乾隆六十年業戶黃意使捐置一在後壠莊一大甲莊今屬苗栗

淡水縣義塚一在艋舺計兩所爲林士快陳長茂捐置一在大隆同乾隆三十年邱文華置一在滬尾嘉慶元年何宗泮置一在圭柔山嘉慶二年陳晃生置一在新莊同治九年縣丞鄒祖壽置

澎湖廳義塚一在媽宮澳東北一在尖山鄉一在林投垵一在西嶼一在瓦硐港一在網垵澳又一在北山後寮灣凡海中漂屍拾塟於此

臺灣通史卷二十二

臺南　連雅堂　撰

宗教志

連橫曰。宙合之中。列邦紛立。而所以治國定民者。曰政曰禮。夫政者以輔民志者也。禮者以齊民俗者也。如車兩輪。相助爲理。然而詩書所載。每言鬼神。降祥降殃。歸之天帝。一若冥冥之上。果有一眞宰者焉。詩曰。赫赫不顯。上帝維辟。書曰。維皇上帝。降衷下民。宗教之興。其來久矣。然而儒者之言天。必指之以人。故曰。天視自我民視。天聽自我民聽。又曰。天討有罪。天秩有禮。跡其所以治國定民者。莫不代天爲之。是以郊社之禮。祝史之告。薦信鬼神。靡敢誕謾。此所謂明德維馨也。夫政者以輔民志者也。有時而亂。禮者以定民俗者也。有時而弊。然則其用以範圍一世之人心者。不得不藉之宗教。神道然。佛老然。景回二教亦無不然。顧善用之。足以助羣德之進。不善用之。反足以推其沉溺。而奸詭邪僻生焉。連橫曰。臺灣之宗教。

雜揉而不可一者也故論次其得失

神教

神道設教本於人情人情好善而惡惡趨利而避害故聖人率之以道道也者不可須臾離也是故廸吉廸凶唯天所示然而天者空間也無聲無臭可見而不得見可聞而不得聞以音讀之爲巔以文觀之爲一大以義釋之爲自然是天者爲至高至大之景象而具自然之作用焉夫此至高至大之景象夫婦有所不知故不得不假之上帝上帝者自然者也故亦曰天然臺灣之人無不敬天無不崇祀上帝朔望必祈冠婚必禱刑牲設醴至腆至誠臺南郡治有天公壇者所祀之神謂之玉皇上帝歲以孟春九日爲誕降之辰此則方士之假藉而以周易初九見龍在田之說附會爾古者天子祭天諸侯祭其域內名山大川臺灣爲郡縣之地山川之禮見於祀典而不聞祭天之儀然則此天公壇者其爲人民所私建以奉祀上帝則當先正其名矣次爲三官其禮降於玉皇一等神仙通鑑謂天官堯也地官舜也水官禹也夫堯定天時以齊七政孔子曰大哉堯之爲君唯天爲大唯堯則之故爲天官舜晝十有二州以安百姓故爲地官禹平洪水奠民居故爲水官是皆古之聖王功在後世沒而

祀。之。宜也。然而臺人之言曰。天官賜福。地官赦罪。水官消災。此則出於師巫之說。東漢張道陵修煉於蜀鵠鳴山。造作符書。以役鬼卒。令有疾者自書姓名及其服罪之意。爲牒三。一上之天。一埋之地。一沒之水。三官之名始於此。及北魏時。尊信道士寇謙襲道陵之說。以孟春孟秋孟冬之望爲三元。而相傳至今矣。復次爲五帝。五帝之說見於史記封禪書。東方曰靑帝。西方曰白帝。南方曰赤帝。北方曰黑帝。中央曰黃帝。秦漢天子以時祀之。其禮特隆。而臺灣所祀之五帝有二。其一爲五顯大帝。廟在臺南郡治之寧南坊。夷堅志謂五聖廟卽五顯之祖祠。七脩類稿謂五通神則五聖。而陔餘叢考謂五聖五顯五通。名雖異而實則同。按五通之祀。宋時已盛。淸初湯斌巡撫江南。奏毀之。其害始絕。然臺南所祀者爲像一。赤面三眼。則又別爲一神。而爲師巫所假藉。故亦稱爲五顯靈官也。其一爲五福大帝。廟在鎭署之右。爲福州人所建。武營中尤崇奉之。似爲五通矣。然其姓爲張爲劉爲鍾爲史爲趙。均公爵。稱部堂。僭制若帝王。歲以六月出巡。謂之逐疫。喬粧鬼卒。呵殿前驅。金鼓喧闐。男女雜遝。傾錢酬願。狀殊可憐。越二日。以紙糊一舟。大二丈。奉各紙像置船中。凡百器用財賄兵械。均以紙綢爲之。大小靡不具。愚民爭投告牒。齎柴米。舁舟至海隅。火之。謂之送王。七月七日。又至海隅迎之。此瘟神爾。而與靈官皆竊五帝之號。是淫祀也。復次爲王爺。王爺之事。語頗鑿空。或曰是澎湖將軍澳之神也。舊志謂神之姓名事蹟無考。豈隋開皇中虎賁陳稜略地至此。因祀之歟。又曰。府志載邑治東安坊有開山王廟。今圮。按開山王廟所祀之神。爲明招討大將軍延平郡王。卽我開臺之烈祖也。乾隆間。邑人何燦鳩資重建。同治十三年冬十月。欽差大臣沈葆楨與總督李鶴年巡撫王凱泰將軍文煜合奏。改建專祠。春秋致祭。語在建國紀。是開山王廟。固祀延平也。陳稜之廟在西定坊新街。面海。曰開山宮。爲鄭氏所建。以稜有開臺之功也。而府志誤爲吳眞人。且言臺多漳泉人。以其神醫。建廟特盛。夫吳眞人醫者爾。何得當此開山之號。固知所祀之神。必有大勳勞於臺灣也。唯臺灣所祀之王爺。自都邑以至郊鄙山陬海澨。廟宇巍峩。水旱必告。歲時必禱。尊爲一方之神。田夫牧豎。靡敢瀆謾。而其廟或曰王公。或曰大人。或曰千歲。神像俱雄而毅。其出游也。則曰代天巡狩。而詰其姓名。莫有知者。烏乎。是果何神。而令臺人之崇祀至於此極耶。顧吾聞之故老。延平郡王入臺後。闢土田。興教養。存明朔。抗滿人。精忠大義。震曜古今。及亡。民間建廟以祀。而時已歸清。語多避忌。故閃爍其辭。而以王爺稱。此如花蕊夫人之祀其故君。而假爲梓潼之神也。亡國之痛。可以見。

矣。其言代天巡狩者。以明室既滅。而王開府東都。禮樂征伐。代行天子之事。故王爺之廟皆曰代天府。而尊之爲大人。爲千歲。未敢昌言之也。連橫曰。信哉。余嘗游埔裡社。途次內國姓莊。爲右武衛劉國軒駐軍之地。以鎮撫北港溪番者。莊人數十戶。皆祀延平郡王。又嘗登火山。謁碧雲寺。寺祀釋迦。而前殿亦奉延平。顧此爲有清中葉之事。法網稍疏。若在雍乾之際。芟夷民志。大獄頻興。火烈水深。何敢稍存故國之念。故府縣舊志雖載開山王廟。而不言何神。東都之事。一切抹殺。且加以僞鄭之名。此則桀犬吠堯也。夫臺人之祀延平。固爲崇德報功之舉。後人不察。失其本源。遂多怪誕。而師巫之徒。且藉以歛錢造船。建醮踵事增華。惑世誣民。爲害尤烈。烏乎。先民雖愚。斷無如是之昧也。然二百數十年來。無有能糾其謬者。而今乃得抉其微。先民有知。能毋慰乎。復次爲天后。亦稱天上聖母。臺之男女靡不奉之。而郊商海客。且尊爲安瀾之神。按天后姓林。福建莆田人。世居湄洲。父愿。五代時爲都巡檢。配王氏。生五女一子。宋太祖建隆元年三月二十有三日誕后。曰九娘。彌月不聞啼聲。故又名默娘。八歲就外傅。解奧義。性好禮佛。年十三。老道士元通至其家。曰。是兒具佛性。應得正果。遂授以要典秘法。十六觀井得符。能布席海上濟人。雍熙四年九月初九日昇化。或言二月十有九日也。年二十有八。自後常衣朱衣。乘雲氣。遨遊島嶼間。里人祀之。顯聖錄之所言如此。康熙十有九年。閩浙總督姚啓聖奏言。蕩平海島。神佑靈異。請錫崇封。遂封天上聖母。二十有二年。清軍伐臺灣。靖海將軍施琅奏言。澎湖之役。天妃效靈。及入鹿耳門。復見神兵導引。海潮驟漲。遂得傾島投誠。其應如響。詔遣禮部郎中雅虎至澎致祭。文曰。國家茂膺景命。懷柔百神。祀典具陳。罔不祗肅。若乃天休滋至。地紀爲之效靈。國威用張。海若於焉助順。屬三軍之奏凱。當重譯之安瀾。神所憑依。禮宜昭報。惟神鍾靈海表。綏奠閩疆。昔藉威靈。克襄偉績。業隆顯號。禋享有加。比者慮窮島之未平。命大師以致討。時方憂旱。川澤爲枯。神實降祥。泉源驟湧。因之軍聲雷動。直擣荒陬。艦陣風行。竟趨巨險。靈旗下降。助成破竹之功。陰甲排空。遂壯橫戈之勢。至於中山殊域。册使遙臨。伏波不興。片帆飛渡。凡茲冥祐。豈曰人謀。是用遣官敬脩祀事。溪毛可薦。黍稷維馨。神其佑我邦家。永著祝宗之典。眷茲億兆。益宏利濟之功。維神有靈。尚克鑒之。加封天后。泐文廟中。並勅建祠原籍。琅既入臺。以明寧靖王之邸改建神廟。卽今之天后宮。刻石紀事。五十九年。翰林海寶册封琉球。歸奏言。神祐封舟。詔飭春秋致祭。編入祀典。於是臺灣府縣之廟。祭以太牢。雍正四年。巡臺御史禪濟布奏言。朱一貴之役。天后顯靈。克奏膚功。乃賜神昭海表之額。懸於郡治廟中。十一年。總督郝玉麟巡撫趙國麟奏請賜額。御書錫福安瀾。懸於福州南臺之廟。並令江海各省。一體葺祠致祭。自是以來。歷朝每賜額表彰。而臺灣各地亦後先建祠。凡此皆所祀之神也。其列於祀典者唯天后。其不列者則載之於表。

道教

道家者流。出於史官。歷記成敗存亡禍福古今之道。以知秉要勢本。清虛以自守。卑弱以自持。此君人南面之術也。及放者爲之。則欲絕去禮學。兼棄仁義。此其所短也。夫道家皆宗老子。老子爲周柱下史。祖述黃帝。故曰黃老。黃老之教。漢用之而治。晉用之而亂。非黃老之道有純駮。而用之能適與否爾。臺灣道教。非黃老之教也。微不足道。而其流衍人間者。則爲張道陵之教。道陵既以符書役鬼卒。孫魯又吹煽之。從者日多。朝廷士夫亦信其術。封爲眞人。尊曰天師。奕世相承。主持劍璽。悍然而據一方。故其徒皆號道士。然臺灣道士。非能脩煉也。凂藉神道。以贍其身。其賤乃不與齊民齒。唯三官堂之道士。來自江西。蓄髮方衣。懸壺賣藥。謂之海上方。頗守道家之律。若市上道士。則僅爲人家作事爾。坊里之中。建廟造像。陳牲設醴。宰割白雞。以血點睛。謂之開光。天災火害。懼而脩省。設壇以禳。謂之建醮。旱魃爲虐。禱告龍宮。朝夕誦經。謂之祈雨。親喪未除。三旬卒哭。表神禮懺。謂之報恩。又或婦孺出門。忽逢不若。畫符吹角。謂之收煞。病人勿藥。合家有喜。上牒焚楮。謂之補運。中婦不孕。乞靈於神。換斗栽花。謂之求子。凡此皆所以用道士也。而道士每張大其辭。以欺罔愚頑。巾幗之中。尤多迷信。顧此猶未甚害也。其足惑世誣民者。莫如巫覡。臺灣巫覡。凡有數種。一曰瞽師。賣卜爲生。所祀之神。爲鬼谷子。師弟相承。秘不授人。造蠱壓勝。以售其奸。二曰法師。不人不道。紅帕白裳。禹步作法。口念眞言。手持蛇索。沸油於鼎。謂可驅邪。三曰紅姨。是走無常。能攝鬼魂。與人對語。九天玄女。據之以言。出入閨房。刺人隱事。四曰乩童。裸體散髮。距躍曲踴。狀若中風。割舌刺背。鮮血淋漓。神所憑依。創而不痛。五曰王祿。是有魔術。剪紙爲人。驅之來往。業兼醫卜。亦能念咒詛人死病。以遂其生。凡此皆道教之末流。而變本加厲者也。夫道家以玄默爲主。尚眞一。任自然。乃一變而爲煉汞燒丹。長生久視。再變而爲書符作法。役鬼求神。三變而爲惑世誣民。如蛇如蝎。此其所以衰也。而臺灣之道教更不振。

佛教

佛教之來。已數百年。其宗派多傳自福建黃檗之徒。實授衣鉢。而齋堂則多本禪宗。齋堂者白衣之派也。維摩居士能證上乘。故臺灣之齋堂頗盛。初鄭氏之時。龍溪舉人李茂春避亂來臺。居永康里。築草廬曰夢蝶。朝夕誦經。人稱李菩薩。而太僕寺卿沈光文且逃入羅漢門結茅爲僧。蓋以玄黃之際。干戈板蕩。綱維墜地。懷忠蹈義之士。有託而逃。非果以空門爲樂土也。當是時。東寧初建。制度漸完。延平郡王經以承天之內。尚無叢林。乃建彌陀寺於東安坊。延僧主之。殿宇巍峩。花木幽邃。猶爲郡中古刹。其後諮議參軍陳永華師次赤山堡。以其地山水迴抱。境絕淸淨。亦建龍湖巖。巖則寺也。蓋當鄭氏之時。臺灣佛教已漸興矣。淸人得臺之際。寧靖王術桂闔家殉國。捨其居邸爲寺。靖海將軍施琅就旁改建天后宮。而觀音堂猶在也。當是時。鄭氏部將痛心故國。義不帝胡。改服緇衣。竄身荒谷者凡數十人。而史文不載。忠義之士。未得表彰。傷已。康熙二十九年。巡道王效宗總兵王化行改建北園別墅爲海會寺。覇業銷沉。禪風鼓扇。滄桑之感。能不慨然。自是以後。移民愈多。佛教漸盛。宏轉法輪。以開覺路。徽音古德。代有所聞。而黃檗寺僧尤特出。豈所謂能仁能勇者非歟。僧不知何許人。逸其名。居寺中。絕勇力。能蹴庭中巨石。躍去數丈。素與官紳往來。而知府蔣元樞尤莫逆。一日元樞奉總督八百里密札命拏此僧。不得則罪。潛訪之。知爲海盜魁。恐事變。且得禍。乃邀僧至署。盤桓數日。欲言又止。僧知之曰。窺公似大有心事者。大丈夫當磊磊落落。披肝見膽。何爲效兒女子態哉。曰不然。事若行。則上人不利。不行。吾又不能了。故踟蹰爾。出札示之。僧默然良久。曰不慧與公有前世因。故一見如舊。今願爲公死。但勿求吾黨人。不然。竭臺灣之兵。恐不足與我抗。曰省憲祇索上人。爾餘無問。僧曰可。命招其徒至。告曰。而歸取籍來。徒率衆肩入署。視之。則兵卒糧餉器械船馬之數。一一付火。元樞大驚。僧曰。我祖爲鄭氏舊將。數十年來。久謀光復臺灣。雖小地。肥饒可覇。然吾不猝發者。以閩粵之黨未勁爾。今謀竟外洩。天也。雖然。公莫謂臺灣終無人者。又曰。公遇我厚。吾禪房穴金百餘萬。將爲他日用。今舉以贈公。公亦好速歸。不然。荆軻聶政之徒。將甘心於公也。元樞送至省。大吏訊之。不諱。問其黨。不答。刑之。亦不答。乃斬之。是日有數男子往來左右。監刑者慮有變。不敢問。待決時。一黑面長髯者。努目立。僧叱曰。小奴尚不走。吾昨夜諭而速改惡。勿妄動。今如此行跡。欲何爲。勿謂吾此時不能殺汝也。其人忽不見。事後。大吏問獄吏何以許人出入。曰。旦夕未見人。且僧有神勇。桁楊輙斷。幸彼不走爾。聞者皆愕然。是則湛虛寂靜之中。忽有叱咤風雲之氣。豈非奇事。初朱一貴之變。有僧異服怪飾。周游街巷。詭稱天帝使告臺民。四月杪當有大難。難至。如門設香案。以黃旗書帝令二字。插於案上。可免。及一貴至。家如僧言。官兵見者。以爲民心已附。多敗走。及林爽文戴潮春之役。亦以天地會八卦會爲號召。天地會者。相傳延平郡王所設。以光復爲旨。閩粵之人多從之。故爽文率以起事。而八卦會者。環竹爲城。分四門。中設香案三層。謂之花亭。上供五祖。中置潮春祿位。冠以奉天承運大元帥之號。旁設一几。以一貴爽文爲先賢而配之。入會者爲舊香。跣足散髮。首纏紅布。分執其事。凡入會者納銀四錢。以夜過香。十數人爲一行。叩門入。問從何來。曰從東方來。問將何爲。曰欲尋兄弟。執事者導跪案前。宰雞。誓曰。會中一點訣。毋對妻子說。若對妻子說。七孔便流血。宣示戒約。然後出城。張白布爲長橋。衆由橋下過。問何以不過橋。曰有兵守之。問何以能出。曰五祖導出。又授以八卦隱語。會衆相逢。皆呼兄弟。自是轉相招納。多至數萬人。而潮春遂藉以起事矣。夫佛教以慈悲爲本。宏忍爲宗。普救衆生。誕登彼岸。故佛者覺也。能自覺而後覺人也。六塵不染。五蘊皆空。法界圓融。人天永受。此其所以超絕群倫也。然而臺灣之佛教。則愈失之。緇徒既乏高明。檀信亦少智慧。其所以建寺造像者。多存邀倖之心。求福利而禳禍災也。其下者則墜入外道穢垢心身歷萬刼而不起此其可哀也生有過去有現在有未來是三者不能有因而無果因果之說佛言之矣是故苦海之中當求自度能自度而後能度人也臺灣齋堂之設從者頗多其派有三曰先天曰龍華曰金幢皆傳自惠能而明代始分先天之中又分三乘拋別家園不事配偶專行教化是爲上乘在家而出家在塵不染塵是爲中乘隨緣隨俗半凡半聖是爲下乘龍華之中亦分九品一曰小乘二曰大乘三曰三乘四曰小引五曰大引六曰四偈七曰清虛八曰太空九曰空空金幢之敎但稱護法餘爲大衆三派入臺以龍華爲首金幢次之先天最後初乾隆季年白蓮敎作亂蔓延四省用兵數載詔毀天下齋堂時郡治檨仔林有龍華之派聚徒授經乃改爲培英書院道光以來漸事傳播迨咸豐間有黃昌成李昌晉者爲先天之徒來自福建昌成在南建報恩堂於右營埔而昌晉往北各興其教至今頗盛全臺齋堂新竹爲多彰化次之而又以婦女爲衆半屬懺悔且有守貞不字者夫齋徒以脩淨爲主禁殺生絕五辛可謂能清其體矣清其體而後能澄其心澄其心而後能絕其慮絕其慮而後能明其性明其性而後能通其道通其道而後可以悟生死解輪廻自度而度人也然而齋徒每多執著獨善其身不以衆生爲念夫獨善可也佛說所有一

切衆生之類。我皆令入無餘涅槃而滅度之。如是方可爲佛。若乃假藉淨脩。潛行邪慝。情緣未泯。穢德彰聞。則又佛教之罪人也。臺灣居家婦女多持觀音之齋。逢九之日必絕葷。又有早齋。有朔望之齋。有元日之齋。若九皇之齋。則男女多持之。禮祭天地祀百神。先日齋戒。天子徹樂。諸侯止刑。大夫息政。士省身。庶人愼栗。所以潔心志而通幽冥也。持齋之益。可以攝生。可以修德。可以阜財。可以愛物。非僅爲祭祀之儀。而愚民不察。以爲成佛之道。昧矣。初臺南郡治呂祖祠。有比邱尼頗玷清規。郡人逐之。改爲引心書院。自是遂絕。而臺灣佛教亦漸式微矣。

景教

景教有二。曰新教。則基督。曰舊教。則天主。兩派入臺。皆在有明之季。當荷人據臺時。大布福音。以牖土番。建教堂。設學校。譯聖經。授十誡。三十年間。實收其效。當是時牧師之權特大。擯斥異教。凡拜偶像者。擬定其罪。當衆笞之。荷蘭評議會以爲苛。不可。而西班牙據北鄙。亦布景教。其神甫且遠入蛤仔難。南至竹塹。爲聖神之使者。以感化番人。事各在教育志。然北番性悍。搏人若猛獸。不若南番之馴。故西人之感化。亦未易爲也。延平既至。荷人出降。牧師之在番社者。或留其間。而鄭氏仍保之。當是時。意大利神甫李科羅在廈布敎。延平禮之。待以上客。克臺之後。召之來。使赴呂宋。謀征略。及歸。延平已薨。遂居東寧。永歷二十年。呂宋來聘。請傳敎。諮議參軍陳永華不許。乃申通商之約。歸淸以後。閉關自守。禁烟之役。寖啓兵戎。而民間之攘夷者。且與阿片同禁。天津之約。開口通商。西人漸來。新舊敎會亦傳播。同治元年。有西班牙人至鳳山力力社。設天主敎堂。以社番爲同宗。而勾引之。無賴之徒。又爲疏附。於是力力赤山加蚫朗三社入敎者二百餘人。事聞。鳳山知縣派員偕下淡水縣丞往查。召通事潘永泉土目潘岐山等。告以此地非通商之埠。外人不得居住。逐之出。而西班牙人乃遷於旗後。近附之前金莊。四年。英國長老敎會亦派牧師馬雅谷來臺。雅谷精刀圭術。以藥醫人。而傳其敎。設敎堂於府治看西街。從者頗多。仇敎者肆爲蜚語以排擠之。有司慮禍。照會英領事。請移口岸。雅谷乃去之旗後。別設教堂於鳳治。聚徒傳播。相安無事。已而又派甘爲霖盧加閔來臺。爲霖赴嘉義。而加閔往彰化。嘉彰非通商之地。見外人至。衆驚訝。每尾其行。加閔乃之岸裡大社。岸裡在葫蘆墩之西。土番郡落也。族大丁多。林爽文之役。效命軍前。頗有功。見而款之。獻其室爲敎堂。加閔亦能醫。遂設醫院。社番多就之。初爲霖在嘉傳教。從者少。至店仔口莊。莊豪吳志高嗾人夜襲之。爲霖逃。伏叢莽中。數日始歸府治。七年八月。前金莊教堂以講教故。與村人齟齬。鳴金集衆。圍而攻之。鄉耆恐僨事。趣出止。風聲一播。鳳治之人亦一呼而集。至者數十。折屋毀物。殺教徒二。並捕堂丁高長以去。雅谷在旗後。聞警將往。而旗後教堂亦被困。商人乃出解之。始城中兒每遺失。或言洋人潛殺。剖其腦製藥。雅谷固業醫。縣役猫角命人盜童骸埋之室中。計欲以實其事。翌日。知縣淩定國往勘。觀者如堵。猫角又力言。堀地及室。見白骨。信之。拘長嚴鞫。不服。下之獄。以狀白郡。並照會英領事。領事以爲誣。馳稟駐京公使。與總理衙門交涉。各執一辭。乃命興泉永道曾獻德偕厦門英領事吉普理渡臺會辦。諭爲猫角所爲。定其罪。流於泉州。償工費千兩。並恤死者之家。案始結。當鳳山教案之起也。郡中莠民聞之快。越三日。亦毀小東門內天主教堂。神甫走逸民家。有司聞警彈壓。衆始散。嗣援鳳山之例以償。而民教稍安矣。雅谷既居府治。益盡心傳教。設教堂於大東門之內。傳授醫術。於是西醫之名聞遠邇。又以上海翻譯西籍頒之會中。教徒漸知天下大勢。或派子弟肄業於福州香港。攻英文。習西學。以造就人才。然其所學僅爲景教之學。尙無益於人群也。教徒之中。又多拘囿。臺人敬天法祖。禮百神。而肆爲抨擊。欲舉數千年歷聖。相。承。之。綱。紀。而。悉。毁。棄。此。其。所。以。鑿。枘。也。爲霖既居府治。察民情。習漢語。數年乃之埔里社。亦土番部落也。時尙未設廳。備嘗險阻。以傳其敎。故得今日之盛。十一年坎拿太長老敎會亦派牧師偕里士至淡水傳敎。光緒八年八月。擬照中國義塾。延師設學。以敎貧寒子弟。兵備道劉璈以外人設學育才。實爲義擧。特以敎學與游藝不同。此端一開。誠恐逐漸推廣。致歧趨向。且以中國之子弟而受外人之栽培。官斯土者能無歉然。乃議延師束修。歲由臺北府支送。遇有甄別。會同領事官酌給奬賞。以存體制。自是以來新敎漸行。而舊敎尙弱。蓋自大甲以南爲倫敦敎會。以北爲坎拿太也。法人之役。基隆失守。臺北士民同仇敵愾。而無賴以爲敎徒勾引。大呼而起。往燬八甲敎堂。已而枋隙錫口亦遭火。事後英領事照會地方官。請保護。乃以萬圓償之。十七年。荷蘭政府以臺灣爲舊時屬地。議派敎士再來傳敎。以與英西相角。逐嗣以有故而止。

回敎

回敎之傳臺灣絕少。其信奉者僅爲外省之人。故臺灣尙無清眞之寺也。

連横曰。宗敎之事。各地俱有。所處不同。卽所祀之神亦異。是故山居者祀虎。水居者祀龍。陸居者祀。牛澤居者祀蛇。則不得以祀虎者爲是。而祀龍者爲非。跡其所以崇奉之者。莫不出於介福禳禍之心。而以此爲神也。夫臺灣之人閩粵之人也。而又有漳泉之分也。粵人所至之地多祀三山國王。而漳人則祀開漳聖王。泉人則祀保生大帝。是皆其鄉之神。所以介福禳禍也。若夫士子之祀文昌。商人之祀關帝。農家之祀社公。藥舖之祀神農。木工之祀魯般。日者之祀鬼谷。所業不同。卽所祀亦異。是皆有追遠報本之意。而不敢忘其先德也。

臺灣廟宇表 表中所列多屬治內其在鄉里者多略之

臺南府 附郭安平

小南天在府治番諸崎上祀社公當荷人時華人多居於此地爲小邱下有溪流水潺湲西入於海所謂竹仔行也其後漸建市廛而廟仍在相傳廟額三字爲明寧靖王手書今已非舊

開山宮在府治內新街鄭氏時建祀隋虎賁中郎將陳稜乾隆五年脩而舊志以爲吳眞人且謂臺多漳泉人以其神醫建廟獨盛夫吳眞人一醫者爾何得當此開山之號鄭氏之時追溯往哲以稜有開臺之功故建此廟而今又誤爲開仙宮更屬不通

興濟宮在府治鎭北坊鄭氏時建祀吳眞人稱保生大帝神名本福建同安白礁人生於宋太平興國四年茹素絕色

精醫術以藥濟人廉恕不苟取景祐二年卒里人祀之有禱輙應勅賜慈濟慶元間復勅爲忠顯開禧二年封英惠侯

北極殿在東安坊鄭氏時建祀北極眞君或稱玄天上帝按玄武北方七宿也其像龜蛇

東嶽廟在東安坊鄭氏時建祀東嶽泰山之神康熙間脩乾隆十六年舉人許志剛等重脩

馬王廟在東安坊鄭氏時建祀天駟之神而俗以爲輔信將軍

總管宫在西定坊鄭氏時建神倪姓軼其名爲海舶總管歿而爲神又一在大西門外中樓仔街康熙三十年巡道高拱乾建

天公壇在西定坊祀玉皇上帝

三官堂在寧南坊乾隆四十三年建祀三官

五帝廟在寧南坊康熙時建祀五顯大帝又稱五顯靈官

藥王廟在西定坊康熙時邑人建祀神農

水仙宮在西定坊面海康熙五十四年漳泉商郊合建祀五神莫詳姓氏或以爲大禹伍員屈平而二人爲項籍魯班或易以王勃李白按禹平水土功在萬世伍相浮江屈子投汨人以爲忠祀之可也項籍魯班何足當此王勃李白亦有不宜余意苟欲實之不如改祀伯益及冥夫禹之治水也益烈山澤其功相若冥勤其官而水死殷人祀之皆有合

於五祀者也乾隆六年脩旁有三益堂爲郊商集議之所歷年積款甚多置產生息故其壯麗冠於他廟

奎樓在臺澎道署東南隅雍正四年建祀魁星下爲關帝廳旁爲觀音堂又名奎樓書院爲士人集議之所

海安宮在大西門外濱海西向乾隆五十三年大將軍福康安建祀天后而府治之祀天后者尚有數處

開漳聖王廟在大南門內咸豐元年漳籍紳商合建祀開漳聖王按王陳元光唐末爲福建觀察使王審知部將帥軍入漳逐土黎以處華人築寨於龍溪柳江之西置唐化里因爲將軍知州事漳州之開闢始於此故漳人多祀之

精忠廟在東安坊祀宋岳忠武王

三山國王廟在鎭北坊雍正七年知縣楊元壐游擊林夢熊率潮州商民建祀潮州中山明山獨山之神三山皆在揭陽縣界

普濟殿在西定坊祀王爺

元和宮在鎭北坊大銃街祀吳眞人

良皇宮在鎭北坊祀吳眞人

彌陀寺在大東門內明延平郡王鄭經建康熙五十七年里人董大彩脩五十八年武夷僧一峯募建西堂里人陳仕俊復增建之殿宇寬敞花木幽邃爲郡治冠

觀音亭在鎭北坊鄭氏時建康熙三十二年脩乾隆五十六年里人陳濬山等重脩

海會寺在縣轄永康里距大北門三里爲鄭氏之北園別墅康熙二十九年巡道王效宗總兵王化行改建爲寺有碑記尙存置田五十甲園六甲樣圃一所以供香火延僧志中主之花木幽邃殿宇巍峩爲諸寺冠乾隆十五年巡道書成脩改名榴禪嘉慶元年提督哈當阿重脩又改名海靖亦曰開元其後疊脩寺祀釋迦佛竝供明延平郡王神位

黃蘗寺在大北門外康熙二十七年左營守備孟大志建三十一年火三十二寺僧募建地大境幽題詠者多今圮

竹溪寺在大南門外康熙三十年建徑曲林幽清溪環拱頗稱勝概顏其山門曰小西天乾隆五十四年里人蔡和生倡脩嘉慶元年重脩

法華寺卽夢蝶園故址康熙二十二年改爲寺知府蔣毓英以寺後之地二甲爲香火乾隆二十九年知府蔣允焄重建並於寺前浚一池曰南湖旁造一樓曰半月

廣慈庵在東安坊康熙三十一年建

慈雲閣在東安坊康熙三十五年諸羅知縣周鍾瑄建乾隆十六年諸羅知縣周芬斗脩嘉慶八年里人王琳等重脩

龍山寺在大東門外雍正時里人公建乾隆五十四年里人王拱照等脩

清水寺在東安坊

萬壽寺在城東永康里康熙五十年建萬壽亭爲朝賀之地雍正元年重建後置僧舍供佛置香火田五十甲乾隆三十年新建萬壽宮於城內而寺仍存然以寺租撥歸崇文書院漸就傾頽今圯

大士殿在鎭北坊海神廟之右光緒十二年建

白龍庵在鎭署之右福州人建祀五福大帝則瘟神也後於亭仔脚街別立扶鸞之所曰西來庵

臨水夫人廟在東安坊

五妃廟在大南門外桂子山康熙年間邑人就明五妃之墓建廟乾隆十一年巡臺御史六十七范咸命海防同知方邦基脩之並刊其詩於石立於大南門城畔今存

辜孝婦廟在東安坊邑人建祀辜氏婦事見列傳其後祔祀黃寶姑

嘉義縣

龍湖巖在縣轄赤山堡六甲莊鄭氏時諮議參軍陳永華建其前有潭曰龍湖花木幽邃稱勝境乾隆元年六甲莊人文超水漆林莊人蔡壯猷募款重建並祀延平郡王

碧雲寺在縣轄哆囉嘓堡之火山康熙十四年僧參徹自福建來住錫龍湖巖偶至此地以其山林之佳遂闢茅結廬奉龍湖巖之佛祀之朝夕誦經持戒甚固附近莊人乃謀建寺曰大仙巖嗣命其徒鶴齡居之又建一寺於玉案山之

腹後祀如來而前奉延平郡王神位乾隆五十五年二月參徹沒衆葬之寺前建浮屠五十六年邑人洪志商募脩嘉慶二十四年子爵王得祿重脩

鳳山縣

雙慈亭在縣治俗稱大廟建於乾隆初年道光八年重脩前祀觀音後祀天后故曰雙慈

寧靖王廟在縣轄維新里竹滬莊田爲王所闢薨後與元妃羅氏合塟於此佃人建廟立像祀至今莊人猶稱老祖每年以七月二十七日九月二十五日致祭廟前古榕兩株蔭大數畝境極淸閟

超峯寺在縣轄嘉祥外里崗山之上舊志以崗山樹色爲邑八景之一雍正間有僧紹光者結茅於此乾隆二十八年知府蔣允焄乃建爲寺

興隆寺在舊治龜山之麓則興隆里康熙三十三年建

元興寺在縣轄打鼓山之麓乾隆八年僧經元募建光緒十七年火

淸水巖寺在縣治之南則鳳山也縣志稱鳳山有十三勝而淸水巖其一道光十四年鄉董簡立募建

澎湖廳

水仙宮在媽宮澳渡頭康熙三十五年右營游擊薛奎建光緒元年媽宮街商人重脩

觀音亭在媽宮澳康熙三十五年右營游擊薛奎建法人之役佛像被毀光緒十七年總兵吳宏洛捐脩

地藏廟在媽宮澳武忠祠之畔

眞武廟在媽宮澳乾隆五十六年通判蔣曾年副將黃象新等捐脩光緒元年董事高其華重脩

祖師廟在廳治東三里許祀淸水巖祖師廳志云康熙間有僧自泉州淸水巖至此不言其名爲人治病有神效不取

藥資酬以錢米亦不受去後里人思之立廟以祀

眞人廟祀保生大帝各澳多建廟

將軍廟在八罩嶼網垵神之姓名事跡無考澳之得名亦因此廟府志云豈隨開皇中虎賁陳稜略地至此因祀之歟

按將軍澳之名已久是此廟應建於明代惜無文獻足徵爾

大王廟一在八罩嶼一在龍門港一在通梁澳各澳亦有澎湖紀略以爲金龍大王之類亦土神也西嶼之神尤著靈

異海舶出入必備牲醴投之海中祀之

臺灣府附郭臺灣

天后廟在府治大墩街

彰化縣

慶安宮在縣治東門內嘉慶二十二年建祀吳眞人

定光廟在北門內乾隆二十七年北路營副將張世英建祀定光佛

威惠宮在南門內雍正十年漳籍人士合建祀開漳聖王

開化寺在北門內雍正二年知縣談經正倡建祀觀世音爲彰化最古之寺

虎山巖在燕霧上堡白沙坑莊乾隆十二年里人賴光高建虎巖聽竹爲邑八景之一

清水巖在武東堡許厝莊乾隆初建寺在大武郡山之麓邱壑林泉頗饒幽趣故清水春光爲邑八景之一

雲林縣

沙連宮在縣轄東埔臆街咸豐六年十一月生員劉漢中倡建祀明延平郡王規模宏敞香火甚盛光緒十三年生員劉士芳等重修又一在林圯埔街

廣福宮在縣治西南祀開漳聖王光緒十九年紳士陳一尊倡修

吳鳳廟在縣轄嘉義東堡社口莊嘉慶二十五年莊人楊祕等建祀阿里山通事吳鳳事見列傳光緒十八年邑人請列祀典未准

三山國王廟在縣治南隅粵籍九莊合建

臺北府附郭淡水

霞海城隍廟原在大佳臘堡八甲街爲霞海人合建咸豐三年械鬪街燬移建於大稻埕

龍山寺在艋舺街西南乾隆三年建爲府治最古之寺嘉慶二十年地震悉圮再建

慈聖宮在大稻埕同治五年郊商合建祀天上聖母

保安宮在大佳臘堡大隆同街

惠濟宮在芝蘭一堡石角莊之芝山巖乾隆五十三年芝蘭莊人吳慶三等建祀開漳聖王其地小邱獨立石蹬數十級闢一門右有片石刻洞天福地四字

文昌祠在惠濟宮之傍道光二十年里人潘定民建祀文昌

劍潭寺在芝蘭一堡劍潭之畔臺灣志略謂潭有樹大可數抱相傳荷人插劍於樹故名鄭氏之時華人之居此者結茅祀佛至乾隆三十八年僧榮華募貲新建

西雲巖寺在八里坌堡觀音山之麓曰獅頭巖乾隆三十三年胡林猷地建寺一名大士觀山高二千餘尺中峯屹立自遠望之宛如觀音趺坐寺外有反經石二其一形如馬鞍每置羅經盤於上則子午針反向爲卯酉故名

文昌廟在擺接堡枋橋莊同治二年莊人林維源建

廣濟宮在擺接堡枋藔莊雍正間開墾之人合建爲該堡最古之廟

慈祐宮在興直堡新莊街康熙二十五年建祀天上聖母

文昌廟在興直堡新莊街嘉慶十八年縣丞曾汝霖捐建

武聖宮在興直堡新莊街乾隆二十五年貢生胡焯猷建祀漢漢壽亭侯關羽

先嗇宮在興直堡二重埔莊乾隆二十一年建祀先農

龍山寺在縣轄滬尾街乾隆間建規模頗大光緒十二年巡撫劉銘傳奏請賜匾御書慈航普度四字懸於寺中今存

福祐宮在縣轄滬尾街乾隆間建祀天上聖母光緒十二年巡撫劉銘傳奏請賜匾御書翼天昭佑四字懸於廟中今猶存

慈生宮在芝蘭二堡唭里岸莊永歷二十三年龍溪同安兩縣來此之人合建祀五穀大帝三官大帝天上聖母福德正神爲縣轄最古之廟蓋該他原爲番地故移墾之人建廟祀神以祈景福也乾隆四十四年水災毀塌莊人重建其後疊修

三將軍廟在芝蘭二堡嗄嘮別莊關渡康熙五十四年莊民合建祀鄭氏部將中提督劉國軒左武衛何祐智武鎭李茂以其有功北鄙也每年四月十七日致祭香火頗盛

關渡宮在芝蘭二堡關渡祀天上聖母俗稱關渡媽祖香火頗盛康熙五十六年漳泉興化之人合建乾隆四十七年重建

寶藏巖卽石壁潭寺在拳山堡下臨新店溪境絕幽靜康熙間郭治亭捨園爲寺與康公合建其後治亭之子佛求則爲寺僧

新竹縣

長和宮在縣治北門口街乾隆七年同知莊年守備陳士挺合建祀天后嘉慶二十四年脩

水仙宮在長和宮之側同治二年郊商捐建祀夏禹

地藏庵又稱嶽帝廟在東門後街道光八年同知李愼彝守備洪志宏倡建祀地藏菩薩並東嶽大帝

天公壇在東門內咸豐元年建祀玉皇上帝

北極殿在竹北一堡蘆竹莊道光九年林功成倡建祀玄天上帝

金闕殿在竹北一堡客雅莊乾隆間建祀玉皇上帝後祀三官

慈天宮在竹北一堡北埔莊先是金廣福設隘墾田嘗祈神佑至咸豐三年乃建廟中祀釋迦配以天上聖母神農大帝文昌帝君三山國王諸神而旁祀淡水同知李嗣業墾首姜秀鑾姜榮華三人同治十三年脩

文昌祠在竹北一堡新埔莊道光二十三年舉人陳學光倡建祀文昌春秋致祭並爲鄉人士文社

文武廟在竹南一堡大南埔莊道光二十五年建祀漢忠義侯關羽

文林閣在竹北一堡高梯莊光緒二年建祀文昌爲鄉中學宮

五穀大帝廟在竹南一堡五穀王莊嘉慶二年業戶張徽陽等倡建祀神農

三山國王廟在竹北一堡樹杞林莊嘉慶十五年開墾粤人建同治九年脩此外尙有數處均爲粤莊所祀

三聖宮在竹南一堡頂街頭莊咸豐四年建祀開漳聖王開臺聖王保生大帝

龍鳳宮在竹南一堡草店尾街祀王審知稱開閩聖王按審知河南固始人唐末爲福建觀察使帥軍入閩平亂封瑯琊王固始人從之者衆唐亡天下俶擾遂自立稱閩王臺多漳泉人故祀之

褒忠廟在竹北二堡枋寮莊稱義民亭先是朱一貴吳福生等役各縣俱建義民祠春秋致祭而林爽文之役莊人赴義而沒者頗多詔賜褒忠之額乃建此亭五十三年林先押等建廟以祀粤籍義民並祀三山國王同治二年巡撫徐宗幹晋同心報國之額光緒十四年巡撫劉銘傳亦晋赴義捐軀之額

集義亭在竹北二堡新埔莊光緒三年建祀死事義勇

褒忠祠在竹南一堡頭份莊光緒十年頭份以南百二十莊人張維垣等捐貲萬金合建祀朱一貴吳福生林爽文等

役死事義勇

軍大王廟在竹北一堡埔尾莊同治六年莊人建以祀先民無以名之而稱爲軍大王按此地原爲番界瘴厲披猖而我先民冐危難闢土田以殞沒於斯者不知凡幾故後人建廟祀之以妥其靈亦以追念遺烈也光緒十五年重建

萬善廟在竹北一堡大窩莊先是咸豐五年莊人建於三重埔莊以祀拓殖番地而死之人光緒三年改建於此

竹蓮寺在南門巡司埔祀觀世音先是移民初至僅建小刹其後業戶王世傑乃捐地以建爲新竹最古之寺道光五年紳士林紹賢脩之迨同知五年紳士莊榮陞湯奇才等又募捐重建

金山禪寺在竹北一堡金山面莊乾隆五十年郭陳蘇三姓始設隘防事開墾結茅祀佛以祈福佑咸豐三年乃建寺曰香蓮庵同治間復建之以寺前有泉稱靈泉寺又名金山禪寺

臺灣通史卷二十三

臺南　連雅堂　撰

風俗志

連橫曰。六藝聖人之書也。是故禮以節人。樂以發和。書以道事。詩以達意。易以道化。春秋以道義。撥亂世反之正。莫近於春秋。春秋之時。王熄詩亡。孔子傷焉。故爲其書以究天人之際。通古今之變。其用弘矣。夫拘於天者不足以治人。泥於古者不足以制今。風俗之成。或數百年。或數十年。或遠至千年。潛移默化。中於人心。而萃爲群德。故其所以繫於民族者寔大。夫夏人尚忠。殷人尚質。周人尚文。一代之興。各有制作。是故食稻者其人柔。食麥者其人剛。食稷者其人狹。所食不同。而秉氣異焉。臺灣之人。中國之人也。而又閩粵之族也。閩居近海。粵宅山陬。所處不同。而風俗亦異。故閩之人多進取。而粵之人重保存。唯進取。故其志大。其行肆。而或流於虛。唯保存。故其志堅。其行陿。而或近於隘。是皆有一偏之德。而不可以易者也。

緬懷在昔。我祖我宗。橫大海。入荒陬。臨危禦難。以長殖此土。其猶清教徒之遠拓美洲。而不忍爲之輿隸也。故其輕生好勇。慷慨悲歌。十世之後。猶有存者。此則群德之不墜。而有繫於風俗。焉豈小也哉。

歲時

立春之前一日。有司豫塑春牛。置於東郊之外。至日往迓。謂之迎春。男女盛服。觀衣香扇影。雜喧滿道。春牛過處。兒童爭摸其耳。或鞭其身。謂可得福。迎春如在歲首。尤形鬧熱。宛然太平景象也。

元旦。各家先潔室內。換桃符。鋪設一新。三更後。開門祀神。燃華燭。放爆竹。謂之開春。次拜長上。晋頌辭。出門訪友。投刺賀見。面道吉祥語。客至。饗以甜料檳榔一品。卽行。親友之兒女至。以紅線串錢贈之。或百文數十文。謂之結帶。是日各家皆食米丸。以取團圓之意。或絕葷祀井門竈。爆竹之聲。日夜不絕。

初二日。祭祖於家。新婚者以是早往外家賀春。設宴饗之。婿歸贈以儀。

初三日。出郊展墓。祭以年糕甜料。自是日至暮春。墦間之地。往來不絕。

初四日。備牲設醴。燒紙馬。謂之接神。市肆始開門貿易。

初九日。傳爲玉皇誕辰。各街演劇致祭。自元旦至望日。搢紳之家。多設筵宴客。互相酬酢。蓋取春酒介壽之意。

元宵之夕。自城市以及鄉里。點燈結彩。大放烟火。競演龍燈。士女出游。笙歌達旦。各街多設廟會。而臺南郡治三山國王廟則開賽花之會。陳列水仙數百盆。評其優劣。亦雅事也。赤嵌筆談謂元宵未字之女。偸折人家花枝竹葉。爲人詬詈。以爲異日必得佳婿。此風今已無矣。

二月初二日。爲社公辰。各街多醵貲致祭。群聚讌飲。謂之頭衙。而以十二月十六日爲尾衙。頭始也。尾終也。衙集也。謂春東作而初集也。故鄉中尤盛。商賈亦然。

三月初三日。古曰上巳。漳人謂之三日節。祀祖祭墓。而泉人以清明祭墓。謂之嘗墓。嘗春祭也。祭以餑餅。治牲醴。掛紙錢。歸乃食之。餑餅以麵爲衣。內裹蔬肉炸油者。謂之春餅。嘗墓之禮。富貴家歲一行之。常人則兩三年一行。婦孺歸時。各挿榕枝於髻。以祓不祥。

三月十九日。傳爲太陽誕辰。寔則有明思宗殉國之日也。以麵製豚羊。豚九頭。羊十六頭。猶有太牢之禮。望東祭之。帝出乎震也。家家點燈。欲其明也。亡國之思。悠然遠矣。

二十三日。天后誕辰。南北鄉人多赴北港晉香。粵莊尤盛。自春初至月杪。旗影鑾聲。相續於道。晉香之人。盜不敢刼。刼之恐神譴也。

五月初五日。古曰端午。臺人謂之午日節。挿蒲於門。瀹艾爲湯。以角黍時果祀祖。婦女帶繭虎。以五色絲製鳥獸花果之屬。兒童佩之。謂可辟邪。沿海競鬪龍舟。寺廟海船皆鳴鑼擊鼓。謂之龍船鼓。從前臺南商務盛時。郊商各醵金製錦標。每標値數十金。先數日以鼓吹迎之。各選健兒鬪捷。觀者滿岸。數日始罷。

六月初一日。人家以米丸祀祖。謂之半年丸。或以望日行之。

七月初一日。謂之開獄門。各家致祭。自是日至月杪。坊里輪流普度。延僧禮懺。大施餓鬼。先放水燈。以照幽魂。尙鬼之俗。漳泉爲甚。糜錢巨萬。牢不可破。

七月初七日。古曰七夕。士子供祀魁星。祭以羊首。上加紅蟳。謂之解元。値東者持歸告兆。以羊有角爲解。而蟳形若元字也。富厚之家。子女年達十六歲者。糊一紙亭。祀織女。刑牲設醴。以祝成人。親友賀之。入夜。婦女陳花果於庭。祀雙星。猶古之乞巧也。

十五日。謂之中元。臺人以淸明爲春祭。中元爲秋祭。冬至爲冬祭。各祀其祖。必誠必腆。非是者幾不足以爲人子孫。

八月十五日。謂之中秋。各祭社公。張燈演戲。與二月初二日同。春祈而秋報也。兒童建塔點燈。陳列古玩。士子遞爲讌飲。製月餅。硃書元字。擲四紅奪之。以取秋闈奪元之兆。夜深時。婦女聽香。以卜休咎。

九月初九日。謂之重陽。以麻粢祀祖。兒童放紙鳶。繫以風箏。自朔日起。人家多持齋。曰九皇齋。泉籍爲尙。

十月十五日。謂之下元。人家有祀神者。

冬至之日。祀祖。以米丸粘門戶。前一夕。兒童塑雞豕等物。謂之添歲。猶古之亞歲也。

十二月十六日。祀社公。謂之尾衙。工人尤盛。以一年操作至是將散也。而鄉塾亦以上元開課。尾衙放假。外出之人。多歸家度歲。

二十四日。治牲醴。焚紙馬。各祭所祀之神。謂之送神。至明年正月初四日。如前儀。謂之接神。翌日以爲天神下降。鑒察人間善惡。莫敢褻瀆。語言必愼。

除夕之日。以年糕祀祖。并祭宅神。門竈。以飯一盂。菜一盂。置於神位之前。上挿紅春花。以示餘糧之意。先數日親友各饋物。是夕燃華燭。放爆竹。謂之辭年。闔家圍爐聚飮。爐畔環錢。既畢。各取錢去。曰過年錢。陳設室內以待新年。

宮室

臺灣宮室多從漳泉。城市之中。悉建瓦屋。以磚壘墻。比隣而居。層樓尙少。以地常震。故其棟梁必堅。榱桷必密。可歷百數十年而不壞。堂構之謀。其慮遠矣。富厚之家。各建巨厦。環以墻。入門爲庭。升階爲室。大約一廳四房。房爲兩廂。廳之大者廣約一丈八尺。上祀神祇。或祀祖先。可爲慶賀宴饗之用。房之左長輩居之。婢僕居於兩廂。合族而處者。則巨厦相連。旁通曲達也。鄉村之屋。架竹編茅。亦有瓦屋。土墼爲墻。久而愈固。棘籬環之。以畜雞豚。所謂五畝之宅也。前時墾地之人。相聚而居。外築土圍。以禦番害。故謂之堡。而澎湖則處於水隈。故謂之澳。所謂四隩既宅者也。澎湖近海。築墻皆用硓砧。生於水濱。似石而脆。螺蚌巢之。亦可煆灰。價廉用廣。取之不竭。以船載來。府治亦有用者。

臺灣雖產材木。而架屋之杉。多取福建上游。磚瓦亦自漳泉而來。南北各處間有自燒。其色多赤。

屋脊之上。或立土偶騎馬彎弓。狀甚威猛。是爲蚩尤。謂可壓勝。而隘巷之口。有石旁立。刻石敢當三字。是則古之勇士。可以殺鬼者也。

臺之富家。少建庭園。或於宅內略植花木。然如臺南府治吳氏之園。亭臺水石。布置甚佳。而飛來峰尤勝。疊石爲山。幽邃曲折。雖居城市之中。而有邱壑之趣。若竹塹林氏之潛園。則爲一時觴詠之地。文酒風流。及今已泯。而霧峰林氏之萊園。依山築室。古木蕭森。頗有自然之妙也。

衣服

臺灣多燠。南北稍殊。夏葛冬裘。儘堪度歲。故無狐貉之需。而仕宦之帶來者。僅於迎春用之。然春日載陽。野花已放。負暄之獻。汗流浹背矣。

南北氣候。大甲爲界。大甲以下。愈南愈暖。至恒春而燠。故冬不衣裘。其上則愈北愈寒。基隆亦有積雪。今則人烟日盛。地氣爲溫。立夏以後。全臺俱熱。皆衣葛布矣。

地不種棉。故無紡績。尺縷寸帛。皆自外來。而男女多用素布。鄉村則尙青黑。以其不易緇也。青黑之布。各地自染。滌之不褪。外省之人甚珍重。以爲土宜。蓋以溪水清澄。白能受色也。沿海漁戶。悉以薯榔染衣。其色爲赭。漉水不垢。所業不同。則所服亦異。固可一望而知也。綢緞之屬。來自江浙。紳富用之。建省以後。杭綾盛行。局緞次之。大都以藍爲袍。以玄爲褂。亦有怡紅公子。慘綠少年。爭華競美。月異日新。則五花十色。所尙不同矣。海通以後。洋布大消。呢羽之類。其來無窮。而花布尤盛。色樣翻新。婦女多喜用之。若泉州之白布。福州之綠布。寧波之紫花布。尙消行於鄉村也。衣服之式。以時而易。從前男子之衣。皆長過膝。袖寬四五寸。自同治季年以來。衣則漸短而袖漸寬。有至一尺二寸者。今則漸復其初矣。紅閨少婦。繡閣嬌娃。選色取材。皆從時尙。臺灣以紅爲瑞。每有慶賀。皆着紅裙。雖老亦然。嫠婦側室。則不得服。其禮稍殺。男女成婚之時。先卜吉日。延福命婦人。以白布爲製衣袴。謂之上頭服。取其潔也。婚後收之。沒時以此爲殮。

漳泉婦女大都纏足。以小爲美。三寸弓鞋。繡造極工。而粵人則否。耕田力役。無異男子。平時且多跣足。粵籍業農。群處山中。其風儉樸。故衣青黑之布。婦女之衣。僅以本色爲緣。而袴相同。每出門。以黑布覆髻上。纏繞項後。俗不着裙。富家亦然。以其便於操作也。沿海多風。近山多瘴。商工農漁。皆裹黑布。而士子則戴小帽。衣長衣。有事必加短褂。彬彬乎儒雅之林也。

鞋襪之屬。皆求之市。前時多自漳泉配來。亦有本地製者。建省以後。漸尚上海之式。粧飾之物。莫不皆然。而搢紳之家。日趨奢美矣。

婦女首飾。多用金銀。一簪一珥。隨時而變。富家則尚珠玉。價值千金。纏足少艾。或以金環束脚。旁繫小鈴。丁冬之聲。自遠而至。月下花間。如聞環佩矣。

鬟髻之式。城鄉不同。老少亦異。垂髫之女。年十四五。始有梳頭。或爲盤蛇之樣。或爲墜馬之形。而粵婦則高鬟燕尾。別饒風韻。

前時婦女出門。必携雨傘。以遮其面。謂之含蕊傘。相傳爲朱紫陽治漳之俗。後則閤之如杖。尙持以行。而海通以後。改用布傘。以蔽炎日。

歸清以後。悉遵清制。而有三不降之約。則官降吏不降。男降女不降。生降死不降也。清代官服皆有品級。而胥吏仍舊。婚時。男子紅帽袍褂。而女子則珠冠霞佩蟒襖角帶。端莊華麗儼然明代之宮裝。若入殮之時。男女皆用明服。唯有功名者始從清制。故國之思。悠然遠矣。

飲食

臺灣產稻。故人皆食稻。自城市以及村莊。莫不一日三餐。而多一粥二飯。富家既可自贍。貧者亦食地瓜。可無枵腹之憂。地瓜之種。來自呂宋。故名番藷。沙坡瘠土。均可播植。其價甚賤而食之易飽。春夏之間。番藷盛出。掇爲細絲。長約寸餘。曝日乾之。謂之藷纖。以爲不時之需。而澎湖則長年食此。可謂饋貧之糧也。藷之爲物。可以生食。可以磨粉。可以釀酒。可以蒸糕。唯長食者。須和以鹽。始可消化。若羹以糖者。僅爲茶點而已。

稻之糯者爲朮。味甘性潤。可以磨粉。可以釀酒。可以蒸糕。臺人每逢時歲慶賀。必食米丸。以取團圓之意。則以糯米爲之也。端午之粽。重九之粢。冬至之包。度歲之糕。亦以糯米爲之。蓋臺灣產稻。故用稻多也。

麥爲溫帶之產。臺灣較少。其麥粉多來自他省。近則多用洋粉。製餅作麵。皆粉爲之。消用頗宏。歲時慶賀必用紅龜。象其形也。白者謂之饅頭。則喪祭爲之。爾糕餅之餡。多用豆。或以麻。或搗落花生爲末而和之。臺灣產糖。故食糖亦多也。

酒以成禮。祀神燕客。多用老酒。以朮釀之。味甘而醕。陳者尤佳。故曰老酒。市上可沽。然不及家釀之美。老酒之紅者用於嫁娶。取其吉也。村莊之間。或以地瓜爲酒。其味較淡。而番社則以黍釀之。親朋相見。以此爲歡。亦既醉止。載歌載舞。頗有太古之風。番俗凡有罪者。課其牛酒。一飲之後。嫌疑盡釋。故無用刑之罰。而漢人之與媾和者。亦以牛酒。然番既嗜酒。酗飲之後。每至僨事。挾彈而出。殺人爲雄。其性然也。外省之酒。如北地之高粱。紹興之花朝。消用亦廣。海通以後。漸用洋酒。其數甚微。唯爲官紳酬酢之物。尚不至爲漏巵也。

臺灣之饌與閩粵同。沿海富魚蝦。而近山多麋鹿。故人皆食肉。饌之珍者爲魚翅。爲鴿旦。皆土產也。盛宴之時。必燒小豚。而粵莊則殺猫。以其首饗貴客。閩粵之中各有佳肴。唯嗜之不同爾。

故例禁殺耕牛。食之者寡。而談果報者且以食牛有罪。蓋以祀天祭聖。始用太牢。平日未堪食此。以其有耕田之勞也。凡宰牛者謂之牛戶。例須納稅。鄉間每私屠之。若遇祈雨求晴之時。官必禁屠。而民間之建醮祀神者亦多斷葷。以寓齋戒之意。

檨為臺南時果。未熟之時。削皮漬鹽。可以為羞。或煮生魚。其味酸美。食之强胃。黃時汁多而甘。衆多嗜之。或以下酒。然非臺南人不知此味。赤嵌筆談謂臺人以波羅蜜煨肉鳳梨煮肺。亦海外奇製。信不誣也。

番石榴亦名奈茇。遍生郊野。盛出之時。切皮棄子。和以油糖下鹽少許。煮而食之。亦可下飯。

檳榔可以辟瘴。故臺人多喜食之。親友往來。以此相餽。檳榔之子。色青如棗。剖之為二。和以蔞葉。石灰。啖之微辛。既而回甘。久則齒黑。檳榔之性。棄積消濕。用以為藥。近時食者較少。盈盈女郎。競以皓齒相尙矣。檳榔之幹。其杪如筍。切絲炒肉。味尤甘美。臺人謂之半天筍。

臺灣果子最多。盛出之時。其價甚賤。而臺又出糖。故各處多製蜜餞。如新竹之萌薹。嘉義之梅李。鳳山之鳳梨糕。尤馳名。近數年來。旗後醫生林璣璋始以西法製鳳梨為罐頭。售之他處。若能擴大規模。消用愈廣。亦利源也。

冠婚

成人之禮。男冠女笄。臺灣多以婚時行之。唯富厚之家。子女年達十六者。七夕之日。祀神祭

祖父師字之戚友賀之以紙製一亭祀織女以介景福

議婚之時媒氏送女庚帖於男家書其年月日三日內家中無事然後訂盟間有誤毀器物者則改卜亦古者問名之

訂盟之日男家以戒指贈女附以糕餅之屬母嫂親往女奉茶既定女家留宴或僅遣媒氏送之

納采之禮俗曰挿簪男家以金簪一對繫朱絲置於盒內或用銀簪視其貧富具豚羊糕餅糖品鮮花老酒大燭之屬媒氏乘轎前導鼓吹送之女家酬以糕餅時果若香蕉鳳梨芋頭紅柑之類各以其物分饋親友

納徵之禮俗曰完聘男家具婚書聘金介以鳳冠蟒襖衣裳繡靴金鐲珠花及大餅糖品之屬送至女家又以錫製檳榔兩座每座四葉一書二姓合婚一書百年偕老女家收一復婚書以糕餅時果答之又以紅帽緞靴袍褂鞋襪及荷包扇袋書籍筆硯之類饋婿別以錫盒兩座一植蓮蕉一植石榴以銀製榴實四顆桂花數朵繫紅絲纒繞枝頭謂之連招貴子男家種於庭際以示昌盛納徵之禮略同納采而臺南則同時行之

請期之日。命媒氏送日課於女家。別具更儀。女家反之。更儀者。催粧之禮也。

親迎之日。卜吉而冠。擇戚屬少女父母兄弟俱存者爲賓。倣古者筮日筮賓之禮也。婿坐堂上。置冠履新衣於竹篩。以香薰之。祓不祥也。賓三梳婿髮而加之冠。三加之義也。既冠。拜先祖。告廟也。次拜父母。無父母者。主婚者代之。醮以酒。申戒辭。倣醮席也。次拜諸父兄長。皆答之。重成人也。是時女亦行笄禮。如前儀。唯賓用童子。既畢。設筵以餞。女首坐。父母兄弟姊妹以次陪。酒三巡而徹。凡冠笄之禮。俗曰上頭。先以糯米磨爲大丸。上點以紅。分饋親友。是日合家食之。以取團圓之意。

親迎之時。婿具衣冠。乘大轎。圍紅綵。媒氏先導。鼓吹從之。以朋輩四人爲儐。行。兩童子提燈。兩童子鳴鑼。皆乘轎。沿途放爆竹。雖遇官長。不令避焉。凡納徵親迎。各具禮盤。一人肩之。先行。以爲贄。盤內置豚羊肩各一。鹿脯兩片。明筋兩束。冬瓜冰糖各數斤。紅酒兩瓶。女家收之。答以糕餅時果之屬。唯親迎易鹿脯爲鴨。鴨形如雁。以行奠雁之禮。

婿至女家。駐轎於庭。款儐行者於別室。女弟三致茶湯。婿具儀答之。次致荷包。答以練裙。贈女弟以花炮。女盛粧出廳。父醮以酒。母命之。立於堂中。向外而拱者三。婿答之。母爲着練裙父蒙以帕。婿退。花轎進門。紫姑扶女登轎。樂作而行。以兩童子提宮燈。乘轎前。媵婢從之。女家放爆竹。閉門。以示不歸之意。非親迎者。婿俟於堂。禮稍殺。

花轎之後。蓋以竹篩。朱畫八卦。避不祥也。既至。少駐於庭。一童子以盤奉雙柑。請新人出。婿揖之。女拱手答拜。紫姑扶出。豫請福命婦人。攜新人手。以一手擎竹篩覆之。足履紅氈。婿並行。直入洞房。以竹篩置床上。案上置銅鏡一。交拜訖。婿爲揭帕。幷坐案前。燃華燭。飲合巹酒。

翌日。紫姑歸婦家。傳語告成婚也。男家以鮮花糖包饋之。

三日。廟見。拜祖先。成婦道也。次拜舅姑。坐而受之。次拜伯叔諸母。立而答之。衆就坐。新婦獻茶。致履襪之屬。以爲贄。分卑幼以荷包。各答以儀。既畢。宴新婦於堂。諸母姊妹陪之。姑酌酒數巡。徹席。送婦家。引新婦入廚房。親井臼。理蘋蘩之事。是日。婦家以食物餽女。命女弟致之。轉致之姑。別以首飾香奩之屬。饋女。女弟乘轎往。鼓吹前導。婿迎入。坐於堂左。獻茶。少頃。導入房。俗曰探房。宴之。婿及新婦。饋以儀。姻翁母亦饋之。又答以糕餅柑蕉之屬。

旋車之期。臺南以第四日。而各屬或以五六日。七八日。先期。外父母具柬命女弟請之。婿與女偕來。鼓吹前導。至家。女先入。婿從之。合拜先祖。次拜外父母及諸父諸母。各具贄。反之。分卑幼以儀。受而不報。就坐。獻茶。少頃開宴。婿居左。宴女於內。亦居左。畢辭歸。外母率眷屬出見。婿揖之。外父以席送婿家。報前貺也。餽婿以儀。及米糕糖豆大餅紅桃時菓之屬。又以雛雞兩對。置轎中。婿家畜之。以寓蕃衍之意。

凡新婚戚友致賀。以三日宴女賓。四日宴男賓。數月之後。兩家有慶。乃具筵相宴。是爲會親之禮。

喪祭

父母病篤。置床堂左。謂之搬鋪。易簀之義也。既絕。乃哭。披髮袒臂。跣足擗踊。少須。分告戚屬。

既嫁之女。聞喪卽歸。望閭而哭。越日乃殮。

將殮。梳沐。襲衣。含飯。設坐堂中。備物以祭。謂之辭生。既畢。子女扶就殮。凴棺哭。親友臨弔。

設靈於堂。早夜哭。朝夕上飯。七日一祭。謂之一旬。七旬卒哭。延僧禮懺。入夜。徹靈。凡喪視家之有無。或三旬而徹。或百日而徹。卑幼之禮稍殺。

三旬之日。女婿祭之。以祭品分致戚屬。而親友之奠者。多在卒哭。

謝弔以夜。孝男具喪服。一人持燈。至門。免冠拜。置帖門縫。不敢見也。分胙於人。謂之答紙。

除靈之時。收魂帛於匣。祭時乃啓。期而小祥。再期而大祥。朔望朝夕奠哭。禫猶素服。餘哀未忘也。

凡埜於卒哭之後者。前三日舉哀。朝夕奠。曰開堂。親友畢弔。曰辭堂。厥明移柩。舉奠出門。魂轎香亭之屬畢具。以一人在前放紙。鼓樂從之。富家或糊方相裝鬼卒。謂之開路神。至墓焚之。親友白衣送。或祭於道左。謝以帛。將至。孝男跪謝。親友返。各謝以帛。埜之時。孝男撮土。既畢。題主。設祭而反。至家設坐以祭。三日至墓謝土。

大祥以二十四月爲期。而臺人有計閏扣除者。謂死者無閏。唯縉紳家乃遵制行之。

忌辰必祭。生日亦祭。富厚之家。且有演劇置酒者。謂之陰壽。戚友亦具禮賀之。非禮也。

淸明之日。祭於宗祠。冬至亦然。祭畢飮福。小宗之祠。一族共之。大宗則合同姓而建。各置祀田。公推一人理之。或輪流主之。凡祀田不得私自變賣。無宗祠者祭於家。

家祭之禮。載於歲時。泉人日中而祭。漳人潮人質明而祭。

演劇

演劇。爲文學之一。善者。可以感發人之善心。惡者。可以懲創人之逸志。其效與詩相若。而臺灣之劇。尚未足語此臺灣之劇。一曰亂彈。傳自江南。故曰正音。其所唱者。大都二簧西皮。間有崑腔。今則日少。非獨演者無人。知音亦不易也。二曰四平。來自潮州。語多粵調。降於亂彈一等。三曰七子班。則古梨園之制。唱詞道白。皆用泉音。而所演者則男女之悲歡離合也。又有傀儡班。掌中班。削木爲人。以手演之。事多稗史。與說書同。夫臺灣演劇。多以賽神。坊里之間。醵資合奏。村橋野店。日夜喧闐。男女聚觀。履舄交錯。頗有驩虞之象。又有採茶戲者。出自臺北。一男一女。互相唱酬。淫靡之風。侔於鄭衛。有司禁之。

歌謠

臺灣之人。來自閩粵。風俗既殊。歌謠亦異。閩曰南詞。泉人尚之。粵曰粵謳。以其近山。亦曰山歌。南詞之曲。文情相生。和以絲竹。其聲悠揚。如泣如訴。聽之使人意消。而粵謳則較悲越。坊市之中。競爲北管。與亂彈同。亦有集而演劇。登臺奏技者。勾闌所唱。始尚南詞。間有小調。建省以來。京曲傳入。臺北校書。多習徽調。南詞漸少。唯臺灣之人。頗喜音樂。而精琵琶者。前後輩出。若夫祀聖之樂。八音合奏。間以歌詩。則所謂雅頌之聲也。

臺灣通史卷二十四

臺南　連雅堂　撰

藝文志

臺灣三百年間以文學鳴海上者代不數睹鄭氏之時太僕寺卿沈光文始以詩鳴一時避亂之士眷懷故國憑弔河山抒寫唱酬語多激楚君子傷焉連橫曰吾聞延平郡王入臺之後頗事吟詠中遭兵燹稿失不傳其傳者北征之檄報父之書激昂悲壯熱血滿腔讀之猶爲起舞此則宇宙之文也經立清人來講書移往來曲稱其體信乎幕府之多士也在昔春秋之際鄭爲小國聘問贈答不失乎禮齊楚秦晉莫敢侵淩孔子曰子產有辭諸侯賴之此則文章之有益於國也清人得臺者舊多物故光文亦老矣猶出而與韓又琦趙行可鄭廷桂等結詩社所稱福臺新詠者也其時臺灣初啓文運勃興而淸廷取士仍用八比士習講章家傳制藝蔀塞聰明汨沒天性臺灣之文猶寥落也連橫曰我先民非不能以文鳴也我

先民之拓斯土也手耒耜腰刀銃以與生番猛獸相爭逐蓽路藍縷以啓山林用能宏大其族艱難締造之功亦良苦矣我先民非不能以文鳴且不忍以文鳴也夫開創則尙武守成則右文昔周之興陳師牧野一戎衣而天下定及成康繼統棫樸作人制禮作樂爲後王範漢高以馬上得天下陸生曰陛下以馬上得之能以馬上治之乎故漢之文章亦卓越千古臺灣當鄭氏之時草昧初啓萬衆方來而我延平以故國淪亡之痛一成一旅志切中興我先民之奔走疏附者兢兢業業共揮天戈以挽虞淵之落日我先民固不忍以文鳴且無暇以文鳴也夫以臺灣山川之奇秀波濤之壯麗飛潛動植之變化可以拓眼界擴襟懷寫游踪供探討固天然之詩境也以故宦游之士頗多撰作若孫元衡之赤嵌集陳夢林之游臺詩張湄之瀛壖百詠皆可誦也光緒十五六年灌陽唐景崧來巡是邦道署舊有斐亭景崧葺而新之輙邀僚屬爲文酒之會臺人士之能詩者悉禮致之揚風扢雅作者雲興既而景崧升布政使就任臺北臺北初建省會游宦寓公簪纓畢至景崧又以時集之潤色昇平一時稱盛臺灣固無史也康熙三十三年巡道高拱乾始纂府誌略具規模乾隆二十九年重修其後靡有續者各縣雖有方志而久已遺佚或語多粗漏不足以備一方文獻光緒十八

年。臺北知府陳文騄淡水知縣葉意深稟請纂修通志。巡撫邵友濂從之。設總局於臺北。以布政使唐景崧巡道顧肇熙爲監修。陳文騄爲提調。通飭各屬開局採訪。以紳士任之。二十一年。略成。續進總局。猝遭割臺之役。戎馬倥傯。稿多散失。其存者亦唯斷簡而已。初海東書院藏書頗富。至是亦遭兵燹。而臺灣之文獻亡矣。今但列其書目與其作者。以供後人之考求焉。

表一

臺灣府志十卷康熙二十三年巡道高拱乾輯

重修臺灣府志二十卷乾隆六年巡道劉良璧輯

續修臺灣府志二十五卷乾隆十一年巡道六十七輯

新修臺灣府志二十六卷乾隆二十九年巡道覺羅四明輯

臺灣縣志十卷康熙六十年知縣王禮輯

重修臺灣縣志八卷乾隆十七年知縣魯鼎梅輯

新修臺灣縣志八卷嘉慶十二年知縣薛志亮輯

鳳山縣志十二卷康熙五十八年知縣李丕煜輯

重修鳳山縣志十二卷乾隆二十九年知縣王英曾輯

諸羅縣志十二卷雍正二年知縣周鍾瑄輯

彰化縣志十二卷道光十二年知縣李廷璧輯

噶瑪蘭志略十四卷道光十七年通判柯培元輯

噶瑪蘭廳志八卷道光十九年通判薩廉輯

淡水廳志八卷同治九年同知陳培桂輯

澎湖廳志十五卷光緒十九年同安林豪輯

右方志十五種凡二百卷

表二

臺灣志稿　卷臺灣王喜撰

淑齋詩文集四卷臺灣陳鵬南撰

剛齋集二卷臺灣張從政撰

通虛齋集二卷臺灣王克捷撰
半石居詩草一卷臺灣曾曰唯撰
草廬詩草二卷東寧游草一卷臺灣黃佾撰
東寧自娛集一卷臺灣陳斗南撰
半嵩集四卷臺灣章甫撰
鶴山遺集六卷臺灣陳思敬撰
達五齋家誡四卷海內義門集四卷小滄桑外史二卷風鶴餘錄二卷歸田問俗記四卷
嘉義陳震曜撰
陶村詩集二卷彰化陳肇興撰
戴案紀略二卷施案紀略一卷讓臺記一卷彰化吳德功撰
偸閒集一卷淡水陳維英撰
石房樵唱一卷淡水施鈺撰
淡水廳志稿四卷北郭園集十卷淡水鄭用錫撰

靜遠堂詩文抄三卷淡水鄭用鑑撰

潛園琴餘草二卷潛園唱和集二卷淡水林占梅撰

一肚皮集十八卷三長贅筆十三卷經餘雜錄十二卷小草拾遺一卷淡水吳子光撰

周易義類存編三卷易義總論一卷古今占法一卷觀潮齋詩集一卷淡水黃敬撰

周易管窺四卷淡水楊克彰撰

讀史劄記二十四卷竹里館詩文集淡水彭培桂撰

彘湖居筆記四卷傍榕小築詩文集四卷淡水彭廷選撰

新竹採訪册十二卷十癖齋詩文集　竹陳朝龍撰

竹梅吟社擊鉢吟四卷新竹陳瑞陔輯

偏遠堂詩集二卷新竹鄭如蘭撰

越南紀略四卷炎荒紀程四卷香祖詩草一卷澎湖蔡廷蘭撰

鳳山採訪册八卷鳳山盧德祥撰

雲林採訪册十卷

臺東採訪冊五卷

右臺灣人士著書四十種凡二百零三卷

表三

臺灣輿圖考一卷草木雜記一卷流寓考一卷臺灣賦一卷文開文集一卷文開詩集一卷鄞縣沈光文撰

福臺新詠一卷沈光文輯

島噫詩一卷島居隨錄二卷同安盧若騰撰

靖海記二卷平南事實一卷晉江施琅撰

臺灣郡志稿六卷臺灣雜記一卷山川考略一卷海外集一卷蓉洲文集一卷無錫季麒光撰

郊外集一卷鐵嶺沈朝聘撰

東寧唱和詩一卷季麒光沈朝聘合撰

臺灣紀略一卷長樂林謙光撰

海上紀略一卷鄭氏紀事一卷稗海紀游一卷番境補遺一卷仁和郁永和撰

平臺紀略一卷東征集六卷漳浦藍鼎元撰

游臺詩一卷漳浦陳夢林撰

赤嵌筆談四卷番俗六考一卷番俗雜記一卷大興黃叔璥撰

巡臺錄一卷浮山張嗣昌撰

臺灣風土記一卷衡陽劉良璧撰

臺灣采風圖考一卷番社采風圖考一卷使署閒情一卷滿洲六十七撰

瀛壖百詠一卷錢唐張湄撰

婆娑洋集二卷仁和范咸撰

澄臺集一卷長州莊年撰

赤嵌集四卷桐城孫元衡撰

桴園詩一卷丹霞吳䓪撰

碧浪園詩一卷輪山楊宗城撰

澎湖志略十二卷江夏胡格撰

澎湖志略續編二卷三水蔣黃梅撰

澎湖紀略一卷安岳周於仁撰

小琉球謾誌十卷邵武朱仕玠撰內分六編曰泛海紀程曰海東紀勝曰瀛厓漁唱曰海東賸語曰海東月令曰下淡水寄語

海東札記二卷武陵朱景英撰

東瀛祀典一卷貴陽蔣允焄撰

臺灣志略三卷濟寧尹士俍撰

噶瑪蘭說略一卷東游詩草一卷馬平楊廷理撰

蛤仔難紀略一卷閩縣謝金鑾撰

東槎紀略四卷桐城姚瑩撰

渡海前記一卷渡海後記一卷東溟文集二卷南通徐宗幹撰

治臺必告錄八卷大興丁曰健輯

六亭文集四卷臺灣守城私記一卷德化鄭兼才撰

臺灣隨筆一卷徐懷祖撰
臺北紀事一卷丹陽胡應魁撰
東瀛載筆二卷馬克惇撰
臺灣小記一卷龔柴撰
臺灣番社考一卷鄺其照撰
搜篋拾遺一卷龍溪石福祚撰
臺灣地輿圖說二卷新建夏獻綸撰
東瀛識略八卷無錫丁紹儀撰
海音詩一卷侯官劉家謀撰
臺灣雜記一卷湘陰黃逢昶撰
訓番俚言一卷寶應王凱泰撰
化番俚言一卷揭陽吳光亮撰
日本窺臺始末一卷開山記四卷樂平袁聞柝撰

巡臺退思錄三卷岳陽劉璈撰

潛園寓草一卷閩縣林維垣撰

草草草堂詩草二卷海寧查元鼎撰

臺陽聞見錄六卷澄懷園唱和集二卷詩畸四卷善化唐贊袞輯

東海集一卷安溪林鶴年撰

臺海思慟錄一卷思慟子撰

右宦游人士著書八十種凡一百六十卷